世界文化小辞典

文若愚 刘佳 编著

三环出版社

图书在版编目（CIP）数据

世界文化小辞典/文若愚，刘佳编著. -- 海口：三环出版社（海南）有限公司, 2025.3. -- ISBN 978-7-80773-530-4

Ⅰ.K103-49

中国国家版本馆CIP数据核字第20251LX110号

世界文化小辞典
SHIJIE WENHUA XIAOCIDIAN

编　　著	文若愚　刘　佳
责任编辑	宋佳昱
责任校对	付晓聪
封面设计	韩　立
责任印制	万　明
出版发行	三环出版社（海口市金盘开发区建设三横路2号）
	邮　编 570216　邮　箱 sanhuanbook@163.com
出 版 人	张秋林
印刷装订	河北松源印刷有限公司
书　　号	ISBN 978-7-80773-530-4
印　　张	13
字　　数	335千字
版　　次	2025年3月第1版
印　　次	2025年3月第1次印刷
开　　本	720 mm×1 000 mm　1/16
定　　价	49.80元

版权所有，不得翻印、转载，违者必究。
如有缺页、破损、倒装等印装质量问题，请寄回本社更换。
联系电话：0898-68602853　0791-86237063

前言

　　人类历史发展的成果有很多表现形式，其中非常重要的就是文化的积累。作为人类作用于自然界和社会的成果的总和，文化包括一切物质财富和精神财富。确切地说，文化是指一个国家或民族的历史、地理、风土人情、传统习俗、生活方式、文学艺术、行为规范、思维方式、价值观念等。世界文化源远流长、博大精深，是世界各民族文明和智慧的结晶。

　　一个人的文化知识储备往往是其综合素质和能力的体现，学习和掌握必要的世界文化知识，是推动社会文化繁荣发展的需要，同时也有助于人们开阔视野、启迪心智、陶冶性情、增长知识、提升个人素质，为走向成功的人生打下坚实的基础。然而，世界文化是一个庞杂的知识体系，包罗万象，浩如烟海，面对它，大多数人都会感到力不从心，很难在短时间内掌握其脉络及底蕴。即便是专业人士，所掌握的文化知识也不过是冰山一角。尤其是在知识爆炸、信息膨胀的今天，如何用较短的时间获取较多的文化知识和信息，是一个十分重要的问题。对于这一问题的解决，除了读者本身的努力和恰当的方法之外，知识信息的载体及其表现形式是否科学、简明，也是一个非常重要的因素。

　　为了帮助读者更方便、更轻松、更快捷地了解和掌握必要的世界文化知识，开阔文化视野，丰富知识储备，提高人文修养，编者对世界文化材料进行了适当的取舍，将浩如烟海的文化知识浓缩到数百个问答之内，内容丰富，且极具代表性、实用性和典型性。本书是一个瞭望世界文化的窗口,透过这个窗口,你可以对世界文化有一个全面、系统的了解。全书结合丰富的知识和史料,娓娓讲述各类事物的精彩历史,包括"失落文明·历史碎片""解读国名·诠释地名""伟大发明·重大发现""咬文嚼字·解读名著""乐舞风流·趣话体育""传奇名画·神奇艺术""建筑雕塑·解疑释谜""社会大观·奇闻趣事""风俗礼仪·民间习惯""百事百物·探根求源"10个篇章,涉及政治、军事、经济、天文历法、礼仪习俗、文学艺术、地理名胜、科学技术等学科领域,基本涵盖了世界文化各方面的知识内容,回答了人们需要了解和学习的世界文化知识的一些基本问题。

本书在广泛收集资料的基础上,力求在"新、奇、趣"上下功夫。"新"就是鲜为人知的、很少被其他书籍提到的知识;"奇"就是不一般、能让人的精神为之一振的事物;"趣"既是兴趣,也是趣味,是人们想看、愿意看的东西。另外,为了方便阅读,本书采用了一问一答的方式,把本要数千字甚至数万字才能阐述清楚的问题压缩在数百字之中,以小见大,深入浅出,提纲挈领,让读者在较短的时间内获得尽可能多的知识。同时,书中还选配了近百幅包含多种文化元素的精美图片,与文字相辅相成,呈现给读者一幅更具趣味性、更准确的世界文化生活图景,使读者身临其境,对世界文化产生浓厚的兴趣,从中体味到世界文化的博大精深。

这是一座浓缩了世界文化常识的知识宝库,集知识性、趣味性、科学性于一体。全书覆盖面大,涉猎面广,具有超强的参考性与指导性,既是一部容纳世界文化百科知识的实用工具书,又是休闲生活中不可或缺的文化快餐。一书在手,让你尽览世界文化全貌;一卷在手,让你轻松掌握世界文化精华。

目 录

第一章 失落文明·历史碎片

尼安德特人因何消失？…………………………………………… 1
传说中的亚特兰蒂斯真的存在吗？……………………………… 2
高度发达的迈锡尼文明源自何方？……………………………… 3
米诺斯迷宫的传说是真实存在的吗？…………………………… 3
阿伽门农的黄金面具真的属于他吗？…………………………… 4
博学园究竟是研究中心还是教学机构？………………………… 4
奥林匹克运动起源于何时？……………………………………… 5
埃特鲁斯坎人来自何方？………………………………………… 6
罗马为什么要以母狼哺婴像作为城徽？………………………… 7
传说中的圣博罗东岛和安蒂利亚岛真的存在吗？……………… 8
意大利人为什么将中世纪时期的艺术风格称为"哥特式"？…… 8
两河流域文明的创立者苏美尔人究竟来自哪里？……………… 9
苏美尔人为什么选用泥版作书写材料？………………………… 9
"泥版书屋"是世界上最早的学校吗？………………………… 10

巴比伦帝国是苏美尔人建立的还是闪族人建立的？	11
为什么会有两个巴比伦国？	12
为什么有人说巴比伦文明的本质是商业文明？	12
《圣经》中提到的赫梯人真的存在吗？	13
为什么说亚述人对人类最大的贡献是战争的艺术？	14
《圣经》中提到的尼尼微城究竟在哪里？	14
亚述人为何会成为一个尚武的民族？	14
巍峨壮丽的波斯波利斯王宫是被谁烧毁的？	15
"黄金之城"哈马丹的城墙真的是用黄金装饰的吗？	16
为什么称尼罗河是古埃及文明的摇篮？	16
古埃及的法老城为何会整体沉入海底？	17
古埃及人为什么要为动物制作木乃伊？	17
罗塞塔石碑为什么被誉为"通往古埃及文明的钥匙"？	18
非洲本土到底有没有文明？	19
人迹罕至的撒哈拉沙漠为何会出现精美的岩画与雕刻？	20

谁创造了斯瓦希里文明? ······ 20

班图文化的发祥地在哪里? ······ 21

繁荣富庶的加纳王国衰亡的原因是什么? ······ 21

玛雅文明与奥尔梅克文明有什么渊源? ······ 22

圣奥古斯汀文化是谁创造的? ······ 22

西班牙人为什么将玛雅文化视为"魔鬼之作"? ······ 23

玛雅人为什么要向北方迁移? ······ 24

为什么高度文明的印加没有文字? ······ 25

连车轮都没有的印加为何拥有异常发达的道路网络? ······ 25

哈拉巴各种各样的印章有什么作用? ······ 26

曾经繁华的吴哥古城为何会湮没在茫茫的丛林之中? ······ 27

澳大利亚原始洞穴中的手印有什么特殊意义? ······ 28

第二章 解读国名·诠释地名

被誉为"世界七大奇迹"之一的巴比伦花园为什么被称为"空中花园"? ··· 29

巴比伦为什么被称为"冒犯上帝的城市"? ······ 29

佩特拉为何被誉为"玫瑰城"? ······ 30

尼尼微为什么会被称为"血腥的狮穴"? ······ 30

底比斯为什么被称为"百门之都"? ······ 31

非洲为什么被称为"阿非利加"? ······ 31

古代的也门为什么被称为"宫殿之国"? ······ 32

也门为什么被称为"幸福的国度"? ······ 32

神秘的古城摩亨佐·达罗为什么被称为"死亡之丘"？ …………… 33

"孟买"的名称得于孟巴女神还是其附近海面盛产的一种大鱼？ …… 33

斯里兰卡为什么被称为"狮子国"？ ………………………………… 34

"扶桑"指的是日本还是墨西哥？ …………………………………… 34

"爱琴海"的名称从何而来？ ………………………………………… 35

"罗德岛"与太阳神阿波罗有什么关系？ …………………………… 36

庞贝古城为什么被称为"天然博物馆"？ …………………………… 36

英国为什么会被称为"殖民帝国主义"国家？ ……………………… 37

有"高利贷帝国主义"国家之称的法国是因为高利贷交易猖獗而得名的吗？ …………………………………………………………………… 37

"容克—资产阶级帝国主义"指的是哪个国家？ …………………… 38

威尼斯为什么被称为"水都"？ ……………………………………… 38

什么是"千年王国"？ ………………………………………………… 38

意大利报纸为什么称利比亚为"我们的乐土福地"？ ……………… 39

俄罗斯起源于罗斯国，那么"罗斯"的名称又源于何处呢？ ……… 39

俄国为什么被称为"军事封建帝国主义"国家？ …………………… 40

"苏联"的名称从何而来？ …………………………………………… 40

莫斯科红场的名称是怎么来的？ ……………………………………… 41

"加利福尼亚"的名称从何而来？ …………………………………… 41

"山姆大叔"为什么会成为美国的象征？ …………………………… 42

美国为什么被称为"托拉斯帝国主义"国家？ ……………………… 42

繁华的美国首都华盛顿为什么会被称为"谋杀之都"？ …………… 43

美国"白宫"的名称是怎么来的？ …………………………………… 43

传说中的"黄金之国"指的是印加帝国吗？ ………………………… 44

印加首都库斯科为什么又被称为"大地的肚脐"？ …………………………… 44
马丘比丘为什么被称为"云中之城"？ ……………………………………… 45
阿兹特克人为什么将自己建立起来的村落命名为"石头上的仙人掌"？ … 45
特奥蒂瓦坎的中轴线为什么被命名为"亡灵大道"？ …………………… 46
"阿根廷"的名称是怎么来的？ …………………………………………… 46
印度的国名是怎么来的？ ………………………………………………… 47
"唐人街"的名称从何而来？ ……………………………………………… 47
"幽灵岛"因何得名？ ……………………………………………………… 47

第三章 伟大发明·重大发现

人类何时开始用火？ ……………………………………………………… 49
人类最先发明的工具是石器还是木器？ ………………………………… 49
银行是美索不达米亚人发明的吗？ ……………………………………… 50
《汉谟拉比法典》为什么被称为石柱上的法律？ ……………………… 51

巴格达在两千多年前就已经有电池了吗? ………………………………… 52
为什么有考古学家称古埃及人使用过电灯呢? …………………………… 53
最早发明木乃伊的是古埃及人吗? ………………………………………… 53
胡夫金字塔有哪些数字关系之谜? ………………………………………… 53
古埃及历法与天狼星、尼罗河有什么关系? ……………………………… 55
木乃伊可以自然形成吗? …………………………………………………… 55
古埃及人为什么要制作木乃伊? …………………………………………… 56
制作木乃伊有哪些程序? …………………………………………………… 56
古埃及真的有飞行器吗? …………………………………………………… 57
印加人是怎样开采和砍削石块的? ………………………………………… 58
太阳门究竟有何神秘之处? ………………………………………………… 58
世界上最大的土城昌昌古城是用"混凝土"建造的吗? ………………… 59
斯通亨奇巨石阵是古人使用的一种天文仪器吗? ………………………… 60
水晶人头出自何人之手? …………………………………………………… 60

玛雅的祭祀历法与中国的干支纪历有何相似之处？………………… 61
玛雅人的数字进位为什么要采用20进位和18进位？……………… 61
玛雅预言上真的说过2012年是世界末日吗？………………………… 62
阿兹特克人的"太阳石"有什么特别之处？………………………… 63
粗陶文化是源于日本还是由中国传入的？…………………………… 63
为什么说绳纹文化是一种"畸形"发展的文化？…………………… 64
水稻的发源地究竟在印度还是在中国？……………………………… 65
南极古地图是怎样绘成的？…………………………………………… 65
被誉为"白玉之精"的夜光杯是什么制成的？……………………… 66
塔罗牌源于何方？……………………………………………………… 66

第四章　咬文嚼字·解读名著

象形文字是最古老的文字吗？………………………………………… 68
象形文字没有确定的书写方向吗？…………………………………… 68
科普特文字为什么被称为"古埃及文字的活化石"？……………… 69
古埃及的《亡灵书》有什么作用？…………………………………… 69
丹尼斯留在狮身人面像下的羊皮书就是传说中的《智慧之书》吗？… 70
楔形文字是怎样产生的？……………………………………………… 71
6 000年前爆发的超新星与楔形文字的形成有关吗？………………… 71
破译楔形文字竟源于一个赌注？……………………………………… 72
拉丁字母表是怎样产生的？…………………………………………… 72
"七"为什么会成为一个神秘的数字？……………………………… 73

《圣经》究竟是谁写的？ …………………………………… 73
《圣经》是如何记载全球大洪水的？ …………………… 74
《君士坦丁赠礼》是伪造的吗？ ………………………… 74
《荷马史诗》真的是荷马所作的吗？ …………………… 75
日文中含有汉字，但为什么不属于汉语语系？ ………… 75
日文为什么要把字母称作假名？ ………………………… 76
为什么同样使用汉字的中国人和日本人却无法用汉字沟通？ … 76
《三国志》中的《倭人传》是倭人社会的真实反映吗？ … 77
为什么日本最早的史书《古事记》不是一部"汉文"史书？ … 77
《日本书纪》为什么要模仿中国正史"帝纪"的体例编撰？ … 77
《源氏物语》为什么被誉为"日本的《红楼梦》"？ …… 78
《万叶集》为什么被称为"日本的《诗经》"？ ………… 78
印度的"诺亚方舟"故事讲的是什么？ ………………… 79
《罗摩衍那》为什么被称为"东方的《奥德赛》"？ …… 79
《一千零一夜》的名称从何而来？ ……………………… 80
玛雅的象形文字都是头像吗？ …………………………… 80
今天的玛雅人仍然讲玛雅语，却为什么破译不了流传下来的玛雅文字呢？ …………………………………………… 81
伊凡雷帝"书库"真的存在吗？ ………………………… 81
《复活》为何被誉为"最清醒的现实主义作品"？ ……… 82
梅尔维尔的《白鲸》有什么寓意？ ……………………… 83
林肯为什么说《汤姆叔叔的小屋》导致了一场南北战争？ … 83
"世界语"是指哪一种语言？ …………………………… 84
世界上最早的图书是什么？ ……………………………… 84

谁是毁灭亚历山大图书馆的罪魁祸首？……………………… 85

第五章　乐舞风流·趣话体育

自然界有哪些"乐器"？……………………………………… 86
古埃及人有什么音乐成就？…………………………………… 86
维也纳为什么被称为"音乐之城"？………………………… 87
作曲家帕勒斯特里那为什么会做修士？……………………… 88
贝多芬秘密抽屉中的三封情书是写给谁的？………………… 88
贝多芬的《第三交响曲》最初是献给拿破仑的吗？………… 89
莫扎特的死亡是因为"黑衣使者"吗？……………………… 90
柴可夫斯基究竟死于霍乱还是自杀？………………………… 90
舒伯特为什么要与贝多芬葬在一起？………………………… 91
"钢琴之王"是谁？…………………………………………… 91
《蓝色多瑙河》的作者是老约翰·施特劳斯还是小约翰·施特劳斯？… 92
世界名曲《我的太阳》中的"太阳"究竟指什么？………… 93
美国的国歌是如何诞生的？…………………………………… 93
爵士乐为什么会发祥于美国的新奥尔良？…………………… 94
什么是"交响芭蕾"？………………………………………… 94
何为钢管舞？…………………………………………………… 95
竖琴是哪个国家的象征和标志？……………………………… 95
卡拉OK是怎么产生的？……………………………………… 96
为什么说拉丁舞是三种文化的融合体？……………………… 97

歌舞伎的创始人阿国一举成名后为何神秘消失？…………………… 97

古印度的巫师为什么可以赤着脚在灼热卵石上翩翩起舞？………… 97

百老汇为什么会成为世界戏剧艺术的代名词呢？…………………… 98

为什么金像奖又被称为"奥斯卡"？………………………………… 98

古代奥运会有哪些竞赛章程和授奖仪式？…………………………… 99

古代奥运会有哪些竞赛项目？………………………………………… 99

马拉松比赛的距离为什么不是整数呢？……………………………… 100

第六章　传奇名画·神奇艺术

《最后的晚餐》为何以院长的身份来塑造犹大？…………………… 102

《蒙娜丽莎》的原型是谁？…………………………………………… 102

蒙娜丽莎在笑什么？ …………………………………………………… 103
为什么有人认为达·芬奇的很多发明是抄袭中国文明的成就？ ……… 104
《三个哲学家》中的人物是什么身份？ ………………………………… 104
《拉·福尔纳里娜》是不是拉斐尔的真迹？ …………………………… 105
《伽拉忒亚的凯旋》源于怎样的故事？ ………………………………… 105
格列柯是艺术天才还是狂暴画家？ ……………………………………… 105
《琉特琴演奏者》是男还是女？ ………………………………………… 106
《军官与微笑的少女》的作者是谁？ …………………………………… 106
维米尔的《绘画的寓言》为何让人困惑？ ……………………………… 107
名画《玛哈》的模特是谁？ ……………………………………………… 107
《查理四世一家》为什么要将王后置于画面中央？ …………………… 109
《马拉之死》独特的艺术构图是因为马拉患有湿疹吗？ ……………… 109
《死神与樵夫》的寓意是什么？ ………………………………………… 110
马奈的《奥林匹亚》的主题是什么？ …………………………………… 110
《无名女郎》究竟画的是谁？ …………………………………………… 111
塞尚为何被誉为"现代艺术之父"？ …………………………………… 111
《微笑的蜘蛛》的蜘蛛形象出自何处？ ………………………………… 112
《奇袭》里被袭击的是谁？ ……………………………………………… 112
《雅各与天使搏斗》中的什么情节让人迷惑？ ………………………… 113
有人在凡·高的画作中看到了物理公式，这是真的吗？ ……………… 114
凡·高的艺术作品为什么到他死后才得到社会的认可？ ……………… 114
《扑粉的女人》画的是谁？ ……………………………………………… 115
《吻》是一幅表现色情的绘画作品吗？ ………………………………… 115
蒙克的《圣母玛利亚》有什么样的象征意义？ ………………………… 116

《手拿烟斗的男孩》画的是谁? ·· 116
《亚威农少女》是怎样的一幅作品? ·· 117
名画《格尔尼卡》有什么象征意义? ·· 118
杜尚为什么要为蒙娜丽莎涂上胡须? ·· 118
《记忆的永恒》寓意何在? ·· 119

第七章　建筑雕塑·解疑释谜

被誉为古代"世界七大奇迹"之冠的埃及金字塔出自何人之手? ········ 120
古埃及人是如何开采和运输石料的? ·· 120
古埃及的法老们为什么要修建巨大的坟墓，并且将其修成角锥体? ···· 122
金字塔墓碑上的咒语真的灵验吗? ·· 122
"金字塔能"真的存在吗? ·· 123
新王国时期的埃及法老为什么选择葬于"王陵谷"而不再为自己修建金字塔? ·· 124
狮身人面像是按照妖魔斯芬克斯的形象雕刻的吗? ························ 124
是拿破仑炸掉了狮身人面像的鼻子吗? ······································ 125
希罗多德曾对金字塔做过详细的描述，却为何对近在咫尺的狮身人面像只字不提? ·· 126
阿布辛拜勒神庙为什么被称为"埃及古迹大搬迁"行动的"纪念碑"? ··· 126
埃及和玛雅的金字塔都源于亚特兰蒂斯吗? ································ 127
玛雅金字塔与埃及金字塔有什么不同? ······································ 127
库库尔坎金字塔为什么会在每年的春分和秋分出现神秘的蛇影? ····· 128

目录

美洲金字塔与非洲金字塔有联系吗？ …………………………………… 128
为什么说太阳门是一本记录古代珍禽异兽的"图画书"？ ……………… 129
库斯科神庙中的"黄金花园"是什么样的？ …………………………… 130
阿兹特克的"死亡之庙"为何令人恐惧？ ……………………………… 130
在墨西哥原始森林中发现的11颗石刻头像是拉文塔人的杰作吗？ …… 131
玛雅人为何要在各个城市的重要位置放置大量的石碑？ ……………… 131
前古典时期的玛雅是一个蛮荒的世界吗？ ……………………………… 132
"世界的中心"特诺奇蒂特兰城比当时的罗马城还要壮观吗？ ………… 132
特奥蒂瓦坎为什么又被称为"众神之城"？ …………………………… 133
蒂亚瓦纳科古城的石墙上为什么会有各种各样的人脸？ ……………… 133
冥街是模仿太阳系建造的吗？ …………………………………………… 134
卡拉萨萨雅广场上竖立的石柱是用来观测天象的吗？ ………………… 134
印加王奢华的宫殿为何没有屋顶？ ……………………………………… 135

哥斯达黎加的丛林大石球从何而来？ ………………………………… 135
远隔重洋的亚洲和太平洋诸岛为何都有"有段石锛"的踪影？ …… 136
新巴比伦王国真的修建过通天塔吗？ …………………………………… 136
什么是方尖碑？ …………………………………………………………… 137
克娄巴特拉石碑是谁建的？ ……………………………………………… 137
非洲著名的石头城是谁建的？ …………………………………………… 138
复活节岛上的600多尊人面石雕像从何而来？ ………………………… 139

第八章　社会大观·奇闻趣事

起源于印度的数字为什么被称为阿拉伯数字？ ………………………… 141
古印度人会因为长相丑陋被判死刑吗？ ………………………………… 141
古印度人为什么认为人身上最神圣的部位是口？ ……………………… 142
古埃及人为什么要接受"天平"的审判？ ……………………………… 142
向印加臣服的部落首领为何会将印加王赏赐的衣物看成莫大的恩宠？ …… 143
"斯拉夫"本义为"奴隶"，可为什么俄罗斯人却视其为光荣？ …… 143
导致中世纪欧洲瘟疫流行的罪魁祸首是星宿还是垃圾？ ……………… 144
为什么说茶叶改变了世界？ ……………………………………………… 144
英国贵妇饮茶之后为什么要喝白兰地"解毒"？ ……………………… 145
人的心脏有记忆的功能吗？ ……………………………………………… 145
路易十四时期的"铁面人"究竟是谁？ ………………………………… 146
美国真有"蜥蜴人"吗？ ………………………………………………… 147
"奥卡姆剃刀"说的是什么？ …………………………………………… 148

什么是"因信称义"？……………………………………………… 148
培根提出的"四假象"都指什么？……………………………… 148
"第一性的质"和"第二性的质"各指什么？………………… 149
"笛卡尔式怀疑"是一种什么样的怀疑方式？……………… 150
"人体哲学"是有关人体的哲学吗？………………………… 150
商博良为什么说自己要设法买一个大桶栖身？…………… 151
用宇宙语言就可以与外星人对话吗？……………………… 151
美国的特种部队怎样使用手势语？………………………… 152
出版《吉尼斯世界纪录大全》的吉尼斯公司是经营什么的？… 152
下半旗志哀是要将国旗下降至旗杆的一半处吗？………… 153
美国的仪态学校都教些什么？……………………………… 153
为什么会有专收蠢人的"蠢人大学"？…………………… 154
外国人也有属相吗？………………………………………… 154

第九章　风俗礼仪·民间习惯

原始人为什么要举行成丁礼？……………………………… 156
绘身和文身对原始人有什么特别的意义？………………… 156
贝、珠等物为什么被认为具有神圣的威力？……………… 157
为什么会有"大千世界"的说法？………………………… 157
为什么用鸽子和橄榄枝来象征和平？……………………… 157
塞浦路斯为什么被称为"爱神的故乡"？………………… 158
古埃及人为什么要剃光头发戴假发？……………………… 158

美索不达米亚人为何求长生而不求永生? ……………………… 159

羊羔为什么会成为美索不达米亚人的主要祭品? ……………… 159

用黄金塑造太阳神像的是印加人吗? …………………………… 159

印加统治者为什么要供奉其他民族的神像? …………………… 160

羽蛇神与中国龙有关系吗? ……………………………………… 160

印第安人为什么要称马铃薯为"爸爸"? ……………………… 161

亚述贵族为什么喜欢狩猎? ……………………………………… 161

观看角斗士表演因何会成为古罗马人的一大喜好? …………… 162

白鹅和狗为何会被古罗马人抬着在街道上游行? ……………… 162

"月朔"为什么被犹太人视为"女人的节日"? ……………… 163

犹太新郎送给新娘的戒指为何不镶任何珠宝? ………………… 163

大象为何是古印度人十分热爱和崇拜的动物? ………………… 164

印度人为什么将以牛粪铺地、抹身视为洁净之事? …………… 164

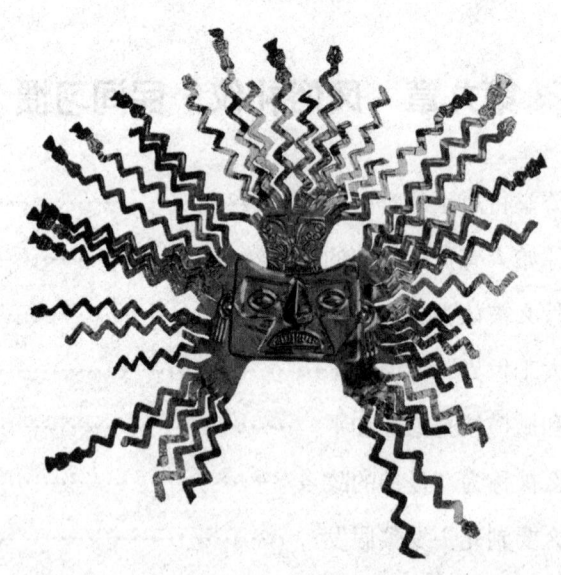

愚人节究竟源自法国还是印度？ …… 165
富士山为什么会成为日本人崇拜的"灵峰"？ …… 165
偶人为何会受到日本人的特别重视？ …… 166
端午节为何被日本人称为"男儿节"？ …… 166
平安时代的日本女性为什么以黑齿为美？ …… 166
日本人为什么将景泰蓝称为"七宝烧"？ …… 167
为什么从缅甸人的名字上无法判断其家族归属？ …… 167
诞生树和灵魂鸟是怎么回事？ …… 168

第十章 百事百物·探根求源

玛雅人为什么要用可可豆做货币？ …… 169
古代的匈奴人为什么要用骷髅制作器物？ …… 169
贝冢是古人的垃圾场吗？ …… 170
箸墓有着怎样动人的传说？ …… 170
酸奶是怎样产生的？ …… 171
早餐麦片是如何发明的？ …… 171
芳香四溢的香槟酒是如何产生的？ …… 172
英国人为什么对红茶如此钟爱？ …… 172
高跟鞋是怎样产生的？ …… 172
最初的手套是用来保暖的吗？ …… 173
港口、码头等地的服务队员为什么要戴红帽子？ …… 173
厨师为什么要戴白色的高帽？ …… 174

餐巾的产生与男人的大胡子有什么关系? ………………………………… 174
西服的衣袖上为什么要钉三颗纽扣? ……………………………………… 175
裤线是怎样产生的? ………………………………………………………… 175
军装为什么要用绿色? ……………………………………………………… 175
日本的和服有什么讲究? …………………………………………………… 176
世界上最早的蹲式厕所是什么样的? ……………………………………… 176
芭比娃娃是如何产生的? …………………………………………………… 177
香水本来是酬神上供的,为什么会变成一种香体液? …………………… 177
高尔夫球上为什么会有小坑? ……………………………………………… 177
一个星期为什么有7天? …………………………………………………… 178
英语中的星期有什么特别的来历? ………………………………………… 178
"闰秒"是怎么回事? ……………………………………………………… 179
邮票为什么会有齿孔? ……………………………………………………… 179
斑马线从何而来? …………………………………………………………… 180
交通灯为什么要选择红、黄、绿这三种颜色? …………………………… 180
圣马力诺共和国为什么没有红绿灯也不堵车? …………………………… 181
世界上最宽的马路在哪里? ………………………………………………… 181
理发店为什么要以三色柱为标志? ………………………………………… 181

第一章
失落文明·历史碎片

尼安德特人因何消失?

尼安德特人是现代欧洲人祖先的近亲,从20万年前开始,他们统治着整个欧洲和亚洲西部,但在2.8万年前,这些古人类却消失了。

长期以来,科学家一直在探讨尼安德特人消失的原因。最新理论认为,导致尼安德特人消失的原因可能有两个:剧烈而又频繁的气候变化,导致尼安德特人无法适应;现代人的祖先在某些生物特征上优于尼安德特人,逐步淘汰了他们。

很多学者为这群早期人类从何而来、在人类谱系上处于何种位置而争论不休。这场争论主要是两大观点的对峙:一种理论认为,尼安德特人是当今人类的一个古老变种,他们逐步进化或被欧洲现代智人同化为现代人类;另一种理论认为,尼安德特人是一个与现代人类完全不同的物种,现代人类进入他们的势力范围后,很快就将他们消灭了。

随着科技的发展,近年来,很多科学家都希望通过分析尼安德特人的DNA,找到尼安德特人与现代人类融合的证据。然而,这样的证据至今尚未发现。在另一项研究中,科学家利用改良型年代测定技术发现,4万多年前,现代人类进入欧洲大陆后,尼安德特人没有迅速消失,而是继续存在了近1.5万年,根本不像一部分人设想的那样,现代人类迅速取代了尼安德特人。

这些发现促使科学家们更谨慎地看待其他可能导致尼安德特人灭绝的因素。各种研究表明,尼安德特人的灭绝很可能是各种环境压力综合作用的结果。科学家已找到一系列能证明尼安德特人如何消失的最新证据,古气候学研究提供的数据便是其中之一。

一些学者认为,尽管尼安德特人已经能够很好地适应寒冷的环境,但约2万年前,气候非常不稳定,生态环境也随之发生极大的变化,森林让位给一马平川的草原,麋鹿取代了犀牛……正是环境条件的快速变化,逐步将尼安德特人逼入绝境。因为环境变化得越快,就要求尼安德特人在越短的时间内改变原有的生活方式,从而适应全新的生存环境。当茂密的树林变成了开阔的草原,采用伏击方式狩猎的猎人就失去了赖以藏身的树林,如果要生存下去,他们必须改变狩猎的方法。考古发现的工具和猎物的变化表明,某些尼安德特人的确适应了不断变化的世界,然而更多的尼安德特人却在变化中被淘汰。正常情况下,只要环境变化不太频繁、间隔期不是太短,这些古人类很可能东山再起,因为他们有过类似的经历。然而这一次不同,环境变化实在太快,尼安德特人根本没有充足的时间恢复人口数量。正是在气候反复而又极端的情况下,尼安德特人最终走向灭绝。

知识链接

人类演化阶段

学术界关于人类演化过程的划分争论颇多,以下是其中的一种观点:

(1)南方古猿阶段。已发现的南方古猿生存于500万年到150万年前。南方古猿与猿类相比，比较重要的特征是双脚能够比较稳健地直立行走。

（2）能人阶段。能人化石是1960年起在东非的坦桑尼亚和肯尼亚陆续发现的。能人生存于200万年到175万年前，与南方古猿相比，能人有更大的脑，并能制造石器工具。

（3）直立人阶段。直立人俗称猿人。直立人化石最早是1891年在印度尼西亚的爪哇发现的，当时还引起了是人还是猿的争论。直到20世纪20年代，在北京周口店陆续发现北京猿人的化石和石器，才确立了直立人在人类演化史上的地位。直立人大约生活在170万年到20余万年前。

（4）智人阶段。智人一般又分为早期智人（远古智人）和晚期智人（现代人）。早期智人生活在20万年到10余万年前。晚期智人的生存年代约始于10万年前。其解剖结构已与现代人基本相似，因此又称解剖结构上的现代人。

需要强调的是，随着新的考古发现，学术界关于人类演化进程的划分的争论，将会越来越激烈，新的观点甚至有可能完全颠覆旧的理论。

传说中的亚特兰蒂斯真的存在吗？

传说中于距今12 000年前"悲惨的一昼夜"间沉没于大海中的大西洲，位于大西洋中心附近。

大西洲文明的核心是亚特兰蒂斯大陆，大陆上有宫殿和波塞冬神殿，所有建筑物都以当地开凿的白、黑、红色的石头建造，美丽壮观。首都波塞多尼亚四周是双层环状陆地和三层环状运河。在两处环状陆地上，还有冷泉和温泉。此外，大陆上还建有造船厂、赛马场、兵舍、体育馆和公园等。

这就是希腊哲学家柏拉图在他的著作中所描绘的亚特兰蒂斯的景象。很多学者都把亚特兰蒂斯当成一个神话，他们认为柏拉图虚构它是为了比喻雅典社会的价值观，但还有一些执着的考古学家和历史学家都希望通过考古发掘，还它一个真面目。

19世纪中期，被誉为"科学性的亚特兰蒂斯学之父"的美国考古学家德奈利，提出了有关亚特兰蒂斯大陆的13个纲领：

（1）远古时代大西洋中确有大型岛屿，那是大西洋大陆的一部分。

（2）柏拉图所记述的亚特兰蒂斯故事的真实性不容置疑。

（3）亚特兰蒂斯是人类脱离原始生活，形成文明的最初之地。

（4）随着时间的推移，亚特兰蒂斯人口渐增，于是那里的人们迁居到了世界各地。

（5）《圣经·创世记》中所描述的"伊甸园"，指的可能就是亚特兰蒂斯。

（6）古代希腊及北欧传说中的"神"，就是亚特兰蒂斯的国王、女王及英雄。

（7）埃及和秘鲁的神话中，有亚特兰蒂斯崇拜太阳神的遗迹。

（8）亚特兰蒂斯人最古老的殖民地是埃及。

（9）欧洲的青铜器技术源自亚特兰蒂斯。

（10）欧洲文字中许多字母的原形，源自亚特兰蒂斯。

（11）亚特兰蒂斯是塞姆族、印度和欧洲各民族的祖先。

（12）12 000年前，亚特兰蒂斯因巨大变动而沉没于海中。

（13）少数居民乘船逃离，留下了上古关于大洪水的传说。

德奈利的13个纲领，似乎可以回答包括《圣经》记事在内的一大批人类活动的疑问。

古埃及的许多习俗，都可以在美洲找到奇异的"印记"。在玛雅人的陵墓壁画中，可以轻易找到与古埃及王陵近似的图案。这样的"巧合"不胜枚举。我们完全有理由相信，这两个地区的文化和习俗之间，一定存在着某种必然的联系，这个联系绝不是简单的模仿或重复。由于这两个地区相距十分遥远，我们至今没有找到他们直接交往的任何有力证据，而且这两个地区的文化还处在不同的历史时代。但我们有理由相信：它们之间的一系列"巧合"，更像是远古时代高度文明遗留下来的"印记"。

尽管人们发现了大量证据证明大西洋海底存在过这片大陆，但是目前亚特兰蒂斯大陆之谜仍未彻底解开。

高度发达的迈锡尼文明源自何方？

迈锡尼文明，是希腊大陆青铜时代后期文明的别称，年代在公元前1600—前1100年，因最大的遗址迈锡尼而得名。在19世纪以前，人们对这一文明的了解只能来自神话传说。直到19世纪德国考古学者谢里曼在迈锡尼遗址发掘出众多王族墓葬及丰富的金银饰物之后，迈锡尼文明及其历史地位才得到学术界的肯定。

那么，到底是谁创造了迈锡尼文明？

谢里曼，这位几乎对《荷马史诗》的每一个词都深信不疑的人，认为如史诗所言，迈锡尼城的统治者是阿特柔斯家族。

也有人认为，迈锡尼的统治者源自腓尼基。卡德莫斯寻找妹妹欧罗巴的传说，便是腓尼基人来到希腊大陆的佐证。

学者伊文斯认为，迈锡尼文明是米诺斯文明殖民扩张的结果。他指出，迈锡尼文明是突然出现的，居民从农民和牧人突然变成了市民、艺术家、商人和水手，无论男女都穿着米诺斯式服装，佩戴米诺斯式首饰，宗教上采用同样的器具和同样的信条，工具、武器、艺术品等与克里特几乎一样，墓葬习惯也与克里特相仿。总之，迈锡尼人采用了在克里特已经存在几个世纪的生活方式。所有这一切都是在克里特新王宫和居地遭到普遍毁灭之际突然发生的。同时，爱琴诸岛的米诺斯文明居地复苏，建起了新的殖民地。伊文斯认为这种突然的"米诺斯化"，只能解释为米诺斯人对希腊地区的控制、殖民。

瓦西的意见与伊文斯正好相反。他承认希腊大陆的中青铜文化受到米诺斯文明很大的影响，但又强调指出，这两个文明有着很大的不同。迈锡尼人富有组织性，他们的思想已经发展到了具有抽象思维能力的水平，已经能用自己的法则来解决问题，他们吸收外来的因素是为了使之为己所用。至于为什么突然发生了变化，瓦西解释说，公元前1600年前后，中青铜时代的希腊大陆居民成功地战胜了米诺斯舰队，烧毁了克里特新王宫，把战利品、艺人、工匠带回大陆。

还有人认为，中青铜时代的大陆人去埃及参战，返回时带回了金器和当地的墓葬习惯，使大陆希腊生活发生巨变。

直到今天，人们都不曾得出定论，争论还在继续。

米诺斯迷宫的传说是真实存在的吗？

古希腊神话中有关克里特岛迷宫的著名传说，一直被认为是纯属虚构的故事。然而，20世纪初英国考古学家亚琴·埃文斯的考古发现却彻底颠覆了这种观点。

1900年，亚琴·埃文斯率领一支考古队来到了地中海的克里特岛，经过3年的艰苦发掘，终于在克里特岛的克诺萨斯发现了米诺斯王宫的遗址和大量文物。

迷宫坐落在一座山坡上，占地约22 000平方米，有大小宫室1500多间。迷宫分为东宫和西宫，由国王宝殿、王后寝宫、有宗教意义的双斧宫、楼房、储藏室、仓库等组

米诺斯王朝的王宫遗址壁画
湿壁画是一种绘于泥灰墙上的绘画艺术，这种创作手段是米诺斯文明的主要艺术形式。

成。长廊、门厅、通道和阶梯,将华丽的建筑物一一相连,真是千门万户,曲径通幽,一旦深入便难以找到出路,说它是迷宫一点也不为过。

在迷宫的墙上,还有一些3000年前的壁画。这些壁画色泽鲜艳,画面上的人物形象栩栩如生。其中有的壁画描绘的是斗牛戏的内容,这也许和希腊神话中牛头人身怪物米诺陶勒斯吃童男童女的故事暗中相合。

在迷宫中还发现了2 000多块泥版,上面刻着许多线形文字,记载着王宫财物的账目,包括国王向各地征收贡赋的情况。其中一块泥版上赫然写着:"雅典贡来妇女7人,童子及幼女各1名。"这不禁又让人想起牛怪的故事。

更让人吃惊的是,1980年春,考古学家在克里特岛上一所铜器时代的房屋里,发掘出200多根支离破碎的人骨,是大约10个年龄为10—15岁的少年,他们的尸骨上留下被宰杀的刀痕。

那么,牛怪吃人的故事在历史上是真实存在的吗?神秘而又恐怖的米诺斯王宫的传说,实在让人不寒而栗。

阿伽门农的黄金面具真的属于他吗?

在《荷马史诗》中,上演了一幕幕阿伽门农家族的悲剧,而这位迈锡尼国王也在从特洛伊回国的途中被其妻子的情夫艾奎斯托斯杀害。据说在阿伽门农死后,人们将其埋在了迈锡尼城附近,而其一生所积累的财富也一同被埋在了那里。

传说中的迈锡尼是一个遍地黄金的地方,而作为国王的阿伽门农自然会拥有大量的黄金。因此,多年来,人们一直在寻找阿伽门农的陵墓。当然,有些人只是为了找到随葬的黄金,而有些人则是为了探寻历史的足迹。不过曾经辉煌的迈锡尼城早已湮没在历史的尘埃之中,要找到阿伽门农的陵墓又谈何容易呢?

功夫不负有心人,经过多年苦苦寻觅,终于有人传出了好消息。1876年7月,谢里曼在迈锡尼著名的"狮子门"城墙内发现了几个竖穴墓,他判断这就是阿伽门农的墓穴。掘开之后,墓中出现了壮观的场面,有大批金银和青铜器物等随葬品,以及珠宝、饰物和武器。谢里曼在最后一个坟墓中,发现了一个戴着金色面具的干尸。他兴奋地宣布,那个面具就是阿伽门农的黄金面具。

一切看起来都是那么顺理成章,可总让人觉得有什么不对的地方。仅凭大量的随葬品和一个黄金面具就能断定是阿伽门农的墓穴吗?这如同在特洛伊发掘时人们所犯的错误一样——过分迷信《荷马史诗》,使谢里曼对迈锡尼考古得出了错误的结论。他发现的所谓的"阿伽门农的坟墓"是迈锡尼早期的墓葬形式——竖井墓,年代约在公元前16世纪。而传说中的阿伽门农即使真有其人,也是公元前13世纪时的人物。这样看来,谢里曼所看到的显然不可能是阿伽门农本人,而是比他早三四百年的迈锡尼时代的王公贵族。

虽然这个黄金面具下的人不是阿伽门农,但人们还是习惯称其为阿伽门农的黄金面具。

博学园究竟是研究中心还是教学机构?

公元前4世纪下半叶,亚历山大大帝在建立地跨亚、欧、非三洲大帝国的战争中,从各地搜罗、掠夺了大批艺术珍品和文献资料,交给他的老师亚里士多德研究。亚历山大去世后,他的部将托勒密以埃及亚历山大里亚为都城,公元前290年左右在这里创办了世界上最早的博物馆——亚历山大里亚博学园。园中有图书馆、动植物园、研究所,还有专门收藏文化珍品的缪斯神庙,后来被称为亚历山大博物馆。缪斯是古希腊传说中主管文化艺术的九位女神的总称,"西方博物馆"一词即起源于缪斯神庙。

亚历山大博学园设有专门的大厅、研究室,陈列有关天文学、医学和文化艺术的藏品。各地的学者、作家聚集在这里,从事研究工作，大批来自各地的青年跟随他们学习。亚历山大博物馆的历史功能，与现代博物馆的社会功能极其相似，从这个角度上说，亚历山大里亚城博学园中的缪斯神庙称得上是西方历史上第一个标准的博物馆。

据当时学者留下的记载，博学园是王宫的一部分，有一条散步的路，一个拱廊，一个供博学园成员进餐的大房间。他们是一个集体，共同拥有财产，由国王任命的一位祭司主持博学园的事务。一般认为，由祭司作为主持者突出了博学园的宗教特点。此外还有一个重要职务是博学园总监，负责财政和总务。

在几代托勒密国王的庇护和慷慨资助下，博学园很快赢得了国际声望，吸引了那个时代最有才智的人，其中包括阿基米德、欧几里得、阿里斯塔克、希罗菲卢斯等。被认为是现代数学的基础、在西方仅次于《圣经》、流传最广的书——《几何原本》就是数学家欧几里得献给托勒密国王的。

博学园在托勒密时代基本上是一个研究中心，很少有教学活动。但那时的一个惯例是招收有作为的年轻人充当助手，在医学方面似乎采用的是学徒形式。到了罗马时期，博学园的活动依然存在，但越来越像一所教学机构。这一时期，科学、医学、哲学等继续蓬勃发展，但是文学却衰落了。公元1世纪以后，博学园几次蒙受战火，全部被毁。

知识链接

亚历山大图书馆

亚历山大图书馆曾是人类文明世界的太阳，它与亚历山大灯塔一起，是亚历山大城各项成就的最高代表。该图书馆始建于公元前3世纪。

亚历山大大帝死后，亚历山大城成为古埃及托勒密王国的首都。据说当初建亚历山大图书馆唯一的目的就是"收集全世界的书"，实现"世界知识总汇"的梦想。所以，历代国王甚至为此不择手段：下令搜查每一艘进入亚历山大港口的船只，只要发现图书，不论国籍，马上归入亚历山大图书馆。

有这样一个传说：当时古希腊三大悲剧作家欧里庇得斯、埃斯库罗斯和索福克勒斯的手稿原本收藏在雅典档案馆内。托勒密三世得知此事后便设了一计，以制造副本为由先用一笔押金说服雅典破例出借。据说，托勒密三世最后归还给希腊的是复制件，而真迹原件却被送往亚历山大图书馆。

通过各种正当或不正当的手段，亚历山大图书馆迅速成为人类早期历史上最伟大的图书馆，拥有许多著名文学家、科学家、哲学家的真迹原件。

奥林匹克运动起源于何时？

众所周知，现代奥林匹克运动会是在古希腊奥林匹克运动会的基础上形成和发展起来的。然而，有关古代奥运会的起源及其具体年代却众说纷纭，莫衷一是。

在古希腊神话中，比萨国王爱诺麦为自己的独生女儿基波达米亚挑选佳婿，诏令求婚者必须和自己比赛战车，胜了，以公主相许，继承王位；败了，就要被刺死。在伯罗普斯向公主求婚之前，已有13位青年惨死于国王的长矛之下，但伯罗普斯毫无畏惧。公主对英勇的伯罗普斯一见钟情，她串通车夫，要他偷偷拧松父王车轮上的锁钉。公主的偏向导致国王在比赛中人仰车翻，伯罗普斯获胜，如愿娶了公主，并继承了王位。伯罗普斯为庆贺胜利并感谢万神之王宙斯对他的佑助，便在比萨城以西的奥林匹亚圣地举行盛大祭典，并进行战车和角力等体育竞技，古代奥运会就从这时开始了。

《荷马史诗》为奥运会的起源问题提供了重要的文献资料。这部古典名著比较全面地反映了公元前11世纪至公元前9世纪希腊人的社会生活，历史上称这一阶段为"荷马时代"。在《伊利亚特》的记述中，阿喀琉斯为好友帕特洛克罗斯举行葬礼时，就举行了战车、拳击、角力、赛跑、决斗、掷铁饼、射箭、投标枪等内容丰富的竞技赛会，并发给优胜者以重奖。由此可以推测，早在荷马时代，综合性竞技赛事已经出现了。

到了近代，许多专家、学者借助考古学，又提出了许多观点，主要有以下几种：

（1）古希腊奥运会起源于克里特岛。公元前2000年，以诺萨斯城为中心的米诺斯王国曾一度称霸克里特岛，并控制了附近的一些岛屿和雅典等地。当时克里特人在祭神的庆典中，曾盛行拳击、角力、赛跑等体育竞技。公元前15世纪，米诺斯王国覆灭，希腊人继承了克里特人的文化传统，创立了奥运会。1900年，英国考古学家伊文斯在诺萨斯城进行考古发掘，发现了男子角力、赛车、斗牛等壁画，为这一观点提供了生动的实物证明。

（2）希腊奥运会是由腓尼基传入的。贝鲁特大学考古学家拉比·鲍罗斯根据地下体育场遗址、铸有运动员形象的硬币和腓尼基人的史诗等，考证出首届世界性体育比赛早在公元前15世纪的腓尼基就举行了。他的依据是：当初举行这种体育竞赛，是为了对古腓尼基人信奉的太阳神和他们所崇拜的英雄赫拉克里斯及其祖先梅尔卡特表示敬意。这种体育竞赛每4年举行一次，后来传到希腊，古希腊人从而建立起自己的奥运会。

（3）20世纪80年代初，考古学家发现了新的地下遗址，对奥运会的起源问题，提出了新的见解。1981年8月12日，考古学家在雅典西南130千米处发掘出一座可容纳4万名观众的运动场遗址，并有可供13名田径运动员同时起跑的177米长的跑道。经专家考证，公元前1250年，在这座运动场里就举行了运动会。这么看来，古代奥运会早在荷马时代之前就诞生了，比第一次有记录的奥运会（公元前776年）早了约500年。

埃特鲁斯坎人来自何方？

埃特鲁斯坎人是一个极富传奇色彩的民族，他们创造了高度发达的文化，对后来的罗马文化产生了极为深远的影响。

埃特鲁斯坎人早在罗马崛起之前就在意大利中北部地区生活着。公元前8世纪中叶，埃特鲁斯坎人逐渐繁荣起来。他们在意大利建立了12座城市，号称"埃特鲁斯坎帝国"。他们还通过陆路和海路，与希腊和西亚、北非的一些国家进行贸易。

公元前6世纪是埃特鲁斯坎人的极盛时期。他们以意大利北部的托斯卡纳为中心，积极向半岛的中部和西部扩张，不仅征服了罗马城，而且占据了科西嘉岛。在这个时期内，埃特鲁斯坎人与希腊人和北非的迦太基人之间的文化、经济交流非常频繁。他们吸收了希腊、北非等地文明的营养，使自身的繁荣达到了一个新的高度。

埃特鲁斯坎人是如何衰落的呢？多数史学家认为，公元前4世纪，原居住在多瑙河上游的克尔特人入侵意大利北部，致使埃特鲁斯坎人失去了在半岛上活动的中心而趋于衰落；另外，罗马人迅速崛起，他们先是摆脱了埃特鲁斯坎人的统治，后来又反过来征服了他们。还有的史学家认为，埃特鲁斯坎人统治的范围太大，而他们又不善管理，最后导致当地民众的反抗，招致自己的衰落。

埃特鲁斯坎人究竟来自何方？学术界主要有3种观点。

古希腊史学家希罗多德曾在他的著作中提出，埃特鲁斯坎人来自小亚细亚的吕底亚，由于国内发生了大饥荒，他们被迫移民，经地中海来到意大利。

公元1世纪的史学家狄奥尼斯奥斯不同意希罗多德的观点，他认为埃特鲁斯坎人不是外地人，而是意大利半岛上最早的土著居民。

18世纪时，又有一些学者提出了第3种意见。他们认为埃特鲁斯坎人是从中欧地区向南越过阿尔卑斯山进入意大利的。

这3种观点各有一批拥护者，至今谁都拿不出确凿的证据来证实自己的看法，看来要想解开这个谜团，只有寄希望于考古学的新发现了。

知识链接

埃特鲁斯坎人对罗马的影响

埃特鲁斯坎人对罗马的统治对后来的罗马文化影响巨大。他们把自己的城市建设和生活方式带到了罗马。他们在罗马修建神庙、铺设水管、筑城墙、建广场、发展工商业，使罗马由一个不起眼的村庄变成了繁华的都市。后人所熟悉的罗马人的凯旋仪式、角斗士表演等，都深受埃特鲁斯坎人的影响。罗马还在埃特鲁斯坎人统治的时候进行了军事和财政改革，划定城乡区划，建立森都里亚大会，增强王权，为以后共和国的形成奠定了基础。

罗马为什么要以母狼哺婴像作为城徽？

在中国，狼似乎是凶狠、贪婪的代名词，然而，意大利人却把狼的图案印在了城市的徽章上，当作圣物来崇拜。这是怎么回事呢？

当年阿伽门农统帅的希腊远征军，最终以"木马计"攻陷特洛伊。该城的神话英雄爱神维纳斯之子伊里亚带领幸存者，乘船逃到意大利西海岸的拉齐奥地区。当地的统治者——战神马尔斯之子福那斯与伊里亚一见如故，将自己的女儿许配给伊里亚，还赠给他一大块土地，伊里亚带领手下在这片土地上建造了一座新城，取名阿尔巴尤伽。

阿尔巴尤伽在侬多米尔当政时期，国泰民安，侬多米尔深受百姓的爱戴。然而他的弟弟阿木留斯野心勃勃，暗中收买国王的亲兵首领，发动了宫廷政变，将侬多米尔囚禁起来，自立为王。为了铲除后患，他派人杀死了国王的儿子，又逼迫国王的女儿西尔维亚做了女祭司，他以为祭司不能结婚，不会生孩子，就不会留下威胁他的祸根。

可是战神马尔斯非常同情西尔维亚的遭遇，并与西尔维亚生下了一对孪生兄弟。阿木留斯听说后，又派人抢走孩子，令一女仆把孩子扔到台伯河淹死。善良的女仆提着装有孩子的篮子来到泛滥的河水边，她骗过监督，暗中用河边的树枝将篮子挂住。

伊特拉斯坎母狼 青铜雕像 公元前 480 年
这只机敏、警惕的母狼，成为罗马的象征。公元前480年铸成的母狼青铜雕像并不包括双胞胎，他们是文艺复兴时期意大利的一位雕塑家加上去的。母狼是罗马的图腾，是象征战神的神圣动物，它拯救了罗马城的创建者罗慕洛和雷默斯。

河水很快退了下去，两个孩子醒来后饿得哇哇大哭。一只到河边饮水的母狼听到哭声后迅速跑到近前，一看到孩子顿时母性大发，小心翼翼地将篮子移到高地，用自己的奶水喂孩子。两个饿极了的孩子拼命吮吸着狼奶。这一母狼为人婴哺乳的奇景被牧羊人法乌斯看到，他等母狼离开后，将孩子抱回家抚养，并给他们分别取名为罗慕洛和雷默斯。

兄弟俩长大后得知自己的真正身世，组织人马围攻阿尔巴尤伽王宫，杀死了国王阿木留斯和背叛侬多米尔的亲兵首领，帮助外公夺回了王位。

接着，兄弟俩决定在母狼哺育过他们的地方建造一座新的城市。在新城用谁的名字冠名的问题上，兄弟俩争执不休。最后，哥哥罗慕洛杀死弟弟取得城市的最高统治权，并以自己的名字命名新城为"罗马"。据说，此事发生在公元前753年4月21日，罗马人将这一天作为他们的开国纪念日。

当然，近现代考古学和历史学的研究成果表明，这种关于罗马城起源的说法不太可靠。罗马的真正起源应该在公元前 1000 年到前 800 年间，属于印欧语系的拉丁人来到这里定居，后来又联合附近几个山丘上的部落居民，逐渐发展成罗马城。

不过，不论真实性如何，千百年来一直流传的母狼哺婴与罗马建城的故事，使罗马人宁愿相信罗马城的建造者就是传说中母狼哺育过的婴儿，并始终感念那只富有人情味的母狼。因此，以母狼哺婴像作为城徽也就顺理成章了。

传说中的圣博罗东岛和安蒂利亚岛真的存在吗？

在中世纪，人们认为世界被一系列"海洋群岛"环绕着，其中一些有关岛屿的传说，曾刺激欧洲人去世界各地进行探险和殖民活动。尤其关于圣博罗东岛和安蒂利亚岛的传说在欧洲社会广泛流传，从中世纪末起就吸引了各界人士为之冒险甚至献出生命。那么，圣博罗东岛和安蒂利亚岛是真实存在的，还是凭空虚构的呢？

关于圣博罗东岛的传说可以追溯到公元6世纪。据说，爱尔兰圣徒博罗东同一批僧侣扬帆远航，去寻找一个隐遁的圣徒们所居住的岛屿。他曾在一个无名小岛上逗留，庆祝复活节，实际上那个小岛是一条鲸鱼的背脊。后来，他们到达了目的地，不仅找到了"人间天堂"，还遇到了陪伴犯罪魔王的冷漠天使。

圣博罗东岛出现在 15—16 世纪的《世界地图》上，1721 年葡萄牙人和西班牙人还在寻找它的踪影，甚至直到 1759 年还有一名海员信誓旦旦地宣称，他曾遥望到圣博罗东岛。

在传说的岛屿中，另一个著名的岛屿是安蒂利亚岛。这个岛出现在中世纪的航海图上，位于加那利群岛和亚速尔群岛的西面，一开始出现在 1367 年的《皮西加尼地图》上。发现美洲之后，该岛又出现在雷奇的《世界地图》、1523 年斯科纳的《地球》和 1587 年著名的《梅尔卡托地图》上。

1502 年的《康蒂诺地图》中第一次标出美洲，但是把新大陆叫作"卡斯蒂利亚的安蒂利亚"。

传说中的安蒂利亚岛是超自然天堂，那里实行一种神权政治。按照埃雷拉的说法，为了避免被外人发现，安蒂利亚岛会突然消失。在 1502 年的《卡尔内罗地图》中，绘图者把古巴叫作"安蒂利亚女王"。16 世纪后半期，安东尼奥·加尔瓦诺表示，七城、安蒂利亚和新西班牙是同一个地方。关于安蒂利亚岛的传说，也许是中世纪人们地理知识贫乏的产物，但同时也说明了当时确实存在一批尚未被发现的岛屿。

意大利人为什么将中世纪时期的艺术风格称为"哥特式"？

在 15 世纪时，意大利人掀起了文艺复兴运动，由于意大利人对于哥特族摧毁罗马帝国的这段历史始终难以释怀，因此他们便将中世纪时期的艺术风格称为"哥特式"，对他们而言即意味着野蛮。那么，历史上意大利人与哥特人究竟有什么深仇大恨呢？

公元 1 世纪，哥特人便已经居住在多瑙河流域。公元 4 世纪，哥特民族分裂为东哥特和西哥特。然而，此时的两个分支均遭到匈奴的猛攻，东哥特人被匈奴吞并，西哥特人则被迫向西迁移，并在现今的西班牙境内定居下来。

此时，日渐衰败的罗马人企图将西哥特人也纳入帝国的版图之内，却始终对日益强大的西哥特人无可奈何。相反，西哥特人却以摧枯拉朽之势扫平了整个意大利和希腊地区。公元 407—410 年，西哥特首领阿拉里克率领军队对罗马进行了 3 次声势浩大的围攻，破城后在城内大肆抢掠 3 天，满载而归。

此后，西哥特人继续向西扩张，最终建立起一个以西班牙和高卢为主体的王国。到了公元 5 世纪后期，法兰克的克洛维把西哥特人从法国本土赶到比利牛斯山以外的西班牙地区。随着克洛维去世，法兰克王国开始分裂，使西哥特人暂时得到喘息。公元711年，从北非渡海而来的摩尔人，仅用了4年的时间就征服了西班牙以及整个西哥特王国。

与此同时，东哥特人也演绎了一段盛衰兴亡史。他们在匈奴人的统治下生活了数十年，通过不懈的努力获得独立与自由，并进一步建立起属于本民族的王国。其版图位于东哥特人故土的西面，大约是今天匈牙利、克罗地亚和奥地利的位置。

此后，东哥特人与拜占庭帝国曾经几度交战，又几度复归和平。公元488年，东哥特人在拜占庭帝国的怂恿下，开始了对意大利的入侵，并于公元493年完全征服了意大利。然而，在东哥特人杰出的领袖狄奥多里克逝世后，拜占庭帝国皇帝查士丁尼一世出兵意大利，并在公元554年彻底将东哥特王国摧毁。在公元6世纪的后期，东哥特人被新来的蛮族伦巴底人消灭，幸免于难者崩散为小群体。

哥特人是历史上首批能够劫掠罗马城的民族，他们曾几度入侵并征服意大利，这也难怪意大利人对哥特人"耿耿于怀"了。

两河流域文明的创立者苏美尔人究竟来自哪里？

苏美尔人可能并非两河流域的原始居民，而是外来民族。他们大约在公元前4500年迁移到两河流域，逐渐占领南部地区，建立国家。到公元前40世纪前后，苏美尔人已成为两河流域南部的主要居民。

苏美尔人的来源至今众说纷纭。该人种的特征与美索不达米亚更早的居民欧贝德人和较晚进入两河流域的闪族人有着明显的差别。

目前有关苏美尔人来源的说法大致有以下几种。

北来说：苏美尔人由中亚或高加索、亚美尼亚到达美索不达米亚北部，再沿两河南下。其主要根据是，现在两河一带都有苏美尔人的遗迹。

东来说：苏美尔人源于东部小亚细亚的山地。此说的根据是，每个苏美尔城市都有名为"兹古纳"的梯形塔（指的是作为神庙使用的梯形庙塔）。有考古学家认为，其寓意为一座山，暗示苏美尔人是山区的居民。

南来说：苏美尔人来自埃及或波斯湾，他们弃舟登陆，然后沿河北上。此说以苏美尔人自己的传说和巴比伦时期历史学家的说法为依据。据苏美尔人的传说，他们最早的祖先住在第尔蒙岛上，而这个岛很可能位于南部波斯湾中。另外，巴比伦史家在泥版上记载道：一个叫"奥那斯"的人领着一群怪物从波斯湾出来，他们发明了农耕、冶金和文字。尽管此说笼罩着神话的迷雾，但其中也不乏历史事实。

外星说：即认为苏美尔人是外星人。其主要根据是苏美尔人总在高山顶上寻找他们的神，而他们塑造的神的形象与人类大相径庭。在他们的绘画中，每个神都和一个星星有关，星星的样子与我们今天画的完全相同，而且星星的周围还围绕着几个星星。在缺乏现代观测条件的情况下，苏美尔人怎么知道不动的星星带有几个行星呢？另一个证据是，一首刻在泥版上的叙事诗所叙说的内容与现代人类在宇宙飞行中对地球的感性认识极为相似。因此，有人认为苏美尔人是从遥远的星球来到地球的。

此外，还有人说苏美尔人来自蒙古，因为他们的语言含有许多蒙古语音，等等。

凡此种种，都给苏美尔人的起源蒙上了一层神秘的色彩，也许，只有随着考古材料的不断丰富，才有可能解开这一历史之谜。

苏美尔人为什么选用泥版作书写材料？

楔形文字是两河流域特有的文字，而这里的书写材料在世界上也是独一无二的。这一特征与两河流域的自然条件、地理环境密切相关。

两河流域树木稀少，连石头也很匮乏，但却有着独特的冲积平原的泥土。这些泥土土质好、有黏性，取之不尽、用之不竭。聪明的苏美尔人独创性地把它制成泥版，当作书写材料。这种书写材料固然有其笨重的缺点，但比起纸草、羊皮纸、木材等古老的书写材料来，它具有两大优势：一是可以随时取用，造价低廉；二是不易损坏，保存持久。在埃及，由于其主要的书写材料——纸草不易保存，造成了大量文献的失传，从而导致埃及文明的断层。相比之下，亚述学家比埃及学家遇到的困难要小得多，这与美索不达米亚人独特的书写材料不无关系。

泥版的制作过程是这样的：先用力揉搓黏土，根据需要将其做成大小不一的长方形，并把棱角磨圆。一般是一面较为平坦，而另一面凸出。泥版做好后，就可以在上面书写了。书吏首先用细绳在上面画好格子，然后用芦苇笔或其他的书写工具在泥版上刻字或画图。泥版的两面都可以刻字，但为了避免把另一面擦掉，书写时通常要先刻平滑的一面，然后再把泥版翻过来，在凸面刻写。小的泥版可以拿在手上刻写，大的则把它放在特制的架子上。两面写完后，就把它晾干或烧制。经过晒干或火烤的泥版非常坚硬，印刻在上面的文字或图案可以长久保存。现在考古发掘的泥版最古老的有5000多年的历史。泥版书是无法装订的，为了阅读和查询方便，如果一块泥版写不下一篇文章，那么几块泥版上都有全书的标题和编号，而且下块泥版一般要重复上块泥版最后一行字，以便读者查询。

经过晒干和烘烤的泥版坚固耐用，可以长久保存。但存放起来并不十分方便，如果拿我们现在用的约50页的32开本写在泥版上，就会有50公斤的重量。因此，泥版的存放和书籍完全不一样。在图书馆里，成套的泥版要用绳子捆起来，附上标示这些泥版内容的一小块泥版，放在架子上或书库里。也有的用篮子或泥坛、泥罐存放。一些重要的文件或者需要保密的书信，则采用一种特殊的"信封泥版"来保存。即用另一块泥版盖在印有重要文件的泥版上，用软泥封住两块泥版的四边并盖上印章，在外部泥版的表面，往往刻有该文件的副本或内容概要。这种方法可以有效防止泥版意外损坏、伪造和篡改。信件也是这样，把写有信的泥版包上一层薄薄的黏土，收信人接到信后，只要把这层黏土去掉就可以读到信件的内容了。

"泥版书屋"是世界上最早的学校吗?

20世纪30年代，法国考古学家在两河流域上游发掘出一所房舍，这所房舍包括一条通道和两间房屋，大间房屋长44英尺、宽25英尺（1英尺约等于0.3048米）；小间面积为大间的1/3。大间排列着4排石凳，可坐45人左右；小间排列着3排石凳，可坐23人左右，很像一所学校的教室。两间房屋都没有窗户，光线从房顶射入屋内。房中没有讲台或讲桌，却有很多泥版，像是学生的作业。这所房舍靠近王宫，附近还有泥版文书的储存地。墙壁四周的底部安放着盛有泥土的水槽，好像是用来制作泥板的。附近放着一个椭圆形的陶盆，可能是为了储放清水以便和泥制造泥版的，或者是用来放置书写用具的。地面上装点有很多亮壳，好像是教授计算的教具。

考古学家推断，这是一所学校，建造时间在公元前3500年前后。如果这一推断正确，那么，这所学校可能是人类最早的学校，比古埃及于公元前2500年出现的宫廷学校还要早1000年左右。

其实，早在20世纪初，考古学家在苏美尔的重要城市舒路帕克发掘出许多"教科书"。这些泥版"教科书"的时间确定为公元前2500年左右。这也说明这一时期学校已经存在于苏美尔了。

苏美尔的学校称"埃杜巴"，意思是"泥版书屋"，又可称书吏学校。学校以培养文士为目的。文士有高级文士和低级文士之分，前者充任政府官员，后者则从事各种职业，如公证人、掌印员、土地测量及登记员、军情记录员、缮写员、计算人员、秘书，等等。与此相适应，在课程设置上，大体上分为三类：语言、科技知识以及文学创作。语言是最基础的课程，首先要学苏美尔语，以便适应神庙祭祀和宗教活动的需要。苏美尔语是显贵阶层的语言，在古巴比伦时期，懂苏美尔语被认为是有学识、有教养的标志，受到人们的尊崇。此外，学生还要学习算术、几何以及其他科学知识，以适应管理土地和商业贸易活动的需要。已出土的大量泥版"教科书"，内容涉及天文、地理、植物学、动物学、生理学等多种学科。

在组织和管理上，泥版书屋已经与现代学校有些类似了。校长叫"乌米亚"，意思是专家、教授，因其学识渊博而受到学生们的顶礼膜拜，被称颂为"你是我敬仰的神"。教师叫"泥版书屋的书写者"，每个教师负责一门学科。助教称"大师兄"，负责给学生准备泥版、检查作业等。还有一些教辅人员，叫"泥版书屋的管理者"，负责图书馆和后勤工作。对学生的管理奖惩分明，表现好的给予表扬，违反学校纪律的学生则实施处罚，一般是用鞭子抽打或用铜链锁住双脚关禁闭，严重的开除学籍。

巴比伦帝国是苏美尔人建立的还是闪族人建立的？

闪族人和苏美尔人都曾是两河流域的主导民族，在美索不达米亚文明史上占有重要地位，而巴比伦帝国则是美索不达米亚文明的集中展现。那么，巴比伦帝国究竟是苏美尔人建立的还是闪族人建立的呢？

苏美尔人是两河流域文明的最早创立者，是他们将美索不达米亚带入了文明时代。因此，在很长的一段历史时期，苏美尔人都是两河流域的主导民族。直到公元前30世纪初，一个操闪米特语的沙漠游牧部族来到两河流域的北部，将美索不达米亚的历史翻到了新的一页。这支游牧民族在阿卡德建立了国家，因此被称为阿卡德人。

公元前2371年，阿卡德人在萨尔贡一世的领导下击败了苏美尔人的乌鲁克王国，统一两河流域，建立萨尔贡王国，从而结束了苏美尔人在两河流域的主导地位。不过在苏美尔人的土地上，阿卡德人也逐渐改变了原有的生活方式，开始了定居生活，并最终被苏美尔人的文化征服。忙着进行城市建设的阿卡德人渐渐失去了往日的英勇和锐气，这就给了苏美尔人东山再起的机会。

公元前2191年，来自东北山区的库提人入侵南部两河流域，灭掉了阿卡德王国，重新恢复了对美索不达米亚南部的控制。公元前2113年，乌尔王统一了美索不达米亚，建立了乌尔第三王朝，将苏美尔人再次推到了历史的前端，不过这只是苏美尔人短暂的也是最后的辉煌。

乌尔第三王朝末期，王权衰落，各地割据，再加之外来的阿摩利人不断入侵，乌尔第三王朝的政权岌岌可危。最后，埃兰人的入侵给乌尔第三王朝以致命的打击，国王伊比辛兵败被俘，乌尔第三王朝灭亡。之后，历史上就再也没有苏美尔人建立的政权，苏美尔民族也逐渐退出历史舞台，而闪族人则完全取代苏美尔人建立了巴比伦帝国与亚述帝国。

知识链接

美洲新大陆的"希腊人"

玛雅人无疑是以绚丽的色彩表达情感的艺术大师和建筑巨匠。他们善于用五彩缤纷的画面渲染他们生活的每一个场景，用精巧的雕刻留住他们情感的每一瞬间。岁月的流逝，并不能彻底湮没他们在艺术上的卓越成就。在玛雅名城皮那德拉斯·内格拉斯，他们特意把一座"美术博物馆"（画廊）留给瞠目结舌的后人。在他们城市建筑群的每一处显露的表面，都精心雕刻着奇异的形象和图画般的文字浮雕。难怪它会被誉为美洲新大陆的"希腊人"了。

为什么会有两个巴比伦国？

巴比伦最初不过是幼发拉底河边的一个默默无闻的小城市。在阿卡德人的一块碑文中，列举了许多被征服的城市，巴比伦"荣登"此榜。在公元前2200年前后，来自叙利亚草原的另一支闪族阿摩利人攻占这座小城，建立了国家。从此，阿摩利人以巴比伦为中心，南征北讨，不断扩张，终于建立了一个强大的巴比伦帝国。为了与后来的巴比伦帝国区别，学术界习惯上称之为"古巴比伦王国"。

古巴比伦王国在汉谟拉比统治时期达到极盛，但是汉谟拉比死后，帝国分崩离析。古巴比伦王国先后受到赫梯人、加西特人的入侵，公元前729年被亚述帝国吞并。

公元前630年，迦勒底人的领袖那波帕拉萨尔乘亚述帝国内乱之机，发动了反抗亚述统治的起义，并于公元前626年建立了新巴比伦王国。新巴比伦王国在尼布甲尼撒二世统治时国势达到巅峰。后来与在伊朗高原西北部的米底结成联盟，共同进攻亚述帝国，最后在公元前612年攻陷亚述首都尼尼微，消灭了亚述帝国。

新巴比伦国王尼布甲尼撒二世把首都巴比伦城建成一座堡垒般的城市。城市呈方形，每边长22.2千米。围绕城市的城墙大约有8.5米高，是用砖砌和油漆浇灌而成的。4匹马拉的战车可以在宽阔的城墙上奔驰。全城有100扇用铜做成的城门。城墙周围还有很深的护城河。幼发拉底河从城墙下流进来，穿城而过。巴比伦城里有一座很大的皇宫，皇宫内修建了一个"空中花园"，被后世称为世界七大奇迹之一。

新巴比伦王国最后一个国王伯沙撒与马尔杜克神庙的祭司发生冲突，试图另立新神。公元前539年，巴比伦城内的祭司在波斯王居鲁士二世入侵时打开城门，放波斯军队入城，波斯人俘虏了国王，新巴比伦王国灭亡。

为什么有人说巴比伦文明的本质是商业文明？

美索不达米亚工商业发展的顶峰应属巴比伦时期。由于两河流域南北的统一，城市经济的发展，大大促进了工商业的发展，巴比伦城成了全国贸易甚至是国际贸易的中心。因此有人说，巴比伦文明本质上是商业文明。的确，流传下来的文献，大多带有浓厚的商业色彩。就国内贸易而言，从大量的借贷、契约、合同、期票的泥版文书，可以看出当时商业活动频繁的程度。自从马传入后，交通工具的革新使巴比伦的商务由国内市场推向了国际市场，成为近东的贸易中心，巴比伦与地中海诸国也有商业往来。

古巴比伦时期的对外贸易具有如下特点：其一，商人在生意结束后往往向神庙和国家交税；其二，商人常常采用合伙经营的方式；其三，商业资本多半来自私人，一般的借贷契约都有5—8位证人，并有证人的印章；另外，这一时期出现了专营某种商品的大商人。

从以上我们可以看到，除国家和神庙控制和组织的商业贸易外，巴比伦的私人商业活动也十分活跃。在当时，许多商船云集在巴比伦的码头，这里成为商贸的集散地，这些商业活动多半是属于私人性质的。

《汉谟拉比法典》中提到了两种主要商人，一是大商人"塔木卡"，一是小商人"沙马鲁"。塔木卡的活动包括：从事商业贸易、高利贷、贩卖奴隶、为国家征收租税，塔木卡因此享有王室封地。沙马鲁既是塔木卡的代理人，也是其商业伙伴，他们所从事的商业活动有的是为塔木卡推销商品，塔木卡付给其工资；有的则是与塔木卡合伙经营，参加分成。沙马鲁在社会经济地位上虽比不上塔木卡，但也可能比较富有，基本是独立的私商，而不是王室官员。

关于巴比伦商业的繁荣景象，历史学家这样描述道：

巴比伦商人们领着毛驴商队缓慢地穿梭于城镇之间，做着生意，他们能渗透到周围很远的社区。他们在幼发拉底河上游一带时常出没，这样，在这里出现了一个叫作哈拉的城镇（哈拉的意思就是"旅行"）。在许多人家的院子里，都堆有很高的货包，每一捆包上都印着有商人姓名的泥章。

《圣经》中提到的赫梯人真的存在吗？

关于赫梯，虽然《圣经》中曾提到过它，埃及的象形文字和两河流域的楔形文字也证实了它的存在，但在20世纪以前，人们却无法确定其具体位置。

1906—1912年，德国东方学家温克列尔在土耳其的波加兹科伊进行发掘时，发现了几千块楔形文字泥版，其中一小部分是用阿卡德语写成的，但大多数却是用当时还不为人知的一种古代语言写成。1915年，经捷克学者格罗兹尼释读，确定其属于印欧语系。根据铭文，波加兹科伊就是赫梯王国的首都，而赫梯王国的中心并不像以前人们推测的那样在叙利亚和巴勒斯坦，而是在小亚细亚中部。

赫梯国发源于小亚细亚东部的高原山区，在哈利斯河上游一带。约公元前2000年，涅西特人迁入此地，与当地的哈梯人逐渐同化，形成了赫梯人。后来，残暴好战的亚述人来到这里，建立了商业殖民地，库萨尔、涅萨、哈图萨斯等城邦陆续出现在这片土地上。

赫梯人的战车模型
这种战车被其他远东国家广泛仿制，在之后数个世纪的交战中起到决定性作用。

公元前18世纪，趁着亚述全力对抗巴比伦，库萨尔开始向外扩张，也结束了亚述的殖民统治。公元前17世纪，库萨尔王拉巴尔纳斯，始建赫梯古国。其子哈图西利一世在位期间，征服西里西亚，将王国的疆界延伸到地中海沿岸。

公元前1620年前后，穆尔西利一世登上历史舞台。在他当政时期，赫梯国力渐强，常向两河流域侵扰，并最终攻陷巴比伦城，灭掉古巴比伦国。此时，赫梯发生宫廷政变，无法在美索不达米亚立足，只能饱掠而归。穆尔西利二世即位后，东征西讨，建立起一个名副其实的帝国。

公元前15世纪末至公元前13世纪中叶，是赫梯最强盛的时期。此间，赫梯人摧毁了米坦尼王国，并趁埃及埃赫那吞改革之机，夺取埃及的领地。埃及第十九王朝的法老们，都与赫梯交过手。至埃及法老拉美西斯二世时，为了争夺叙利亚地区的统治权，双方军队会战于卡迭什，结果赫梯惨败。两国于公元前1283年签订和约。

与埃及的争霸，使赫梯元气大伤。公元前13世纪末，"海上民族"席卷了东部地中海地区，赫梯被肢解。公元前8世纪，残存的赫梯王国被亚述所灭。

赫梯是西亚地区最早发明冶铁术和使用铁器的国家，赫梯的铁兵器曾使埃及等国家闻风丧胆。亚述人的冶铁术就是从赫梯人那里学来的。赫梯王把铁视为专利，不许外传，以至于贵如黄金。赫梯人最突出的文化成就当属法律体系，以《赫梯法典》为代表的赫梯人法律，要比古巴比伦的法律更人道，判处死刑的罪过不多，更没有亚述人法律中那些惨无人道的酷刑。

赫梯文明的贡献不仅仅在于发现并使用了铁，还在于它充当了两河流域同西亚西部地区文化交流的中介。可以说，赫梯文明是埃及文明、两河流域文明和爱琴海地区诸文明之间的重要链环之一。

为什么说亚述人对人类最大的贡献是战争的艺术？

有人说，亚述人对人类最大的贡献就是战争的艺术。的确如此，亚述国家的政治、经济、文化都带有浓厚的军事色彩。亚述时期留下的艺术作品，几乎都与军事密切相关。

亚述人的军队是整个西亚最强大的。亚述军事力量之所以强大，一是由于亚述人的军事理念和军事素质。在亚述人的观念中，国家和军事几乎是同一个词，或者说，国家本身就是一架巨型的战争机器，维持一支庞大的军队和进行对外扩张是国家的首要及中心任务。二是他们的作战技术。在几千年前，亚述军队就有骑兵、步兵、工兵等各兵种。作战时，这些兵种适当编组，互相配合，扬长补短，充分发挥各个兵种的威力。亚述人还用急行军来争时间、抢速度，懂得使用各个击破的战略战术。这种战术，对西方的军事理念产生了深远的影响。三是因为亚述拥有先进的武器和优良的装备。铁制武器的使用使亚述人几乎攻无不克、战无不胜。在亚述国王萨尔贡二世王宫的一个武器库里，就发现了近两百吨的铁制武器，有铁剑、弓箭、攻城锤、战车、盾牌、盔甲等。

有了上述条件，亚述军队在整个西亚纵横驰骋，铁马萧萧，几乎无坚不摧、所向披靡。

《圣经》中提到的尼尼微城究竟在哪里？

尼尼微是古亚述帝国的都城和文化中心，位于底格里斯河上游东岸，与摩苏尔隔河相望。

作为文明古国的亚述王国几乎无人不知，而尼尼微这座历史名城却在很长时间里都隐匿于美索不达米亚的历史烟尘中。许多探险者千辛万苦寻找它的踪迹，直到19世纪中叶，尼尼微遗址由英国考古学家莱亚德首次发掘出土，这座古亚述王国的首都才终于得以现身。20世纪50年代，伊拉克政府派遣考古队继续进行发掘和整理，并修复了部分城墙、城门和王宫，使得该遗址成为西亚的重要历史名胜之一。

尼尼微被周长12千米的城墙围绕，城墙有些地方宽达45米。古城共有15个城门，发掘后重建了北墙的冥王之门、月亮女神之门、富饶神之门，西墙的运水人之门，东墙的太阳神之门等。并在冥王之门旁建立了亚述博物馆，陈列着许多出土文物和说明图表，向人们展示了近4000年前亚述帝国兴衰的历史。

在库云吉克发掘出的森纳谢里卜的王宫，宫门前有两尊带翼公牛的石像，它们犹如两个威武的卫士，守卫着这座王宫。门殿门厅等地装饰有大理石浮雕，描绘了古亚述人征战、狩猎、宴饮以及建筑劳动等情景。在库云吉克还发掘出土了公元前7世纪的图书馆和宫殿。图书馆内保存有2万多片楔形文字泥版，包括宗教铭文、文学作品、科学文献、历史记载和法令文书等。

尼尼微在公元前6000多年就有人定居。约在公元前19世纪至前18世纪之交，沙姆希亚达德一世建立亚述王国，将其立为都城之一。此后，经过历代国王的扩建，尼尼微逐渐成为亚述帝国的政治、经济中心，也成为西亚地区商旅云集的贸易中心。公元前705年，森纳谢里卜即位后，尼尼微被定为亚述帝国首都，大规模兴建神庙和王宫，尼尼微盛极一时。

公元前612年，尼尼微被新巴比伦和米提亚联军攻陷，城池被毁，从此尼尼微逐渐消失在历史的废墟中。古希腊作家卢西恩在其著作中说："尼尼微被洗劫得如此彻底，以至于现在根本无法找到它的遗址，因为它连一丝痕迹都没留下。"然而，经过几代探险家、考古学家的不懈努力，尼尼微城曾经的辉煌终于又重新展现在了世人面前。

亚述人为何会成为一个尚武的民族？

亚述人是居住在两河流域北部的一支闪族人，他们最显著的特征是比其他游牧民族更残暴、更好战。亚述人为什么会成为一个尚武的民族，为什么会如此好战呢？是由于他们的风俗习惯与其他民族不同，还是种族的特性使然？

美国文化史教授伯恩斯说："亚述人是一支勇敢的武士民族，这不是因为他们在种族上与所有其他的闪族人有多么大的差别，而是他们独特的生存环境造就了他们黩武的性格。他们的国土资源有限，又要时刻面对周围敌对民族的威胁，这就养成了他们好战的习性和侵略的野心。因此，无怪乎他们对土地贪得无厌。他们征服越多，他们树立的敌人就越多，他们就越感到只有不断征服才能保住其先前征服的成果。每一次成功都刺激着野心，使黩武主义的链条越来越紧。"

在亚述人看来，血腥的屠杀并不是残暴，而是士兵英勇的体现，所有亚述士兵都以此为荣，而亚述将士功劳的大小也以斩获敌人首级的多少而论。因此，亚述人要争得荣耀，得到奖赏，就必须勤练武艺，使自己在战场上杀死更多的敌人。

由此看来，亚述之所以会成为一个尚武的民族，并非种族特性使然，而是特殊的生存环境造成的。

巍峨壮丽的波斯波利斯王宫是被谁烧毁的？

波斯波利斯是波斯国王大流士时期的首都，建于公元前6世纪—前5世纪。在波斯波利斯，最壮丽的建筑就要数波斯波利斯王宫了，但可惜的是，这座王宫却被无情的大火化为灰烬。那么，它是被谁焚毁的，又是如何被焚毁的呢？

一般认为，波斯波利斯王宫是马其顿国王亚历山大的军队毁灭的。公元前330年，亚历山大在尼尼微附近的高加米拉村，一举击溃大流士三世的军队，然后继续东征，并最终占领了波斯波利斯。亚历山大洗劫了波斯波利斯的王宫，掠走了巨额财富，并下令焚毁了这座王宫，将其化为砾土和灰烬。

据说，亚历山大烧毁波斯波利斯王宫是为了"报复"。古希腊史学家阿里安在《亚历山大远征记》中这样记述："波斯人在雅典曾大肆破坏，烧毁庙宇，对希腊人干下了数不清的暴行，亚历山大烧毁波斯波利斯王宫是为了以眼还眼、以牙还牙。"

普鲁塔克认为，亚历山大烧毁波斯王宫是受到了雅典名妓泰绮思的挑唆，他们焚毁王宫是为了表明思念家乡，而不打算在当地住下来。古希腊史学家狄阿多拉斯·冠提斯也认为，亚历山大在酒醉后受到泰绮思的挑逗、激励，放火烧了波斯波利斯。亚历山大清醒之后，对自己的鲁莽行为感到非常后悔。

美国学者杜兰·威尔则认为，亚历山大曾在沿途看到800个希腊人，这些人由于各种原因而被波斯人残害，有的被砍了腿，有的被斩了手，有的被割去耳朵，有的被挖去眼珠。这让亚历山大勃然大怒，一气之下烧毁了波斯波利斯。

波斯波利斯王宫究竟是怎样被焚毁的，还需要更多材料的证明。

知识链接

波斯波利斯王宫

据记载，波斯波利斯王宫的大门是由坚固的巨石砌叠而成的，上面雕凿着雄伟的带翼圣牛雕像。台基是岩石凿成的平台，长约500米，宽约300米。墙壁装饰以岩石浮雕，

波斯波利斯王宫遗址全景
大流士时代的波斯帝国是地跨亚、非、欧三大洲的规模空前的大帝国，领土辽阔，经济繁荣，盛极一时。在其新都波斯波利斯，宏伟的王宫建筑在巨石垒成的高台上，内有听政殿和百柱大厅，轩敞气派，金碧辉煌。

有国王、大臣、成排的战士和被征服民族的纳贡者。殿堂由许多高大的石柱支撑，柱子高达18米，上面架着木质的顶棚。王宫前面是巨大的白云石砌成的阶梯，阶梯的斜度不大，宽度可容10匹马并排通过。整个王宫的建筑包括岩石浮雕、釉陶砖瓦、各类壁画，以及黄金、象牙镶嵌物等，表现了古波斯艺术的高超水平。根据古波斯铭文记载，王宫是由许多不同民族和部落的匠师共同建筑起来的，其建筑风格除了有波斯的元素外，还含有西亚、埃及和希腊的元素。

"黄金之城"哈马丹的城墙真的是用黄金装饰的吗？

哈马丹是古代伊朗最初的国家米底王国的首都，据说是米底第一个国王戴奥凯斯创建的。历史上的哈马丹不仅是米底王国的政治、军事中心，也是古代伊朗的交通枢纽，它对维系东西方的国际贸易起着举足轻重的作用，著名的丝绸之路就从这里经过。

希罗多德曾说，哈马丹有七道城墙，最里面的两道城墙被包上了白银和黄金。世界上真的会有如此奢侈的城市吗？这听起来就像个神话传说，让人难以置信。事实上，夸张是文学作品中常见的修辞手法，而且古代西方人都以为神秘的东方是黄金遍地、财富莫测的人间乐土，这种思想甚至一直延续到新航路开辟时代。

然而，同时代巴比伦人留下的楔形文字资料，以及后来的《亚历山大远征记》等文献中，并没有关于哈马丹七道城墙的记载，至于金墙、银墙更不会提到了。从亚述宫廷浮雕中，我们可以对米底王国城市有个大致的了解。它们都有坚固的城墙、高耸的塔楼，城墙外有护城河。那么，哈马丹作为米底最大的城市，离王宫又很近，理所当然更加雄伟坚固。

关于哈马丹有七道城墙的传说，我们不妨换个角度来猜测。哈马丹城里最初可能是分部落或种族而居，每个居民区之间可能用围墙隔开，这些围墙加上宫墙和外城墙，总数可能正好是七道。当然，古代哈马丹城的街区也可能和今天的情况相似，居民区就像蜘蛛网一般，一环套一环，围绕王宫形成了七个包围圈。

米底帝国灭亡之后，哈马丹成为古波斯帝国四大都城之一，后来又成为塞琉西王朝在东伊朗的统治中心。安息时期，哈马丹一度是安息的都城，并且是丝绸之路中段的重镇之一。直到今天，哈马丹仍然是伊朗最主要的城市之一。

知识链接

希罗多德对哈马丹城的描述

关于哈马丹城的情况，希罗多德有非常详细的描述。他说哈马丹共有七圈厚重而又高大的城墙，一圈套着一圈，每一圈城墙都比外面一圈更高大。由于哈马丹城建筑在平原之上，这种结构可以大大加强其防御体系。哈马丹的七圈城墙颜色各不相同：从外到内，第一圈城墙为白色，长度与雅典城墙大致相等；第二圈是黑色的；第三圈是紫色的；第四圈是蓝色的；第五圈是橙色的；第六圈是白银包着的；第七圈是黄金包着的。戴奥凯斯的王宫，就在包裹着黄金的城墙之内。

为什么称尼罗河是古埃及文明的摇篮？

希罗多德曾说过："埃及是尼罗河的赠礼。"尼罗河对于古埃及就如同黄河对于中国、幼发拉底河和底格里斯河对于美索不达米亚一样意义非凡。古老的尼罗河为古埃及人提供了生存的可能，使得古埃及人在这片土地上创造了光辉灿烂的文明。

农业是古埃及社会经济的基础。每年尼罗河水的泛滥，都给河谷披上了一层厚厚的淤泥，使河谷区土地极其肥沃，庄稼可以一年三熟。据希罗多德记载："那里的农夫只需等河水自行泛滥出来，流到田地上灌溉，灌溉后再退回河床，然后每个人把种子撒在自己的土地上，让猪上去将这些种子踏进土里，以后只要等待收获就行了。"在如此得天独厚的自然条件下,古埃及逐渐发展出高度发达的文明。

尼罗河流域与两河流域不同,它的西面是利比亚沙漠,东面是阿拉伯沙漠,南面是努比亚沙漠和飞流直泻的大瀑布,北面是没有港湾的海岸。在这些自然屏障的怀抱中,古埃及人可以比较安全地生活、生产。到公元前332年亚历山大大帝征服埃及为止,古埃及共经历了31个王朝。其间虽然也曾经历过内乱和短暂的外族入侵,但总的来说政治情况比较稳定。

所以说,尼罗河是古埃及文明的摇篮,没有尼罗河,就没有璀璨夺目的古埃及文明。

古埃及的法老城为何会整体沉入海底?

2000年,法国海洋考古学家弗兰克·戈迪沃向全世界宣布了一个惊人的消息:法国和埃及联合考古队在亚历山大港附近的地中海海底,找到了已失踪1000多年的古埃及法老城。

为了寻找这个失踪的法老古城,考古学家们借助先进的仪器,进行了2年多的调查和搜寻。当考古学家们潜入海底时,他们都被眼前的景象惊呆了:富丽堂皇的庙宇、完整的民宅、先进的港口设施、雄伟壮丽的巨型雕像……不论从哪个方面来看,法老城都具有一种很现代的气息。更令人惊叹的则是在这片海底世界中不知沉睡了多少年的文物:一尊黑色的玄武岩法老头像,一尊地下之神塞拉皮斯的雕像,一尊同真人一般大小的生育女神伊希斯的雕像,一些镌刻着古埃及天文学文字图案的花岗岩石板,等等。

千百年来,许多古老的文学作品都提到,在地中海边曾经有过一个极其强盛和高度文明的城市群——埃及的法老城。按其描述,法老城文明之发达已经将同时代世界其他地方的文明远远抛在后面。这里的人们自称其祖先来自神秘的太空,并给他们留下神秘的"文明",使其得以过着非常富逸的生活。

然而,"法老城"这个古老的文明中心似乎在一夜之间消失了。在法老城重见天日之前,人们一直以为,这个高度文明的城市只是一个动人的神话传说。

从18世纪中期以来,众多考古学家、历史学家及冒险家们纷纷来到这里,但直到现在,考古学家们在阿布基尔湾海底深处的所有发现,只不过掀起了这座巨大海底宝库神秘面纱的一角而已。根据发掘的文物判断,法老城群应修建于公元前6世纪的法老时代,比亚历山大古城的历史要早得多。

法老城已在海底沉睡了多久,以及其沉没海底的原因至今仍是一个谜。有人猜测,可能是尼罗河三角洲的气候和地质变化导致了古城沉沦,有人怀疑可能是尼罗河改道所致,也有人认为可能是海平面升高或其他自然灾害造成的。

从海底保存完好的建筑残骸来看,古城中的石柱与墙面几乎都倒向同一方向,不少考古学家据此认为,法老城群很可能毁于一场大地震。更重要的是,法老城群确实处在一个极易发生地震的"地中海—印尼地震带"上。发生在这个地震带上的地震大多是浅源地震,而且这一带的人口比较稠密,因而地震往往会造成非常严重的灾害。根据潜水员在海底发现的文物推测,这次大规模的地震可能发生在公元8世纪。

究竟是什么原因导致法老古城整体沉入海底的,学术界尚无定论。目前,国际著名的考古学家、历史学家、地质学家和地球物理学家正在通力合作,进行不懈的研究。早晚有一天,他们的研究将最终解开法老城沉没之谜。

古埃及人为什么要为动物制作木乃伊?

古埃及人不只将人的尸体做成木乃伊,他们还在动物身上使用了这一技术,制作了数百万只猫、鸟和其他一些动物的木乃伊。

古时候的埃及人常把一些动物视为神的化身,认为众神可以以这些动物为依托出现在尘世中。比如，专门负责木乃伊制作的阿努比斯神与狗、狼和狐狸相联；音乐娱乐女神巴斯特（同时她也是妇女保护神）与猫相联；司阴府之神与公牛相联；太阳神拉蒙与猎鹰相联；月亮神骚特与朱鹮相联，等等。这些动物都与古埃及人的生活密切相关，他们认为这些动物也是有感情和神性的，是众神赐给人类的。

但是，即使是某一种被神圣化的动物，也不是全部都受到人们的崇拜，而是其中的一部分"幸运儿"被挑选出来，被安置在神庙附近，作为它们所代表的神在人世间的化身。这种将动物神圣化的观念发展到一定的程度，就出现了动物木乃伊。

当被视为某神化身的动物死后，人们也对它们进行与人类相似的防腐处理，并举行隆重的安葬仪式。到了古埃及后王朝时期即公元前11世纪以后，由于人们信奉的神祇越来越多，可以被神化的动物都被利用了，但仍供不应求。于是，有人专门饲养大批动物，还未等它们自然死亡，便被制成木乃伊，出售给神的信徒，供他们祭献并埋葬在重要的崇拜中心。

因为进献的动物木乃伊越来越多，在崇拜该动物的地区便出现了动物的墓地。如在崇拜女神巴斯特的中心布巴斯提，就出现了一个巨大的猫墓地。在信奉骚特神的赫尔摩波利斯，有一个朱鹮的墓地。到了公元前4世纪罗马人统治埃及后，由于流行对巴斯特神的崇拜，猫成了"抢手货"。为了赶制猫的木乃伊，许多"神圣的"猫都活不到2岁，就被人折断脖子，或被人打死。然后，它们的头部用石膏定型，再饰以彩绘。为了将它们制成锥形，制作师一般是将它们的前腿折叠于胸前，再将后腿向上折叠于腹前。

过去，一些考古学家曾认为这些动物木乃伊的制作都很粗糙，但最新的研究发现，古埃及人制作动物木乃伊的技术，与制作最好的人体木乃伊的技术一样精湛。

知识链接

古埃及人图腾崇拜与神话传说的关联

古埃及人信奉多神教，相信万物有灵。最初，埃及的神多以动物的形式出现，并没有人格化，这表现出了鲜明的图腾崇拜的特征。当时，古埃及早期的城市都用一种动物来作为自己的保护神，如豺狼是古埃及中部的地方神、鳄鱼是法尤姆的地方神等。一旦一种动物被作为城市的地方神，该城的居民便把它视为神圣不可侵犯的东西，加以崇拜和保护。

随着社会的进一步发展，人们发现对自然的崇拜意义更大，于是兴起了对自然神的信仰。自然神也是当时社会生产力低下的产物，但它比图腾崇拜前进了一步，它反映了人类对自然社会的理解和渴望认识自然社会的心情。自然神已被赋予了越来越多的人性。在自然神中，太阳神被作为一切自然的代表，因而太阳神成为了人类崇拜自然的中心。太阳神在古埃及神话中的地位相当于古希腊神话中的宙斯。

古埃及的神多是具体的、现实的，他们或以动物的形式，或以人的形式出现，也有许多是半兽半人之神。与其他民族的神话传说类似，古埃及的神也被描写成与人一样，都有鲜明生动的性格、悲欢离合的故事。这些神话传说通过神的机智、顽强、善良与勇敢的精神，来表现人的生活行为和思想意识。

罗塞塔石碑为什么被誉为"通往古埃及文明的钥匙"？

在拿破仑时代的人们看来，要解读古埃及象形文字，简直是天方夜谭。当时波斯的著名东方学家德·萨西曾说："这是科学界无法解决的一个复杂的问题。"然而罗塞塔石碑的发现，却让这项科学难题的解决出现了转机。

在亚历山大去世2000多年之后，拿破仑的士兵于1799年在距埃及亚历山大城48千米的罗塞塔镇附近，发现了一块大理石石碑。这块石碑制作于公元前196年,高1.14米,宽0.73米。

据分析,罗塞塔石碑上面刻有埃及国王托勒密五世的诏书,诏书内容出自当时的祭司之笔,作为国王托勒密五世加冕十周年的纪念。碑文上的主要内容是叙述托勒密五世承袭王位的正统性,以及赞颂托勒密五世的"功德",如减轻赋税、在神庙中竖立雕像等对神庙与祭司们大力支持的举动。

罗塞塔石碑由上至下共刻有同一段诏书的3种不同语言的版本,分别是埃及象形文、埃及草书(是当时埃及平民使用的文字)以及古希腊文(古希腊的统治者要求其统治领地内所有的此类文书都需要添加希腊文的译版)。在公元4世纪后,尼罗河文明式微,逐渐被人舍弃和遗忘的埃及象形文字的读法与写法彻底失传,虽然之后有无数专家和学者绞尽脑汁、竭尽所能,却一直无法解读这些神秘文字的结构与用法,直到1400年之后罗塞塔石碑的出土。罗塞塔石碑独特的3种语言对照写法,使其成为解读埃及象形文字的关键。因为在这3种语言中,古希腊文是近代人类可以阅读的,利用古希腊文来对比分析石碑上其他两种语言的内容,就可以了解这些失传语言的文字及其文法结构了。

试图解读埃及象形文字的学者不计其数,但贡献最大的是英国物理学家托马斯·杨和法国学者让·佛罕索瓦·商博良。托马斯·杨发现碑文中托勒密和克娄巴特拉这两个名字是用音值符号写的,并找到其中6个符号的正确音值。通过检验石碑上鸟和动物的朝向,托马斯·杨还发现了象形文字符号的读法。

商博良在托马斯·杨的基础上寻求新的突破,他看出了象形文字的内在体系,撰写了关于释读僧侣体和象形文字的专题论文,并且编撰了一整套与希腊字母相对应的符号表。

这些重大发现后来成为解读所有埃及象形文字的关键线索和基础,也正因如此,罗塞塔石碑才被誉为"通往古埃及文明的钥匙"。

非洲本土到底有没有文明?

非洲是大多数人公认的人类发源地,其历史之悠久是其他大洲无法比拟的。然而就是这样一片古老的土地,却一度被认为是没有文明的。这不能不让人心生疑惑,既然人类发源于此,又为何没有在这里创造文明呢?难道自人类文明产生后,人类就全部撤离非洲了吗?这显然是说不通的。

包括黑格尔在内的一些西方学者认为,非洲本土(撒哈拉以南)没有文明,只有黑暗和停滞。如果事实果真如此,那么在非洲本土就不应该存在任何人类文明的遗迹,但越来越多的考古发现却证明了这种观点的荒谬。

撒哈拉以南的非洲居民在公元前2000年前后就已经开始驯养动物和培植农作物。西非是大部分非洲农业的发源地,并在公元前几千年就出现了精制的赤陶器物。公元前3世纪前后,西非进入铁器时代后,先后出现过加纳、马里、桑海等强盛的古代帝国。

在非洲中南部,到处可以看到铁器时代的遗迹,以及古时梯田和人工灌溉工程的遗址。建有数千幢房屋的恩加鲁卡古城遗址、建于公元500年前后的大津巴布韦石头建筑物遗址都是中南非古代文明的重要标志。非洲中部和南部也先后出现过一些繁盛的国家,诸如拥有发达农业、采矿业和对外贸易的莫诺莫塔帕王国,建立起高度中央集权制度的刚果王国,雕刻艺术品水平极高的库巴王国,社会分工很发达的布干达王国等。

濒临印度洋的非洲东海岸,自古以来贸易发达,早在纪元前就进行铁和盐的交易。15世纪上半叶,非洲东海岸已发展到能派使者远渡重洋到中国访问。

由此看来,非洲本土不仅有文明,而且其文明程度还曾非常发达。

人迹罕至的撒哈拉沙漠为何会出现精美的岩画与雕刻？

撒哈拉沙漠是世界上最大的沙漠，气候炎热干燥。然而，人们居然在这极端干燥缺水、植物稀少的沙漠地带，发现了许多绮丽多姿的远古大型岩画。

1850年，德国探险家巴尔斯来到撒哈拉沙漠进行考察，无意中发现岩壁上刻有鸵鸟、水牛以及各式各样的人物像。1933年，法国骑兵队来到撒哈拉沙漠，偶然在沙漠中部塔西利台、恩阿哲尔高原上发现了长达数千米的岩画群，绘制在受水侵蚀而形成的岩阴上，五颜六色，精美绝伦，刻画出了远古人们生活的情景。此后，欧美考古学家纷至沓来。

从发掘出来的大量古文物看，距今约1万年至4000年前，有许多部落或民族生活在这里，创造了高度发达的文化。这种文化最主要的特征是磨光石器的广泛流行和陶器的制造，这是生产力发展的标志。在岩画中，还有撒哈拉文字和提斐那古文字，说明当时的文化已发展到相当高的水平。

撒哈拉岩画的表现形式和手法相当复杂，内容丰富多彩。在岩画中有很多是强壮威武的士兵，他们有的手持长矛、圆盾，乘坐着战车似乎在飞驰。在其他岩画人像中，有些人身缠腰布，头戴小帽；有些人像在敲击乐器；有些人似作献物状，像是迎接"天神"的莅临；有些人翩翩起舞。从画面上看，舞蹈、狩猎和祭祀是当时人们生活和风俗习惯的重要内容。

岩画群中有很多动物形象，千姿百态，栩栩如生，创作技艺之高超，可以与同时代的任何民族杰出的雕刻艺术相媲美。从这些动物图像上可以推想出古代撒哈拉地区的自然面貌。例如，一些岩画上有人划着独木舟捕猎河马，这说明撒哈拉曾有过奔流不息的江河。值得注意的是，岩画上的动物在出现时间上有先有后，从最古老的水牛到鸵鸟、大象、羚羊、长颈鹿等草原动物，说明撒哈拉地区的气候越来越干旱。据考证，距今约3000—4000年前，撒哈拉不是沙漠而是草原和湖泊。只是到公元前200年至公元300年左右，气候发生变异，昔日的大草原才变成沙漠。

是什么人创造出这些规模庞大、气势磅礴的岩画群？刻制岩画的目的又是什么？尤其令人不解的是，在恩阿哲尔高原丁塔塞里夫特曾发现一幅岩画，画中人都戴着奇特的头盔，这些头盔很像现代航天员的头盔。难道，撒哈拉岩画是天外来客的遗迹吗？这一切的疑问，还有待于进一步的调查研究。

谁创造了斯瓦希里文明？

公元7世纪以前，东非沿海地带的文明是由班图等族创造的以农耕为主，辅之采集、狩猎和商业的文明。公元7世纪后，随着阿拉伯人等外族的移民和宗教的传入，东非沿海地带逐渐形成斯瓦希里人的文明。这种以商业城邦为特色的文明在13—15世纪达到极盛：至15世纪，沿肯尼亚至莫桑比克海岸兴起的比较大的商业奴隶制城邦达37个，如一串明珠散布于东非海域。这些城市与阿拉伯、印度、波斯和中国进行贸易，城市建筑也很壮丽，其语言文学、宗教信仰和政治制度也达到相当高的水平。16世纪，随着葡萄牙人的闯入，其文明发展走向衰亡。

斯瓦希里文明的创造者是谁呢？这一直是学者们争论不休的话题。一些学者认为，斯瓦希里人的祖先来自伊朗的设拉子地区。此论认为，来自波斯的哈桑·阿里及其六子和一些跟从者在10世纪率领7艘船离开伊朗，远航至东非海岸。每艘船的人到东非后都建立了一个居留地。由于这些移民和阿拉伯人的到来，居留地逐渐发展成为城市并演变成城邦，斯瓦希里文明由此产生。另一些学者则认为，阿拉伯人是斯瓦希里文化的创造者。

上述两种观点后来都受到怀疑。首先，设拉子人来自波斯的说法缺乏根据，一是在 11—12 世纪，印度洋贸易重点已转移到阿拉伯南部和红海地区，设拉子对东非海岸贸易无足轻重；二是斯瓦希里语中缺乏波斯语词汇。另外，斯瓦希里文化来自阿拉伯的论点也站不住脚，主要是因为在 12 世纪以前斯瓦希里文明的语言中，阿拉伯语成分极少。

由于上述两种观点的不确定性，一些学者又提出斯瓦希里文明的创造者应为东班图人的观点，依据是斯瓦希里语带有明显的班图语特征。持这一观点的人认为，在任何外来者未曾达到东非沿岸前，班图人已在那里定居。当地居民已有自己的语言，用于经商及日常交往，只是未形成书面文字，据说这就是最早的斯瓦希里语。公元前 1000 年后，阿拉伯人来此经商并与当地人通婚。随着越来越多的阿拉伯人被当地人所吸收，斯瓦希里文化便开始逐渐形成。

班图文化的发祥地在哪里？

班图文化是非洲大地的古老文化，是由生活在那里的班图人创造的。班图人也被称为班图尼格罗人，属于尼格罗人种的年轻支系。他们主要分布在北纬 4°以南，包括刚果盆地、大湖地区、赞比西河和林波波河流域。

班图人是当前非洲最大的民族集团，约占非洲人口的 1/3。原始的班图人为农耕部落，后来吸取了尼罗特人、库希特人的畜牧文化，以及俾格米人、科伊桑人的渔猎文化，成了一个渔、耕、牧混杂的民族。在班图语言中，最重要的语种是斯瓦希里语，它现在已成为东非最通行的语言，坦桑尼亚和肯尼亚更是以其作为官方语言。

那么，班图文化的发祥地在哪里呢？考古资料表明，班图文化的真正发祥地在东非大湖及刚果河下游地区。在公元 1 世纪时，东非的班图人就掌握了制陶术；到了 3 世纪，又掌握了冶铁技术。7 世纪时，中央的班图人已经懂得炼铜。

10—12 世纪，班图文化区开始出现一系列国家，如基塔拉、布霜果、莫诺莫塔帕等；稍晚，又出现了刚果、隆达、布干达、巴卢巴、卢旺达、斯瓦希里等国。这些国家与西亚、印度、中国均有贸易往来，这可以从东非沿海和大津巴布韦古迹发现的大量中国瓷器中得到佐证。

后来，因为殖民者的入侵，班图各族分别受英、葡、比等国的控制和奴役。直到第二次世界大战以后，特别是 1960 年以来，班图绝大多数民族才取得国家独立。

繁荣富庶的加纳王国衰亡的原因是什么？

加纳的疆域长期局限于塞内加尔河和尼日尔河上游的河间地区，在公元 8 世纪末之前，柏柏尔人统治这个国家。8 世纪末，一个名叫卡亚·马加·西塞的索宁凯人夺取了国家权力，加纳从此开始了西塞王朝的统治。9—11 世纪，加纳盛极一时，其领土北起撒哈拉沙漠南缘，南到尼日尔河和塞内加尔河上游的黄金产地，西与塞内加尔河中下游地区的台克鲁尔、锡拉两王国接壤，向东伸展到廷巴克图附近。

加纳经济的支柱是采金和对外贸易。国王对金矿的开采实行某种形式的垄断，从这个国家的矿山里挖出的天然金块，全部归国王所有，只把金砂留给采金的平民。据说国王拥有一块重达 15 公斤的天然金块，镶嵌在国王的宝座上。金砂产出后，经加纳商人流入萨赫勒地带（撒哈拉沙漠南缘地带）的商埠。

加纳在其鼎盛时期是一个拥有众多藩邦的帝国，奥达戈斯特是其中最富庶的一个。它是公元 6 世纪时柏柏尔人建立的一个商埠，是柏柏尔人的一个重要的物资集散地。当时奥达戈斯特拥有 10 万名沙漠行商，并迫使除了加纳以外的黑人群体缴纳贡赋。从 10 世纪末起，加纳攻占了奥达戈斯特，并在这里设了一名黑人总督。

穆拉比德人崛起于塞内加尔河口一带之

后，于 1054 年洗劫了奥达戈斯特。1076 年，阿布·贝克尔指挥的穆拉比德军队攻占加纳首都昆比，征服了加纳。1087 年，阿布·贝克尔去世后，加纳重获独立。

然而，穆拉比德人的入侵给加纳造成了极为严重的后果：长期的战乱造成商路阻塞，加纳的对外贸易和国家税收遭受到沉重的打击；由于穆拉比德人过度放牧，水井失修，牧草消耗殆尽，沙漠南侵，农耕难以进行，甚至连昆比也日渐荒废。在这种情况下，以前的藩邦纷纷叛离，加纳繁荣富庶的时代一去不复返了。

玛雅文明与奥尔梅克文明有什么渊源？

奥尔梅克文明于公元前 1200 年前后产生于中美洲圣洛伦索高地的热带丛林之中。圣洛伦索是早期奥尔梅克文明的中心，在繁盛了大约 300 年后，于公元前 900 年前后毁于暴力。其后，奥尔梅克文明的中心迁移到靠近墨西哥湾的拉文塔。

关于奥尔梅克文明的突然出现，中外一些学者提出了"殷人东渡美洲论"。当年武王伐纣，殷商灭国之后，留驻东夷的十多万精兵却从此杳然无踪，史无所载，成为千古之谜。而恰在此时，在中美洲尤卡坦半岛突然兴起了带有强烈殷商文化色彩的奥尔梅克文明。于是学者们猜测：殷人是否东迁到美洲？学术界为这一谜案争论了几百年，至今依然没有定论。

在公元前 400 年前后，奥尔梅克文明神秘消失，但它对中美洲文明产生了巨大影响。奥尔梅克文明的许多特征，如金字塔和宫殿建造、玉器雕琢、美洲虎和羽蛇神崇拜等，成为后来中美洲各文明的共同元素。

大多数学者认为奥尔梅克文明是玛雅、托尔特克等文明的母体，但也有人认为奥尔梅克文明和其他中美洲文明的关系是姐妹关系。不过，我们与其在这个问题上费脑筋，还不如把奥尔梅克文明看成玛雅文明在较早阶段的代称。

其实，"玛雅"这个称谓不过是近 500 年才出现的。10 世纪以后，尤卡坦半岛上有 3 个强大的城邦，其中之一叫玛雅潘，它曾一度成为尤卡坦半岛北部最具政治主导力的中心。在 12—14 世纪，即玛雅潘的鼎盛时代之后，西班牙人来到此地，他们把这个城邦的名字用于整个玛雅地区，这才有了我们如今所熟知的"玛雅地区""玛雅民族""玛雅文明"的说法。

而某些时候，人们囿于概念，把奥尔梅克文明和玛雅文明进行了严格的区分，甚至有时只把公元 3—9 世纪危地马拉低地的古典期文明视为真正的玛雅文明，把这一地带文明的衰落和转移称为"玛雅文明的消失"。

圣奥古斯汀文化是谁创造的？

圣奥古斯汀文化遗址位于今哥伦比亚境内马格达雷那河的源头，即所谓的哥伦比亚群峰坡地上。从那里，一种独特的古代土著文化影响扩展到极其广阔的地区，但至今人们还不能确定其界限。圣奥古斯汀文化的主要特点是，拥有数以百计的巨石雕刻，以及巨大的建筑工程。

现在根据一些零星的材料，可大致勾画出圣奥古斯汀文化的历史轮廓。到 1500 年前后，包括圣奥古斯汀文化在内的一些较发达文化，是以具有阶级结构的酋长国为特征的一种文化类型。其主要的社会经济特点是：它们可能已有较发达的农业、不断增高的人口密度和深化的军事和宗教实践。在神权政治下，宗教是巩固社会团结的主要手段。从其分布情况看，酋长国并不限于高山地区，而是向下扩展到低地热带稀树草原的广大地区。其自然条件是，没有极大面积的热带森林地区，且在一些地区内耕地需要进行灌溉。在一些部落里，精耕细作的农业提供了经济生活的基础，所以打猎、捕鱼和采集的意义变得不再那么重大。在一些地区，人们还用修筑梯田的方法来扩大耕地。另外，作物的多样化不仅提供了更丰富的食品，而且保持了日常饮食营养的均衡。

然而，由于缺少对陶器形式的系统研究，所以几乎不存在这段文明的编年史。在这种情况下，至今人们还不知道是谁创造了圣奥古斯汀文化。不过，根据其主要的历史文化特点和所处的地理位置，关于其文化创造者问题，我们可以作出以下几种假设：

一是哥伦比亚的马格达雷那河上游地区土生土长的居民创造的文化。但是，从其文化特点看，缺乏鲜明的个性和可靠的历史基础，因此，这一假设还有待进一步调查研究。

二是来自秘鲁的古代移居者创造的文化。圣奥古斯汀文化主要是以巨石雕刻为特点，同时引种了许多中部安第斯山区的作物，这表明它与古代秘鲁文化有密切的关系，但是目前还需要大量的材料来充分论证这个问题。

三是来自中美洲的古代移居者创造的文化。这一假设可能现实性不大，因为圣奥古斯汀的物质和精神文化特点与中美洲古代文化差异较大。

以上3种假设的任何一个论点都还没有达到无懈可击的程度，都需要进一步探究。

知识链接

南美洲重要文明

与辉煌灿烂的中美洲文明相比，也许南美洲的文明略为逊色，但南美洲的文明同样拥有悠久的历史。大约3000年前，秘鲁中部安第斯山区出现了查文文化，成为秘鲁日后其他文化的基础。他们爱用大石建筑，能制造精美的金器，而且和中美洲人一样崇拜美洲虎。

查文文化之后，几乎在同一时期，秘鲁北部和南部分别出现了莫奇卡文明和纳斯卡文明。莫奇卡人建有金字塔，拥有发达的陶器制造技艺。纳斯卡人则擅长保存物品，他们的印染制品令人赞叹，染料能保持千年不褪色。但更有名的是他们的祖先在地上遗留下的巨型地画，甚至有人将其与世界第七大奇迹相媲美。

秘鲁和玻利维亚边境的的的喀喀湖附近，在公元5—10世纪出现了蒂亚瓦纳科文明，其太阳门是美洲最著名、最卓越的古迹之一。从公元7世纪到1438年，秘鲁诞生了多个从都市发展出来的国家，其中以秘鲁北面的契穆王国最为繁盛，首都昌昌的建筑尤为宏伟，是世界上最大的土城。

在安第斯高原及太平洋沿岸一带，正是这些神秘而又灿烂的古老文明，最终催生出美洲三大文明之一的印加文明。

西班牙人为什么将玛雅文化视为"魔鬼之作"？

西班牙殖民者入侵玛雅之后，不仅在军事上与玛雅人展开了反复的较量，在文化上，两个民族也发生了激烈的冲突。西班牙人信奉的天主教教义与玛雅祭司集团所代表的信仰格格不入。结果，西班牙军队的随军主教迪那戈·德·兰达，竟然策划了一次大规模的"焚书坑儒"，1562年，他下令将所有玛雅书籍付之一炬，并将玛雅祭司全部处以火刑。

玛雅祭司集团全权掌管着用象形文字记录的玛雅历史、文化知识，他们是玛雅社会的知识阶层。兰达的这一举动，致使玛雅历史文献只剩下4本手稿，同时，有能力识读和书写玛雅文字的祭司全部遇害，致使那些幸存的真迹成为天书，至今无人能够破译。有志于研究玛雅历史文化的学者不得不另辟蹊径，从西班牙人留下的文献中捕捉玛雅的影子。

西班牙人毁灭玛雅文化的做法如此决绝，主要原因（据他们自己的说法）是他们认为玛雅人的神祇文字太像魔鬼所为。也许西班牙人潜意识里也暗自惊异于玛雅人完善的知识体系，与自己的文化思想虽然大相径庭，却也是高度发达、令人叹为观止的。这使他们心底发怵，感觉到一种文化上的威胁，从而作出了斩草除根的鲁莽决定。

玛雅严格的社会分工使普通百姓完全无

法接近文字。西班牙人处死了占玛雅人口一小部分的祭司，就相当于把一个国家所有识字的人全都处死了。于是，虽然玛雅人一直使用祖先创造的语言，坚守着自己的信仰和生活方式，然而直到今天，仍然没有人能看懂自己民族的文字、自己祖先留下的史书。

玛雅文献毁损殆尽，大难不死、劫后余生的玛雅文献少得可怜，但总算没有被斩尽杀绝，使我们还能一睹古玛雅经卷的风采。这些文献是以榕树的内层皮和鞣制过的鹿皮为纸，用毛发制成的毛笔书写，蘸取的颜料是玛雅人自己制作的，包括白、红、蓝、黄、咖啡等几种色彩。幸存下来的玛雅文献有4部，分别收藏于欧美不同国家的图书馆或私人手里。

玛雅人为什么要向北方迁移？

玛雅人以其创造的灿烂文明，赢得了美洲新大陆"希腊人"的美誉。然而，到了9世纪，玛雅文明却突然消失了，巨大的金字塔、祭祀中心被荒废，科潘、帕伦克、蒂卡尔、乌斯玛尔相继停止了石柱雕刻。

玛雅人抛弃了自己用双手建造起来的繁荣城市，却要转向北方异地荒凉的深山老林，这种背弃文明、回归蒙昧的做法，是出于自愿，还是另有他故？

有些学者认为，是气候骤变、瘟疫流行、地震破坏迫使玛雅人不得不北迁。墨西哥城玛雅文化研究中心负责人鲁斯就说，玛雅祭司们因为忙于应付一场突然降临的灾难，连北迁的原因都来不及记录。

然而，气象专家始终拿不出8—9世纪，南美大陆有过灾难性气候骤变的有力证据。同样，玛雅人那些雄伟的石构建筑，虽然有些已经倒塌，但很多历经千年风雨仍然保存完整，因此地震灾难之说可以排除。此外，在玛雅人盘踞的上万平方千米的版图内，要大规模地流行一场瘟疫，这种可能性也是微乎其微。再说玛雅人的整体迁移，先后共历时百年之久，一场突发性的大瘟疫，怎可能耗时如此之久？

另外一种说法是，不科学的耕种方法使当地地力耗尽，而不得不迁移。但大量证据证明，玛雅人农业生产水平远高于当时其他地区的印第安人，他们很早就采取轮耕制，出现了早期的集体化生产，这样既保证了土地肥力，又提高了生产效率。在古典时期，一个玛雅农民两个月的生产便可养活一家人，所以这种观点讲不通。

还有一种观点认为，当时玛雅社会内部发生了被压迫阶级反抗特权阶级的斗争，从而被迫迁移。其理由是，古典时代晚期城市中的一些建筑工程突然中止，统治者的御座被摧毁，祭台的雕像被打碎，这些都像是一场反对祭司贵族统治的斗争留下的痕迹。一部分幸免于难的贵族逃跑了，其中一些人可能在若干年后同北方来的托尔蒂克人联合起来，重返尤卡坦，征服了失去的故土，使衰落的玛雅城邦再次兴旺起来。然而，留下的破坏痕迹也可能是外族入侵或统治阶级内部斗争造成的，况且这种情况一般发生在个别城市，而玛雅人北迁尤卡坦半岛却是全局性的。

雨神
雨神是众多玛雅神中极其重要的一个，被称为"察"。

由于科学家掌握的材料和证据尚不完整，我们还很难弄清那些年代久远的事情，但总有一天，现代发达的科学技术会让沉默着的废墟、古迹开口，告诉人们谜底。

为什么高度文明的印加没有文字？

印加人是否发明过文字，是史学界长期以来争论不休的一个话题。

大多数学者认为，印加人没有自己的文字。至今为止，也确实没有找到确凿的证据证明印加人有过文字。参加过征服印加王国的西班牙编年史学家佩德罗·西埃萨说，印加人当时用十进位的结绳记事法来记账、统计人口、记载军事和历史传说。后来大量的考古发现也证实了这一说法。

这种结绳记事被印加人称为"基普"。记事的绳目前已发现不少，最长的一条达250米，是1981年1月9日在秘鲁利马发掘出来的。记事绳一般用羊驼毛或骆马毛编结而成，主绳两侧系着成排、形状如麦穗的细绳，细绳上涂着各种颜色，或再拴上更细的绳子。不同颜色表示不同的事物。细绳上打上各种不同的结，结的形状和位置表示具体的数字。印加人就是这样借助绳的颜色、结的形状与位置及大小来记载当时所发生的各种重要事件和自然现象。印加王通过原始邮政系统传递记事绳，以此来了解各地的情况。

尽管印加绳结有着巨大的功用，但一般学者仍认定印加人从未创造过文字，甚至没有像玛雅人或者阿兹特克人那样的简单图画文字。

不过，还有少数专家坚持认为，印加人有自己的文字。有的说印加人画在布板或其他织物上的图画就是他们的"秘密文字"。据一位曾经入侵过印加王国的西班牙人回忆，在库斯科太阳神庙附近一幢叫作"普金坎查"的房屋，屋内珍藏着一些画在粗布上的画，且都装在金框中，除印加国王和专职的保管员外任何人都不得接近这些画。西班牙总督托莱多说他亲眼看到过那些布画，上面画着各种人像和奇怪的符号。后来西班牙殖民者贪图用黄金制作的镜框，便焚毁了全部图画，从而使得这些"秘密文字"化为乌有。

此外，有的专家认为目前发现的画在古板上组成堡垒形状的一排排四边形是印加人的文字。还有的专家认为，印加陶器上那些类似豆子的符号是他们的文字，只是尚未被破译出来而已。

1980年5月，英国工程师威廉·伯恩斯·格林经过整整7年的考察和研究，写了题为《介绍印加人的秘密文字代号》一文，他在文中提出这样的观点：印加文字由16个辅音和5个元音组成，这种秘密文字是美洲最早的象形文字和表意文字之一。

根据现代人的观念，一个没有文字的民族创造了一个高度发达的文明，实在难以置信。看来，印加人有没有文字这个问题还得继续争论下去。

连车轮都没有的印加为何拥有异常发达的道路网络？

印加道路网是印加文明最为典型的代表，在印加时代，它拥有一个神圣而荣耀的名称——王室大道。根据道路系统的实际状况，人们通常所说的两条大道，是指南北走向、纵贯全国的两条相互平行的干道，一条位于高原地带，另一条则在沿海平原低地。两条干道又分出许多小道通向沿途各地，形成四通八达的道路网。

在哥伦布到达美洲以前，美洲没有一个民族懂得使用车轮，即使是相对发达的印加也没有发明车辆，道路系统对普通百姓的生活产生不了显著的效用。尽管有为数不少的普通百姓离开原来村社到遥远地区生活，但由于工作繁忙，印加人并不热衷旅行，因而道路的使用率是很低的。

那么，印加的中央政权耗费如此巨大的人力物力来建造道路系统，究竟是为了什么呢？答案被西班牙人的实践解开。在帝国的最后岁月里,西班牙人的军队借助着印加道路系统的便利,很快长驱直入到帝国首府,获得决定性的胜利。而这正是帝国修建道路的真正目的——用于军事。

建造大道最重要的目的,就是为了给印加帝国的军事远征提供便利。道路沿途的诸多设施也完全出于军备需要。在所有的道路沿线,每隔15或20千米的路程,就建造着类似驿站的"坦博"。坦博除了为"邮差"和行人提供方便,还修建了宫殿般的住所,专为印加王出巡所用。与普通驿站不同的是,坦博中还建有规模宏大的碉堡、兵营、仓库和其他军事工程。这些建筑占据了很大的一块场地,周围为矮墙圈定,是帝国军队的行军驻地。

通过发达的道路网,印加帝国只需很短的时间就能招来最遥远的士兵。印加军队行军迅速,每隔1天路程,士兵就能到达一个坦博小憩。这里的军用仓库储满了粮食、武器和各种军需物资,可以及时补充行军的消耗。然而,西班牙人入侵印加帝国时,也是从这些仓库里找到粮食物资,补充了消耗,战斗力得以迅速恢复,最终击败了印加大军。

知识链接
印加发达的道路交通网络

高原地带的道路工程建造难度很大,足以使那些现代社会最有勇气的工程技术人员知难而退。印加的道路主干道十分宽阔,平均宽度达3.5—4.5米,主干道路面完全是由大块的平整石板铺成。在如此浩大的道路工程中,仅运输与铺设石料这一项工作,其艰巨程度就可想而知。在平原地带建路首先要堆筑出一条高出地面的土堤,在土堤上再建造道路,道路的两边则以土墙保护,防止风沙侵蚀。沼泽地带及其他洪泛多灾的地区,则将道路建筑在石堤上。沙漠地带的道路,旁边打两排巨大的木桩可以长久地为行人指明道路。与其他工程一样,道路的维护与保养以劳役的方式摊派各地。邻近地区和村落承担维护工作,印加王也经常调动大量人工来维修道路。

哈拉巴各种各样的印章有什么作用?

印章并不只是在中国存在,在古印度,人们也发现了古代的印章。印章文字是目前世界上已知最早的文字体系,因此有人干脆把印度河流域文明称为印章文明。

如今在印度的各个文明遗址里发现的印章已有2500多枚,从材质上看,有天青石的、陶土的、象牙的,还有钢做的。印章的形状一般为边长2.5厘米的正方形,当然也有呈长方形的。与那些残墙断壁、沟渠孔洞不同,印度河流域出土的印章以刻画图形和文字符号向后人昭示出文明的准确信息。

在哈拉巴、摩亨佐·达罗早期文化层里出土的印章文字显得比较古朴,符号繁杂;罗塔尔出土的印章文字则已经明显简化。印章文字的笔画由直线和弧线组成,从右向左书写。有一些字符仍然保留着象形文字的特点,一个符号表示一个意思。但是,更多的是将两个或更多的符号用来表示一个复合的意思。

印章上最引人注目的刻画图形是牛的形象。在摩亨佐·达罗出土的123个钢印章上,有36个刻画着牛的图形;还有头上长角的立姿人兽图形和抽象的牛头图案。牛在古印度人的精神生活中占据着非同寻常的位置。牛不仅为人们提供了生产动力、乳和肉,更代表了一种丰足,成为人们向往美好生活的心理寄托和希望的象征。对牛的崇拜,构成印度河流域文明最突出的一道风景线。出现在印章上的动物还有大象、骆驼、羊等。山川河流等自然物也很常见。还有一类数量不多的印章图形很特别,或是人兽共处,或是人兽同体,这反映了印度河流域宗教信仰的另一种表现形式——天神崇拜。

这种印章在当时可能用于家族徽记、个人印信、宗教护符或货物的封泥。在印度河

刻有牛的哈拉巴印章

刻有独角兽的哈拉巴印章
独角兽是印章图案中最普遍的，表明独角兽部族在哈拉巴社会中占支配性地位——部族是一种超越一般家系、为开展贸易而建立起来的社会团体。考古学家则认为独角兽或许有宗教含义。印章上刻的铭文至今仍未被破译。

流域，那些富有的、地位显赫的人士往往都有自己的独特标志。他们把这种标志刻在印章上，在需要的时刻就盖下来，或随身带着以表示自己的身份；有时也把它送给异邦友人作为纪念。因此，这些印章已越出印度河流域，在两河流域等地区也发现了它们的踪迹。

一枚小小的印章，虽然只有几厘米见方，却有着如此深厚的文明内涵，而且其中还有更多的秘密等待着人们去破译。

曾经繁华的吴哥古城为何会湮没在茫茫的丛林之中？

吴哥古城是柬埔寨的象征，也是人类文化宝库中的明珠。它与埃及的金字塔、中国的长城、印度尼西亚的婆罗浮屠并称为"东方四大建筑奇迹"。

高棉王国的统治从9世纪一直延续至15世纪，极盛时期的疆土覆盖东南亚的广大地域，从西边的缅甸一直向东延伸至越南。12世纪前半叶，吴哥王朝全盛时期，信奉婆罗门教的高棉国王苏利耶跋摩二世为了祭祀"保护之神"毗湿奴，炫耀自己的功绩，建造了著名的吴哥窟。

吴哥城位于吴哥窟的北部，是耶跋摩七世统治时期建造的新都。吴哥城规模非常宏伟壮观，护城河环绕在周围，城内有各式各样非常精美的宝塔寺院和庙宇。吴哥城中心的巴扬庙，与周围象征当时16个省的16座中塔和几十座小塔，构成了一组完美整齐的阶梯式塔形建筑群。

吴哥建筑的每一块石头都是精雕细琢的，上面布满浮雕壁画，其技巧之娴熟、精湛，想象力之丰富，使人难以置信，以至于长期流传吴哥古迹是天神的创造，不可能出自凡人之手。在垒砌这些建筑时，没有使用黏合剂之类的材料，完全靠石块本身的重量和形状紧密相连，丝丝入扣。时至今日，吴哥古迹的大部分建筑虽历经沧桑，仍岿然不动。吴哥古迹向人们充分展示了柬埔寨人民高超的艺术才能。

在吴哥古城最繁荣的时候，至少有近百万居民生活在这儿，城市面积相当于今日纽约五区之和，是前工业时代世界上规模最大的城区。可是，就是这样一座繁荣昌盛的都城，却在荒凉的原始森林中沉睡了500年，要不是法国博物学家穆奥的意外发现，它还会继续沉睡在那里。

人们不禁要问，繁华的吴哥古城为什么会湮没在茫茫的丛林之中呢？从其所处的位置及城内设施保存的完整程度上看,应该是在吴哥居民离开了很长的一段时间以后,吴哥城逐渐被大自然收复,成了茂密的森林。至于吴哥的居民为何要弃城而逃,则不得而知。

澳大利亚原始洞穴中的手印有什么特殊意义?

在澳大利亚的一些原始洞穴中,有许多抽象的飞行器图形、简化的武器符号与人的手和手臂画在一起,岩壁上还能看到各种各样的人的手印。那么,原始人为什么要印这么多手印?这些手印到底说明了什么?

经过多年研究,人们对这些原始洞穴中的手印之谜已有了初步的认识。按照专家对这些手印研究得出的结论,大致有以下几种说法:

(1)这些手印是岩画作者留下的符号,意思是"我在这里"。

(2)这些手印仅仅是属于妇女和儿童的,他们之所以在岩壁上印上手印,仅仅是为了好玩或者是一个"审美显示",也就是一种"为艺术而艺术"的解释。

(3)这些手印是婴儿的手印,是成人把它们印在上面,表示对某种社交活动的参与。

(4)这些手印是史前人类的一种"自残"行为,就像现代原始部族中的"自残"行为一样,其目的是要求得到别人的帮助和怜悯。

(5)这些手印是一种求子的丰产巫术留下的印记,目的在于想与"母神"取得联系。

(6)这些手印与狩猎巫术有关,据说狩猎者的巫术能作用于被符号化了的动物,或者是作为一种变感巫术的手段,以祈求动物不断繁殖。

(7)这些手印是一种女性性符号,所有手印均为妇女的手印,与手印相伴的是一些点和短线的男性性符号。

(8)人类学家斯潘塞和吉伦认为,这些手印与图腾崇拜有关。澳大利亚的土著中盛行图腾崇拜,特别是中部的土著居民,盛行一种贮存祖先灵魂的灵碑——珠灵牌,用木板或石板制成,被看作祖先不朽而又不能被创造的精神实体。无论男女老少都有一块珠灵牌,死者的特性和灵魂就附在上面,一旦丢失就是最大的不幸。因此,珠灵牌成为每个人的生命中最神圣的东西,一般由图腾酋长负责保管。当为了举行某种仪式,珠灵牌被从洞穴中挪走的时候,在这个洞穴的入口处,就要留下珠灵牌所有者的手印。据说这样做是为了"让灵魂知道"。

由于目前手头掌握的依据尚不充分,所以每一派都很难为自己的论点提供确凿的证据。要想真正弄清楚澳大利亚原始洞穴中的手印究竟代表什么,恐怕不是短时间内能做到的。

第二章
解读国名·诠释地名

被誉为"世界七大奇迹"之一的巴比伦花园为什么被称为"空中花园"?

巴比伦"空中花园"被誉为"世界七大奇迹"之一,始建于尼布甲尼撒二世时代,这也是巴比伦最兴盛的时期。

公元前614年,巴比伦新国王尼布甲尼撒二世即位后,迎娶了北方米提王国的公主米梯斯为王后。公主美丽可人,深得国王的宠爱。可是时间一长,公主愁容渐生,尼布甲尼撒二世不知何故。

原来米提是一个山国,山林茂密,花草丛生。自小生活在那里的米梯斯突然来到长年无雨、满是黄土尘沙的巴比伦,不觉怀念起家乡的美景来,因此得了思乡病,茶不思、饭不想。

知道原因后,尼布甲尼撒二世命令工匠按照米提山区的景色,在他的宫殿广场中央建造了一座阶梯形花园,上面栽满了奇花异草,并在园中开辟了幽静的山间小道,小道旁是潺潺流水。工匠们还在花园中央修建了一座城楼,矗立在空中。花园修成后,巧夺天工的园林景色终于博得公主的欢心。由于花园比宫墙还要高,给人感觉像是整个御花园悬挂在空中,因此被称为"空中花园"。

据说,空中花园是一个四棱锥的建筑,锥体底边纵横各400米,向上是逐层内缩的7层平台,每层即为一个花园。它们由拱顶石柱支撑着,台阶上还铺着石板、芦草、沥青、硬砖及铅板等材料。虽然最上方的平台面积只有20平方米左右,但整个建筑却高达105米。

当年到巴比伦城朝拜、经商或旅游的人们在很远处就可以看到空中城楼上的金色屋顶。到2世纪,希腊学者安蒂帕特尔在品评世界各地著名建筑和雕塑品时,把空中花园列为"世界七大奇迹"之一。从此以后,空中花园闻名于世界。

知识链接

空中花园的供水系统

空中花园矗立在空中,高出地面很多,据说整个建筑有105米高。那么,在古代的巴比伦是如何保证空中花园的灌溉供水的呢?

19世纪末,考古学家在发掘巴比伦南宫苑时,在一间半地下小屋中发现了一口开了三个水槽的水井,水槽一个是正方形的,两个是椭圆形的。根据考古学家的分析,这些小屋可能是原来的水房,那些水槽则是用来安装压水机的。空中花园的灌溉用水就是依靠地下小屋中的压水机源源不断供应的。压水机把几个水桶系在一个链带上与一个放在墙上的轮子相连,轮子转动一周,水桶就跟着转动,完成提水和倒水的整个过程,水再通过水槽流到花园中进行灌溉。

巴比伦为什么被称为"冒犯上帝的城市"?

巴比伦最初不过是位于幼发拉底河和底格里斯河交汇处的一个不知名的小城市。公元前2200年,阿摩利人攻占了这座小城。从此,阿摩利人以此为中心,四处征战,最终建立了一个强大的王国。后来，巴比伦不断受到外族的进攻，历经了500多年战乱，直到公元前7世纪末，才在尼布甲尼撒二世领导下建立了新巴比伦王国。

在新巴比伦王国时期，尼布甲尼撒二世对巴比伦城进行了大规模的建设，使巴比伦城成为当时世上最繁华的城市。那么，为什么巴比伦城被称为"冒犯上帝的城市"呢？

《旧约·创世记》第11章有这样一段记述：人类的祖先最初讲的是同一种语言。他们在往东迁移的过程中，在底格里斯河和幼发拉底河之间，发现了一块非常肥沃的土地，于是就在那里定居下来，修起了城池。后来，他们的日子越过越好，决定修建一座可以通到天上去的高塔，以便传扬名声。直到有一天，高高的塔顶已冲入云霄。上帝耶和华得知此事，立即从天国下凡视察。看到这座塔就要建成了，上帝又惊又怒，认为这是人类虚荣心的象征。同时，他也嫉妒人们的智慧和成就。他深知，人们之所以能建成巨塔，是因为讲同样的语言，能够很好地沟通。于是，上帝决定让人世间的语言发生混乱，使人们互相言语不通，结果工程不得不停止下来，这座塔最终没能建成。

人们认为这个传说中的地方就是巴比伦，《创世记》中记述的那座大塔就是尼布甲尼撒二世下令修建的通天塔。因为修建这座高塔惹怒了上帝，所以后来人们就把巴比伦叫作"冒犯上帝的城市"。

佩特拉为何被誉为"玫瑰城"？

佩特拉是约旦的一座古城，位于约旦安曼南250千米处，隐藏在一条连接死海和阿卡巴海峡的狭窄峡谷内。

佩特拉以岩石的色彩而闻名于世，这座峡谷中的城市也因其色彩而被称为玫瑰城。玫瑰城源于19世纪的英国诗人柏根一首诗里的一句："一座玫瑰红的城市，其历史有人类历史的一半。"其实，这里的岩石不只呈红色，还有淡蓝、橘红、黄色、紫色和绿色。当年柏根参观该地后，他也不得不承认当初所作出的描述是不确切的。但"玫瑰城"这一名称却随着诗歌的传诵为人所熟悉和接受。

佩特拉古城处于与世隔绝的深山峡谷中，位于海拔1000米的高山上，几乎全在岩石上雕刻而成，周围悬崖绝壁环绕，其中有一座能容纳2000多人的罗马式露天剧场，舞台和观众席都是从岩石中雕凿出来的，紧靠岩山巨石，风格浑厚。另外，在古城东北的山岩上，有一座规模宏伟、建筑精美的石窟，是两代国王的墓室，共3层，下两层用山岩就地雕凿，上一层用平整巨大的石块堆砌而成。

通往佩特拉的必经之路是西克山峡，深约60米。这条天然通道蜿蜒深入，直达山腰的岩石要塞。峡谷尽头豁然开朗，耸立着一座高约40米、宽约30米、依山雕凿的哈兹纳赫殿堂，造型雄伟，令人惊叹。这座建筑名叫卡兹尼，它最引人注目的特征是色彩，由于整座建筑雕凿在沙石壁里，在阳光照耀下，粉色、红色、橘色以及深红色的层次生动分明，衬着黄、白、紫三色条纹，闪闪烁烁，无比神奇。

佩特拉古城反映了纳巴特王国500年繁荣时期的历史，古城多数建筑保留了罗马宫殿式的风格，表明古纳巴特人曾受到罗马文化的影响。1982年，佩特拉古城被联合国教科文组织列入世界遗产名录，因而受到全世界的关注。

尼尼微为什么会被称为"血腥的狮穴"？

尼尼微是古代亚述帝国的都城，位于底格里斯河东岸。公元前8世纪，尼尼微成为亚述帝国的都城后，亚述王辛赫那里布把大部分时间和精力都用在城市的建设上，他修建了很多宫殿、庙宇、大街、公园，另外，还修建了高大而坚固的外城墙和内城墙。在后世看来，尼尼微城的宏伟可与巴比伦城媲美。但这样一座繁华而宏伟的都城在历史上却名声不佳，在犹太人的经典中，尼尼微更是被称为"血腥的狮穴"。这是为什么呢？

尼尼微城的巨型浮雕

公元前8世纪后期，亚述国已经成为两河流域最强大的国家。亚述有一支当时世界上兵种最齐全、装备最精良的常备军。凭借强大的军队，亚述王提格拉特帕拉沙尔三世和他的后代进行了一系列的侵略战争，先后征服了小亚细亚东部、叙利亚、腓尼基、巴勒斯坦、巴比伦尼亚和埃及等地。

亚述国王对不肯投降而在战争中失败的国家，报复极其残酷。破城之后，亚述士兵残酷地对待着城里的人们，敲碎他们的头颅，割断他们的喉管，火烧他们的房屋，抢走他们的财产，还掳走他们的妻子和儿女。

公元前743年，亚述军队攻陷了叙利亚首都大马士革。

由于亚述帝国统治者侵略的种种暴行，作为亚述帝国都城的尼尼微便被称为"血腥的狮穴"。

底比斯为什么被称为"百门之都"？

底比斯是一座充满神奇色彩的古城，建于4000多年前。在古王国时期，底比斯是一个并不大也没有名气的城镇。到了新王国时期，随着交通和经济的发展，底比斯才逐渐成为埃及的商业中心。

底比斯的兴盛是和阿蒙神联系在一起的。第11王朝法老孟苏好代布定都底比斯后，将底比斯的守护神阿蒙奉为"诸神之王"，由此，阿蒙成了全埃及地位最高的神。此后，孟苏好代布便开始在这里为阿蒙神大兴土木，

修建了一座座壮观的神庙，底比斯才逐渐繁荣起来。在此后的600年间，底比斯持续繁荣，并在古埃及新王国时期迎来了它的高峰。

底比斯是一座美轮美奂、"生者与死者奇妙结合"的城市。都城横跨尼罗河两岸。东岸是"生者的乐园"，是法老居住的地方，规模壮阔，拥有100座城门，是当时世界上最大的城市。因而底比斯被古希腊大诗人荷马称为"百门之都"。

底比斯城内布满豪华的王宫、阴森的神庙、大臣和奴隶主的府第、外国使节的宾馆、手工作坊、监狱、兵营、奴隶住的地洞、茅舍等。其中的阿蒙神庙主殿，总面积达5000平方米，有134根圆柱，中间最高的12根大圆柱高达21米，每根柱顶上可以容纳100来人，规模之大，世界罕见。

底比斯西岸是太阳沉落的地方，也被称为"死者的天堂"，因为古埃及的历代帝王及其亲属、大臣都葬于此地。这里遍布着连绵不绝的陵墓群，已发现国王墓62座，有"王陵谷"之称。

经过几千年的岁月，昔日宏伟的殿堂庙宇现在都变成了废墟，但人们依然能够从中想象出它们当年的雄姿。

非洲为什么被称为"阿非利加"？

非洲位于亚洲的西南面。东濒印度洋，西临大西洋，北隔地中海与欧洲相望，东北角以苏伊士地峡与亚洲相连。非洲的面积大

约为3 020万平方千米，约占世界陆地总面积的20%，仅次于亚洲，为世界第二大洲。

非洲全称阿非利加洲，阿非利加是其英文名Africa的音译。对于这一词语的由来，流传着不少有趣的传说。

一种传说认为"阿非利加"是居住在北非的柏柏尔人崇信的一位女神的名字。据说早在公元前1世纪，柏柏尔人曾在一座庙里发现了这位女神的塑像，她是个身披象皮的年轻女子，柏柏尔人把这位女神当成他们的守护神。此后，人们便以女神的名字"阿非利加"作为非洲大陆的名称。

有一种普遍的说法是Africa一词来源于拉丁文的aprica，意思是"阳光灼热"的地方。因为赤道横贯非洲的中部，有3/4的非洲土地受到太阳的垂直照射，终年炎热，所以被称为"阿非利加"。

另有一种说法是Africa一词由阿拉伯语afar一词变化而来，意思是"尘土"，以该大陆气候干燥、风沙大而得名。

当然有人说"阿非利加"其实是为了纪念侵入迦太基地区的罗马征服者西皮翁，因他的别名叫"西皮翁·阿非利干"，罗马统治者就把这片地区叫作"阿非利加"。这个名称最初只限于非洲大陆的北部地区。后来，随着罗马人的不断扩张，罗马帝国在非洲的疆域扩大到从直布罗陀海峡到埃及的整个东北部的广大地区，于是，整个非洲大陆都被叫作"阿非利加"了。

古代的也门为什么被称为"宫殿之国"？

也门是阿拉伯半岛上的一个古老国度，有着悠久的历史和灿烂的文化，尤其是它的建筑艺术，更为世人所称道。值得一提的是，世界上最早的摩天大楼就诞生在也门。

建于120年的霍姆丹宫被认为是世界上最早的摩天大楼，它位于也门首都萨那东南方的纳格姆山麓，约20层，100多米。其中，顶层的房间是透明的，国王站在那里，即可以将全城的美景尽收眼底。此外，在房间的窗帘上，还有无数个小铃铛。每当微风吹来，铃铛随着窗帘的轻摆而发出悦耳的声音，引发人无尽的遐想。这座豪华的宫殿足足在也门屹立了570年，后来不幸毁于外族人侵的战火之中。

在古代也门，著名的宫殿不止霍姆丹宫一座，萨拉欣宫、纳依泰宫、什巴姆宫等都是建筑史上的杰作。此外，各种各样的古代建筑群也同样表现了也门灿烂的建筑文化。而在也门众多的古代建筑群中，最引人注目的是遍及全国的寺庙。萨那北郊山坡顶端还有一座卡索尔·哈克苏王宫，选址奇绝，建筑结构独特，被人们誉为"空中宫殿"。

可以说，在古代，各种各样的宫殿建筑几乎遍布也门各地。这些宫殿有的是石质结构，有的是砖质结构，还有麦秸泥土坯砌成的，造型不一，各有千秋。

正是因为有这么多引人注目的"宫殿"，所以，古也门才被称为"宫殿之国"。

也门为什么被称为"幸福的国度"？

也门位于阿拉伯半岛的西南端，曾被古希腊人称为"幸福的国度"。为什么古希腊人会这样称呼也门呢？

阿拉伯世界的共同特征是气候炎热、沙漠广布。也门却与这种景象大相径庭，这里不仅土地肥沃、气候宜人，而且降雨量十分充沛。优越的自然地理条件为也门的农业和畜牧业发展提供了便利条件，而发达的农业和畜牧业也为也门人民的生活提供了物质上的保障。

此外，也门地处东西方交通的要道，是红海通向印度洋的出口，这使得它成了东西交往的中转站及国际贸易的集散地，从而促进了经济文化的繁荣。据希提的《阿拉伯通史》记载："那里有很稀罕的和很珍贵的产品，如从波斯湾来的珍珠，从印度来的香料、布匹和刀剑，从中国来的丝绸，从埃塞俄比亚来的奴隶、猿猴、象牙、黄金、鸵鸟毛，都是从这里转运到西方的市场上去的。"

也门不仅有着优越的自然条件，还有着得天独厚的地理位置，这使得也门人民得以在这片土地上安居乐业，全国上下处处显示出一派繁荣、祥和的景象，而这是在其他阿拉伯国家看不到的。所以，古希腊人才会将这个阿拉伯半岛上唯一一个草木葱郁、繁荣富庶的国家称为"幸福的国度"。

神秘的古城摩亨佐·达罗为什么被称为"死亡之丘"？

摩亨佐·达罗位于印度河下游，处在巴基斯坦信德省的拉尔卡纳县南部。在被发现之前，这里一直是一片荒芜。直到20世纪初，几个考古工作队相继来到这里进行了发掘和整理，才发现这里是一座重要的古代城市的废墟。

规模宏大的摩亨佐·达罗古城的发现，向世人证明了印度河文明与两河流域的苏美尔文明一样古老而灿烂。它与哈拉巴一起，被考古学家和历史学家称为"哈拉巴文化"。

摩亨佐·达罗的居民叫"达罗毗荼人"，达罗毗荼人是世界上最早种植棉花并用棉花织布的民族之一。他们创造了结构独特的文字，还发明了相当精密的度量衡方法，建立了高度发达的城市经济，而且广泛地和其他各文明民族进行着贸易往来。但是，公元前18世纪中叶，摩亨佐·达罗城突然衰落了。在摩亨佐·达罗遗址发掘中，考古工作者发现除燃烧的残迹外，街头巷尾到处都是男女老少的尸骨。从这些骷髅的分布可以看出，这些居民几乎是在同一天同一时刻死亡的，因此，摩亨佐·达罗被人们称之为"死亡之丘"。

究竟是什么原因使这座原本繁华的古城在一夜之间变成人迹灭绝的"死亡之丘"的呢？

有人设想是由于城市内部发生剧烈的变革和斗争的结果，也有人认为雅利安人的入侵导致了摩亨佐·达罗的毁灭。虽然这两种观点有一些考古文献的佐证，但都缺少令人信服的科学证据。

后来，科学家通过长期的探索与研究，认为摩亨佐·达罗是毁于一场历史罕见的大爆炸。巨大的爆炸力不仅使古城半径一千米内的所有建筑物被摧毁，而且使那里的人和动物都遭到了毁灭。就这样，一场自然灾害摧毁了这座繁荣而美丽的古代城市。

"孟买"的名称得于孟巴女神还是其附近海面盛产的一种大鱼？

孟买是马哈拉施特拉邦的首府，印度第二大城市。它位于印度西海岸，主城区面积603平方千米，人口超过2 000万，有印度"西部门户"之称。关于"孟买"名称的来源有很多说法，有说是得名于孟巴女神，也有说是因其附近海面盛产一种大鱼。

孟买濒临阿拉伯海湾，是天然良港，海产资源十分丰富。据说，在孟买海湾出产一种很大的鱼，叫作"鲍布尔"，孟买因此而得名。

但更为广泛的一种说法是，孟买是由孟巴女神而得名。孟巴女神是印度教三大神之一湿婆神之妻、雪山女神的化身，她是渔民们的保护神。后来孟巴逐渐变音为孟买。至今，孟巴女神庙还屹立在印度孟巴女神湖畔。

当然也有人认为孟买之名是葡萄牙人所取。15世纪末16世纪初，新航路成功开辟。在葡萄牙航海家达·伽马抵达印度后，葡萄牙人先后侵占了果阿、第乌、达曼、孟买等地。因为孟买是一个天然良港，于是葡萄牙人取"美丽的海湾"之意，称这个地方为"博姆·巴伊阿"。随后，这个名字演变为孟买。

1661年6月23日，葡萄牙凯瑟琳公主嫁给英国国王查理二世，孟买诸岛被作为嫁妆送给了英国。1668年9月，这几个岛屿又被转租给英国东印度公司，每年的租金为10英镑。孟买原为7个小岛，东印度公司接管后不断疏浚和填充，使之成为一个半岛，并建立城堡和商港，还在岛屿的东岸建造了深水港，作为他们前来南亚次大陆的第一个停靠港口。

之后，英国又不断进行大规模的填海造地活动，孟买地域不断扩大，到19世纪中叶，其附近岛屿已经连成一片，并有大桥和长堤与陆地相通。

知识链接

印度经济中心孟买

孟买在印度的经济生活中发挥着举足轻重的作用。它是印度最大的经济中心，无论是工业发展的速度、工业门类的齐全，还是现代化程度，均居全国首位。孟买的纺织工业，特别是棉纺业相当发达，其产品数量和产量在全国总量中均占有相当比重，纺织品远销东南亚和欧美一些国家，成为印度重要的出口创汇产品之一。此外，孟买的机械、汽车、造船、化工、电子、制药和食品等工业也比较发达。

孟买也是印度文化教育和电影工业的一大中心，这里有历史悠久的孟买大学和无数的电影制片厂，全印度有一半的电影是在这里拍摄的。

斯里兰卡为什么被称为"狮子国"？

印度洋上有个美丽的岛国，人们形象地比喻它是"印度洋脸颊上滑落的一颗泪珠"，它还被称为"狮子国"。这个风景秀丽的岛国就是今天位于南亚次大陆南端的斯里兰卡。斯里兰卡"狮子国"的称号源自一个十分有趣的"狮子抢亲"的故事。

传说古代南印度有一个国王，要把女儿嫁到邻国。可是，在送嫁的途中碰到一只威猛的雄狮，宫女、卫士等吓得四散奔逃。公主被狮子抓走，并在狮子的强迫之下无奈与其结为夫妻。不久，公主便生下一男一女。生下的孩子外表是人的样子，但性情却如狮子一样暴烈。

后来，两个孩子渐渐长大，并从母亲那里知道了真相。他们设计出逃，最终母子三人逃回了家乡。但此时王朝更替、宗族已灭，无处投亲靠友。为避免遭人鄙视，他们只能隐瞒来历，寄人篱下，日子过得十分凄惨。

而狮子丢了老婆孩子后，暴怒异常，便追寻而来，沿途为了发泄心中的愤怒残害了很多百姓。虽然也有很多勇士竭力想降伏狮子，但都没有取得成功。甚至国王亲率大军围剿，也奈何狮子不得。于是国王告示天下，若有降伏狮子为国除害者，必当重赏。

公主的儿子听说此事，便带了把匕首前去应募。这时，已经有成千上万的青年应召捕狮，国王命他们将狮子所在的林子围住。但是，谁也不敢进去杀狮子。这时，公主的儿子挺身而出，走进林子。那狮子认得是自己的儿子，早把怨怒之气抛到九霄云外，扑上来想与儿子亲热。儿子乘机将匕首刺进狮子的腹部。狮子两眼悲哀地望着儿子，倒在地上死去了。

一时间，公主的儿子成了英雄，国王准备重重赏赐他。但当国王知道他是狮子儿子的真相后勃然大怒，谴责其杀父的罪行。最终，国王决定赏罚分明：重赏其降狮的功劳，将母亲留在本国赡养；惩罚其杀父之大逆，将狮儿流放到大海，任其自生自灭。

有一天，狮儿的船漂到了现在的斯里兰卡。狮儿见这里物产丰富、珍宝遍地，就在此居住下来。后来，他杀了路过的一个商人，留下商人的子女，使子孙繁衍下去。他的后人在这里建立了国家，根据其祖先的来历，就把国家叫作"狮子国"，这个名称便流传下来。

"扶桑"指的是日本还是墨西哥？

据《梁书》记载，在中国东方大海中有个名叫"扶桑"的国家。书中对扶桑国的地理位置、国家的政体、法律、宗教、风土物产等都有非常详细的记载。而这个关于扶桑国的故事，是一个名叫慧深的和尚说出来的。

1752年，法国汉学家德·歧尼撰文论证扶桑国就是墨西哥一带，从此以后，国内外学者对这一问题展开了广泛而热烈的讨论，其焦点是扶桑国是日本还是墨西哥。

有人认为，从对《梁书》所述里程的计算来看，扶桑国与中国相距两万多里之遥，毫无疑问就在美洲一带，具体地点就是墨西哥。反对者则认为，中国古代书籍中所列的海外国家的里程、方位都是不准确的。东方朔的《十洲记》中将出产扶桑的地方称为"日出之所"，这与日本国名的含义一致。

有的学者认为慧深所描述的扶桑木的特征，与墨西哥的龙舌兰极为相似；也有人认为扶桑是墨西哥的玉米、棉花或仙人掌。反对者则认为，扶桑木很可能是中国的一种槠树。

一些学者认为，古代墨西哥生长着一种野牛，其角约六尺长，它就是《梁书》上所说的长角之牛。反对者则认为，在西班牙殖民者到达美洲之前，墨西哥还没有马、牛等动物。美洲那种早已绝迹的大角野牛，不可能发展到能用犄角载物的程度，而日本的水牛也具有一对新月形的大犄角。

有的学者认为，古代墨西哥人大多住在木料或干土砖造的小屋里，而且城市没有内城和外城，这与《梁书》记载的"作板屋，无城郭"相符。古代墨西哥对罪犯的处理方式也与慧深的叙述极为类似。此外，扶桑国"其地无铁有铜，不贵金银"的情形，也与古代墨西哥人会熔铜器而不知金银价值的事实相吻合。反对者则认为，慧深所描述的扶桑国的婚丧习俗，在古代墨西哥人中是没有的，却曾在日本、朝鲜等地出现过。

有些学者认为，自古以来，中国人往返于美洲的步伐从未停止过。从加拿大直到南美，表示中国属性的汉字、铜钱、服饰、雕像广泛分布于美洲的太平洋沿岸，而以墨西哥一带的文物为最丰富。此外，一些学者还认为墨西哥史籍中记载的"归萨克须发皆白，由东方渡海至墨西哥，与同伴多人，均衣长袍大袖"中，"归萨克"就是慧深。在墨西哥还有一座纪念1000多年前到达当地的一艘中国帆船的纪念碑，这艘帆船的年代正好与慧深东渡的时间相一致。

反对者则认为，迄今为止，在美洲发现的文物遗迹还不能证明中国人在哥伦布之前就已到过美洲，因为还无法确定这些文物到达美洲的时间。

除了上述两种观点外，还有人认为所谓的扶桑国并不存在，而是有人把孔子的出生地——穷桑，误传为"扶桑"了。

时至今日，关于扶桑到底是哪个国家的争论依然没有结果。

"爱琴海"的名称从何而来？

相传在远古时期，有一个名叫米诺斯的国王统治着克里特岛。为了巩固海上霸权，他曾经允诺送给海神波塞冬一头公牛，后来却因为公牛长相太美而反悔。波塞冬一怒之下，让米诺斯王妃爱上公牛，并产下人身牛头的牛怪米诺陶勒斯。

米诺斯知道后非常愤怒，他请著名的建筑师代达罗斯为他修建王宫，并将牛怪关在那里。整座王宫豪华壮丽，其中有无数的宫殿和纵横曲折的通道。每一个进入王宫的陌生人都会迷失在宫中，再也别想出来，因此被称为迷宫。

有一年，米诺斯的儿子在雅典被人谋害。为了报复，米诺斯向雅典宣布：每9年雅典要送7对童男童女给米诺斯。米诺斯把他们送入迷宫，让他们被迷宫中的牛怪吃掉。米诺斯的这一决定让雅典人非常恐惧，却又无可奈何。

这一年，又轮到雅典人进贡。有童男童女的父母们都害怕自己会抽到不幸的签，整个城市处于一片悲哀之中。雅典国王埃勾斯的儿子提修斯为了解救蒙受灾难的百姓，挺身而出，宣布自己情愿作为贡品到克里特去，并且要杀死那个吃人的牛怪。老国王爱琴只有这一个爱子，但是他的悲痛也不能改变提修斯的决心。于是老国王只好按照风俗习惯，在驶往克里特的船上挂上绝望的黑帆，送儿子和童男童女出海。提修斯和他的父王约定，如果他们能平安归来，就把船上的黑帆换成白帆，使人们远远地就能知道，他们活着回来了。

提修斯到达克里特后，克里特国王的女儿对他一见钟情。为了挽救提修斯的性命，美丽的公主送给他一把魔剑和一个线团。智勇兼备的提修斯一进入迷宫，便把线团的一头系在迷宫入口处，随后徐徐放开线团，顺着复杂的通道，一步步走向迷宫深处。终于，他与牛怪狭路相逢，提修斯使尽全力抓住了牛怪的角，一剑将它刺死。然后他领着被关在迷宫里的童男童女，沿着线成功地走出迷宫。出来以后，他们立刻来到海边，把克里特人的船底全部凿穿，以防止米诺斯派人追击。之后他们和米诺斯国王的女儿登上自己的船起航回国。

几天的航行过去了，雅典已经隐约在望。可是兴奋异常的提修斯早已将临行的约定忘在脑后，没有换下黑帆。爱子心切的国王爱琴早已来到海边，从高处望着辽阔的大海。当他看见挂着黑帆的船出现时，以为儿子已经遇难了。悲痛至极的国王纵身一跃，跳入大海。从此，爱琴国王投海自杀的那个海，被称为"爱琴海"。

"罗德岛"与太阳神阿波罗有什么关系？

在远古时代，希腊诸神为争夺主神之位展开了大战，宙斯最后获胜，成为万神之王。志得意满的宙斯登上宝座后开始论功行赏，分封诸神，但忘了给当时正出巡天宫的太阳神阿波罗留下一块封地。阿波罗回来后大为不悦，宙斯于是施展神力，指着隐没于爱琴海深处的一块巨石，巨石欣然浮出水面，宙斯把这个浮出水面的岛分封给太阳神。这个岛被蔚蓝色的海水所围绕，风光秀丽，气候温暖，阿波罗颇为满意，便用爱妻罗德斯（爱神阿弗洛狄忒之女）的名字将其命名为罗德岛。他的3个儿子卡米诺斯、莫诺利索斯和林佐斯被分封在岛上各处，各自建立起自己的城邦。

这个美丽传说中的罗德岛就位于爱琴海与地中海交界处，西距希腊大陆450千米，北距土耳其大陆19千米，面积1400平方千米。因为这个传说，罗德岛上的居民十分尊崇太阳神，把太阳神奉为他们的保护神。公元前4世纪，罗德岛的3个城邦，即卡米诺斯、莫诺利索斯和林佐斯，凭借罗德岛处在东西方交界处的地理优势，以及岛上肥沃的土壤、良好的气候，逐渐发展起来，成为地中海上重要的经济中心。

公元前4世纪末，马其顿帝国动用了200艘战舰、170艘运输船，对罗德岛发起了大规模的进攻。但罗德人民凭借着顽强的抵抗以及埃及的支援，终于打退了马其顿军队。为了庆贺胜利，他们熔化所缴获的敌人武器，建造了一尊巨大的太阳神像，以此来感谢阿波罗对他们的保佑。

庞贝古城为什么被称为"天然博物馆"？

庞贝古城是亚平宁半岛西南角坎佩尼亚地区的一座历史悠久的古城，西北离罗马约240千米，位于意大利南部那不勒斯附近，维苏威火山西南脚下10千米处。庞贝古城始建于公元前8世纪，公元前3世纪中叶，罗马人将庞贝纳入自己的版图，庞贝随着罗马帝国的强盛而强盛，曾是世界上最美丽繁华的城市之一。

79年8月24日，维苏威火山爆发，火山灰、浮石、碎岩如倾盆大雨飞泻而下，将庞贝湮没。庞贝城在地下沉睡了千余年之后，终于被人发掘。

庞贝遗址东西长1200米，南北宽700米，城内面积1.8平方千米，有城门7座。城内4条大街，呈"井"字形纵横交错。主街宽7米，由石板铺就，沿街有排水沟。城内最宏伟的建筑物都集中在西南部一个长方形的公共广场四周，广场周围设有神庙、公共市场、市政中心大会堂等建筑物。广场的东南方是庞贝城官府的所在地，广场的东北方则是繁华的集贸市场。另外，城内还有公共浴池、体育馆和大小两座剧场，街市东边则有可容纳1万多名观众的圆形竞技场。

突发的灭顶之灾使庞贝的生命倏然终止，它也永远地凝固在被毁灭的那一刻。庞贝因此得以成为我们今天还能领略到的最伟大的古代文明遗址之一，遗址真实地保留着灾难来临前庞贝人的样子，因此，庞贝古城被人们称为"天然博物馆"。

知识链接

维苏威火山

维苏威火山是世界著名的活火山之一，位于意大利南部坎帕尼亚平原的那不勒斯湾。维苏威火山最早形成于地质史上的更新世晚期。维苏威是比较年轻的火山，一直休眠了很多个世纪。79年，维苏威火山发生大喷发，庞贝和斯塔比伊两座城市被火山灰和火山砾埋没，赫库兰尼姆城也被泥流掩埋。

英国为什么会被称为"殖民帝国主义"国家？

英国是最早走上资本主义道路和实现产业革命的国家，在自由资本主义阶段，它是最强大的资本主义国家和"世界工厂"。进入垄断资本主义阶段以后，英国的经济发展相对地缓慢下来，工业生产集中的速度和程度，垄断组织的数量和对经济的统治程度，都落后于美国和德国。

不过，在资本输出和领土瓜分方面，英国却表现得非常突出。从17世纪初到19世纪中叶，英国逐步建立了一个庞大的殖民体系。到1914年第一次世界大战爆发之前，英国拥有的殖民地面积达3350万平方千米，占全球面积的1/4，相当于英国本土面积的100多倍；拥有的殖民地人口近4亿，是英国本土人口的9倍。在大量侵占国外领土的同时，英国又进行了大量的资本输出。到1913年，英国的国外投资总额已达40亿英镑，相当于英国国民财富的1/4。英国资本的输出，一半以上是投放在殖民地、半殖民地国家。英国最大的垄断组织也是产生于垄断殖民地原料生产和销售的领域，如在南非创立的大垄断公司德比尔斯采矿公司、1907年英国资本与荷兰资本共同创立的英荷壳牌石油公司和1909年创立的英伊石油公司等。

虽然英国的工业生产在资本主义世界的地位下降了，但还是很繁荣的，其繁荣是建立在对殖民地的残酷榨取上的，殖民地对英国的兴衰具有极大的意义。因此，英国被称为"殖民帝国主义"。

有"高利贷帝国主义"国家之称的法国是因为高利贷交易猖獗而得名的吗？

到20世纪初，法国也开始进入垄断资本主义阶段。但就法国经济发展的总体趋势来看，还是比较缓慢的，远远落后于美国和德国，其经济地位也从世界的第二位下降到第四位。造成这一现象有几方面的原因：普法战争失败后的割地以及巨额的赔款，严重影响了法国资本主义的发展；法国存在大量小农经济，使得国内市场狭窄，限制了工业的发展；法国存在大量小企业，限制了工业新装备和新技术的采用。

由于国内生产得不到高度发展，垄断资产阶级便把大量资本向海外输出，从中榨取高额垄断利润。到第一次世界大战前，法国成为仅次于英国的第二大资本输出国。但法国的资本输出与英国不同，法国的资本输出绝大部分是给外国政府的财政贷款，具有明显的高利贷性质，而不是像英国那样的生产性投资。垄断资本家把大量资本投在信贷领域，而不是投在生产领域。这种非生产性的高利贷性质的资本输出，使法国每年收获巨额利息。据资料统计，从1909年到1913年，法国仅高利贷的利息每年就有十七八亿法郎。

由此，法国成了欧洲的高利贷者。法国垄断资产阶级这种高利贷性质的资本输出，对法国帝国主义形成和经济发展具有特殊意义。因此，法国被称为"高利贷帝国主义"。

"容克－资产阶级帝国主义"指的是哪个国家？

"容克"是德语 Junker 的音译，原指无骑士称号的贵族子弟，后泛指普鲁士贵族和大地主。

19 世纪 30 年代，德意志开始了工业革命。1834 年成立的以普鲁士为首的关税同盟，取消了同盟内部关税壁垒，制定统一的税制，有力地推动了德意志工业的发展。资本主义经济的发展，迫切要求建立一个统一的德意志国家。1862—1871 年，俾斯麦利用"铁血政策"统一了德意志。俾斯麦是容克的代表性人物，所以在德意志统一的过程中，容克的势力得到壮大，享有许多政治、经济特权。从德国统一一直到 1918 年德意志第二帝国战败瓦解为止，容克一直控制着德国政权（特别是军权）。

第二次工业革命后，德国资本主义迅速发展，并于 19 世纪末 20 世纪初进入垄断资本主义阶段。其间，资产阶级力量日益壮大，并分享到一部分政权，但实际掌握国家政权的依然是容克。不过，这些容克也由于采用资本主义方式经营农业和投资于工业而与资产阶级有着共同的利益。

这样一来，19 世纪末 20 世纪初的德国便出现了其他帝国主义所没有的特点：一方面，容克贵族地主控制着国家政权；另一方面，资产阶级也分享政权，并且已经进入垄断资本主义即帝国主义阶段。因此，列宁将德国概括为"容克—资产阶级帝国主义"。

威尼斯为什么被称为"水都"？

威尼斯位于意大利东北部，是亚得里亚海威尼斯湾西北岸的一个重要港口。威尼斯的历史相传开始于公元 453 年，当时威尼斯地方的农民和渔民为逃避游牧民族的抢掠而迁移到这里。

威尼斯整个城市面积不到 7.8 平方千米，却由 118 个小岛组成，177 条运河蛛网一样密布其间，这些小岛和运河由大约 401 座各式各样的桥梁缀接相连。威尼斯的水道就是城市的马路，市内没有汽车和自行车，也没有交通指挥灯，船是市内唯一的交通工具。整个城市只靠一条长堤与意大利大陆半岛连接。因此，威尼斯被世人称之为"水都"。

这里所有的房子都建在水上，一般的建设方法是先在水底打下大木桩，木桩一个挨一个，这就是地基。打牢了，铺上木板，然后就盖房子。据说当年为建造威尼斯，意大利北部的森林全被砍完了。所以有人说，威尼斯城上面是石头，下面是森林。

威尼斯有些水道十分狭窄，两条船不能并开，只能单行。街道两旁都是古老的房屋，底层大多为居民的船库。连接街道两岸的是各种各样的石桥或木桥，它们高高地横跨街心，一点也不妨碍行船。这里的桥梁和水街纵横交错，四面贯通，人们以舟代车，以桥代路，形成了"水都"所特有的生活情趣。

什么是"千年王国"？

"千年王国"一般是指 16 世纪德国农民战争的杰出领袖闵采尔所设想的一种理想社会。

闵采尔认为，"千年王国"的实现有赖于人的理性的启示。给人以启示的不是神，而是人的理性。无论是谁，只要信仰坚定，无须教会和教士的帮助，循着理性的启示，就可以直通上帝，升入天国。"千年王国"不在彼岸，在此生中便可以找到，而建立"千年王国"依靠的手段就是暴力。在"千年王国"，社会应实行财产共有和共同分配；一切人都有同等的劳动义务；人与人之间必须实现完全平等；一切官僚机构都应该被废除。

闵采尔极力把对都会教义的批判转化为政治鼓动，注入反映农民和平民群众要求的内容。他提出的政治纲领要求立即建立一个地上的天国，一个"没有阶级差别，没有私有财产，没有高高在上和社会成员作对的国家政权的一种社会"。闵采尔的理想反映了处于形成时期的无产阶级的要求，"是不成熟的幼稚的共产主义思想的微光，是对当时平民中刚刚开始发展的无产阶级因素的解放条件的天才预见"。

恩格斯在《德国农民战争》一书中，高度评价闵采尔的"千年天国"。闵采尔的学说是革命的，却超越了社会条件和历史阶段，"要实现他的理想，不仅当时的运动，连他所处的整个世纪也都不够成熟"。

意大利报纸为什么称利比亚为"我们的乐土福地"？

利比亚是北非的一片荒漠之地，椰枣、驼毛、鱼和海绵是这个国家所能提供的一切。虽然利比亚的经济价值有限，却具有很大的战略意义。因为从这里可以向四方扩展，如果占有的黎波里塔尼亚，就可以威胁到法国的突尼斯和乍得的绿洲地区，以及英国的埃及和东苏丹。意大利早就把它看成自己在北非进一步扩张的对象。

为了夺取利比亚，意大利在外交方面进行了一系列准备工作。早在1881年，英、意、西、奥等国就缔结了一系列关于维持地中海原状的协定，阻止法国侵占利比亚。1887年，意大利与英国和奥匈帝国签订关于维持地中海原状的协定。此外，意大利答应支持英国在埃及的事务，英国则支持意大利在北非的行动。不久，意大利与德国在专门的协定当中共同声明，德国和意大利不允许法国占领利比亚，如果发生意法战争，德国将支持意大利。与此同时，意大利还与奥地利和西班牙签署了类似的秘密协议。

意大利在进行外交准备的同时，对利比亚也实行内部渗透。意大利政府通过商人在利比亚购买土地，创办农业企业，扩充势力；并命令海军军官化装成渔民在的黎波里沿海捕捞海绵，借此秘密进行海岸测量、拍照等搜集情报工作；之后，意大利垄断了的黎波里与欧洲之间的航运交通，制订了图卜鲁格至亚历山大的铁路设计方案，并准备在图卜鲁格建立海军基地；此外，意大利还在的黎波里塔尼亚建立天主教传教士团、学校。

这些准备工作的顺利开展，使得意大利认为利比亚已经是他们的囊中之物。意大利报纸则把利比亚称为"我们的乐土福地"，之所以这样称呼，是因为他们希望将利比亚改造成意大利自由发展的区域。

不屈不挠的利比亚人进行着各种各样的反抗殖民统治的斗争。1932年，意大利通过大屠杀和血腥镇压的方式完成了对利比亚的殖民统治。

俄罗斯起源于罗斯国，那么"罗斯"的名称又源于何处呢？

"罗斯"指的是9—15世纪的古罗斯国家，即基辅罗斯（9—12世纪）及封建割据时期的整个罗斯时代（12—15世纪）。"罗斯国"是用于15—16世纪的国家称谓，"俄罗斯"或"俄国"是18—20世纪俄罗斯帝国的简称。我们知道，俄罗斯起源于罗斯国，那么"罗斯"的名称又源于何处呢？

苏联学者认为，"罗斯"一词起源于斯拉夫人居住的部落或者相关地名。他们指出，在斯拉夫人居住的东欧平原上，有许多地名叫罗斯或是以罗斯为词根。在东欧平原上就有两条这样的河流：罗斯河和罗萨瓦河。8世纪以来，"罗斯"的名称就在俄国的史书中作为斯拉夫人的称呼出现。不仅斯拉夫人自己被称呼为罗斯，连侵略他们的瓦良格人的商队、武士队也被称为罗斯。这些都证明"罗斯"来源于东斯拉夫人。

还有一种说法认为"罗斯"起源于瓦良格人。俄国最古老的编年史《往年纪事》中记载："这些特殊的瓦良格人被称为罗斯人，正如有些瓦良格人被称为瑞典人，另外一些则被称为挪威人一样，因为他们就是这样命名的。"但这种说法缺乏有力的证据。支持这一说法的俄国和西方学者只能推测认为,可能是瓦良格人中有个部落或武士队的名称叫"罗斯",于是东斯拉夫人就以"罗斯"称呼全体南下侵略的瓦良格人。支持"罗斯"起源于斯拉夫人的苏联学者认为,《往年纪事》的作者涅斯托尔有明显的亲瓦良格人的倾向,因此《往年纪事》的记载不可信。

其实这两种说法之争牵涉的一个根本问题就是:谁是俄罗斯国家的开创者?究竟是瓦良格人还是斯拉夫人?两种意见似乎都缺乏有力的证据和史料,其中的凭空推测与想象都掺杂着强烈的政治倾向和民族情绪。因此,只有等到这两种说法中的争议得到澄清,我们才有可能弄清楚"罗斯"的真正起源。

俄国为什么被称为"军事封建帝国主义"国家?

工业革命壮大了英国等资本主义列强的实力,19世纪,资本主义开始进入垄断阶段。这一时期,列强纷纷走上扩张道路,在全球掀起了瓜分殖民地和划分"势力范围"的狂潮。这也直接导致了19世纪六七十年代资本主义世界体系的初步形成。

俄国资本主义的发展虽然落后于其他资本主义国家,但在20世纪初,也进入帝国主义阶段。不过,俄国帝国主义不同于英、法等西方帝国主义。英、法等国走上帝国主义道路,都曾经实现了资产阶级革命,在不同程度上摧毁了封建主义制度,有相当一部分封建贵族转化为新兴资产阶级。俄国的改革并不彻底,贵族地主把持着中央到地方的政权。在经济上,俄国普遍采取辛迪加的形式,参加辛迪加的企业,通过签订统一销售商品和采购原料的协定以获取垄断利润。但是,俄国也存在着大量农奴制残余,这就导致了俄国农业的落后和国内市场的狭窄,阻碍了俄国资本主义的发展。由于经济薄弱,工业生产落后,难于同其他资本主义国家竞争,俄国只有依靠军事侵略的手段,力图通过殖民掠夺来弥补其财政资本的不足,以便推行霸权政治,参与瓜分世界的斗争。

垄断组织主导了国民经济,说明俄国已经进入了帝国主义阶段。但政治上以沙皇为首的封建贵族仍把持政权,且热衷于对外侵略扩张,具有浓厚的封建军事性。俄国是用军事力量上的垄断权,通过对外扩张和掠夺,达到经济上的垄断,其封建军事与经济垄断基本是一种并列的关系。因此,俄国被称为"军事封建帝国主义"。

"苏联"的名称从何而来?

第一次世界大战期间,俄罗斯帝国爆发二月革命,沙皇下台,俄罗斯帝国解体,出现了由市民阶级组织的临时政府与列宁和工人士兵为代表的苏维埃并存的局面。最后,列宁领导俄国社会民主工党左翼(布尔什维克)联合其他左翼政党在圣彼得堡发动起义,从临时政府手中夺取政权,取得十月革命的胜利。革命后改国名为苏维埃社会主义俄国,简称苏俄。之后,苏俄与德国及其盟国签订和约,退出第一次世界大战。

第一次世界大战结束以后,英国、法国、日本、波兰、美国等国因不满苏俄单方面退出对德战争,以及沙皇俄国的债务等问题,对俄国革命进行了武装干涉。国内忠于沙皇的势力以及富农、地主和资产阶级力量组织白军发起了反对苏维埃政权的战争。经过俄国内战,苏维埃红军击败了白军和众多国家的联合武装干涉,巩固了新生的苏维埃政权。

为了把各族人民的力量团结起来,加速国民经济建设,组织坚固的国防,对付资本主义的包围和新的侵略威胁,在俄共(布)中央的领导下,1922年12月,在莫斯科召开了全国苏维埃第一次代表大会。大会根据列宁的提议,讨论了斯大林关于成立苏维埃社会主义共和国联盟的报告,批准了成立宣言和联盟条约,选出了苏联中央执行委员会。"苏联"即苏维埃社会主义共和国联盟的简称。

当时，苏联由俄罗斯、乌克兰、白俄罗斯和外高加索联邦（包括阿塞拜疆、亚美尼亚和格鲁吉亚）4个苏维埃共和国组成。随后逐步扩大到15个加盟共和国。

知识链接

苏联的终结

1991年年底，俄罗斯总统叶利钦同白俄罗斯及乌克兰的总统在白俄罗斯的首府明斯克签约，成立独立国家联合体，通过建立一个类似英联邦的架构来取代苏联。除波罗的海三国和格鲁吉亚外，其他苏联加盟国纷纷响应，离开苏联，苏联至此名存实亡。

1991年12月25日，苏联总统戈尔巴乔夫宣布辞职。第二天，苏联最高苏维埃通过最后一项决议，宣布苏联停止存在。从此，苏联正式解体。

莫斯科红场的名称是怎么来的？

红场是俄罗斯举行各种大型庆典及阅兵活动的中心地点，是世界上著名的广场之一。它位于莫斯科市中心，西南与克里姆林宫相毗连。红场建于15世纪末，17世纪后半期才命名为"红场"。在俄语中，"红场"的意思就是"美丽的广场"。

红场原名是"托尔格"，意为"集市"。它的前身是15世纪末伊凡三世在城东开拓的"城外工商区"，人们常在这里洽谈商务。1493年，克里姆林宫内外发生了一次特大火灾，熊熊的烈火烧毁了大批木结构的建筑物，后来人们就把广场称为"烈火"广场。16世纪又被称作"托洛伊茨"广场，因广场南边有托洛伊茨大教堂而得名。16—17世纪，广场成了莫斯科的政治和贸易中心，俄罗斯帝国在这里建造了一个宣布皇帝诏书和执行死刑的高台。1662年改称"红场"，意为"美丽的广场"。十月革命以后，"红场"这一古老的名字又有了新的含义：红是为苏维埃政权而流的鲜血的象征，是革命红旗的颜色。

红场的大规模扩建是在1812年以后。那时，拿破仑的军队纵火焚烧了莫斯科，莫斯科人民重建家园时拓宽了红场。到20世纪20年代，红场又与邻近的瓦西列夫斯基广场合二为一，形成现在的规模。红场呈长方形，南北长695米，东西宽130米，总面积9.1万平方米。广场用赭红色方石块铺成，油光瓦亮。广场两边呈斜坡状，整个红场有些微微隆起。

红场有不少著名建筑。西侧是克里姆林宫，列宁墓就坐落在克里姆林宫墙正中的前面；南边是莫斯科最经典的象征——瓦西里大教堂；北侧是国家历史博物馆，建于1873年，也是莫斯科的标志性建筑；附近还有为纪念第二次世界大战胜利50周年而建造的第二次世界大战英雄朱可夫元帅的雕像，以及无名烈士墓；东面是世界十家知名百货商店之一的古姆商场。

知识链接

列宁墓

列宁墓坐落在红场西侧，在克里姆林宫墙正中的前面。其设计者是阿·舒舍夫，1924年1月27日建成，最初是木结构，1930年改用花岗石和大理石建造。

列宁墓一半在地下，一半露出地面，体表是阶梯状的3个立方体，采用黑、红两色大理石和花岗石建成。陵墓体积为5 800立方米，内部容积为2 400立方米。墓前刻有"列宁"字样的碑石净重60吨。列宁墓上层修建有主席台，每当有重要仪式时，领导人就站在列宁墓上观礼指挥。

距列宁墓不远，有列宁博物馆，里面珍藏有列宁的遗物和传记等。在列宁墓和克里姆林宫墙之间，是苏联其他领导人的墓地。

"加利福尼亚"的名称从何而来？

加利福尼亚是美国西部太平洋沿岸的一个州，简称加州。加州是美国面积第三、经济最发达、人口最多的州。这里有丰富的自然资源，有全美国最好的气候，还有多种地形地貌，有"黄金之州"之称。每年都有许多人从世界各个角落来到这里，目前加州的人口已超过3200万。

最初的加利福尼亚其实包括两大部分——墨西哥的下加利福尼亚半岛和今天美国的加利福尼亚州。1847年美墨战争后，加利福尼亚由美国和墨西哥分割。墨西哥所得到的那部分领土后来成了下加利福尼亚，而美国所获得的上加利福尼亚则在1850年正式加入联邦，成为今天的加利福尼亚州。

加利福尼亚的名称被认为来自一部16世纪西班牙骑士传奇小说《骑士蒂朗》中所描绘的一片名为"卡拉菲亚"的乐土。这部小说由马托雷尔·加尔巴撰写，书中的卡拉菲亚与世隔绝，遍地黄金，到处都是居住在洞穴里、热爱自由的亚马孙人和古怪的野兽。后来，卡拉菲亚便演变成加利福尼亚。

但也有人根据史料推测，加利福尼亚可能源自亚马孙女武士的神话故事。在中世纪哥特骑士的幻想中，加利福尼亚是亚马孙女武士的岛国。据古希腊神话，亚马孙女武士是勇武善战的妇女，相传她们居住在小亚细亚地区或迈俄提斯湖沿岸。为了传宗接代，她们同附近部落的男子成婚，然后把丈夫送回家乡。生下男孩交还其父，女孩便留下习武。此外，为便于拉弓射箭，她们将女孩右乳烙去。这个神话故事在中世纪欧洲各地广泛流传，很多人都相信她们的存在。16世纪，西班牙王室经常命令征服者去寻找亚马孙女武士及其国家。1533年，西班牙征服者科尔特斯从海上夺取了美洲的加利福尼亚半岛，并把它命名为"加利福尼亚"，这个名称就流传下来了。

"山姆大叔"为什么会成为美国的象征？

1961年，美国国会正式通过一项决议，正式确认以"山姆大叔"作为美国的民族象征和代表。"山姆大叔"是何人？他为什么会成为美国的象征？

其实"山姆大叔"这一称呼源自1812—1814年美英战争时期的一个历史传说。相传在纽约州的特洛伊城有位年长的肉类加工商，名叫塞缪尔·威尔逊。他勤劳、诚实、能干，很有威信，人们亲切地叫他"山姆大叔"。

在1812年的美英战争中，这位山姆大叔与美国政府签了一份合同，为军队生产桶装牛肉。美国政府每当收到他交来的经其亲自检验合格的牛肉，就将肉装入特制的木桶，并在桶上盖上US的记号。美国的缩写也是US，久而久之，人们只要看见盖有US记号的木桶，就知道那一定是经过山姆大叔之手的牛肉。于是人们便把这两个名称合二为一了，干脆把"山姆大叔"当成美国的绰号，于是，"山姆大叔"就逐渐流传开来。

19世纪30年代，美国一位漫画家根据历史传说创作出"山姆大叔"形象漫画。漫画中，"山姆大叔"是一个蓄着胡子的高瘦老头，他头戴饰星高顶帽，身穿红、白、蓝三色燕尾服和条纹裤（美国星条旗的图案）。虽然白发苍苍，却精神矍铄，一派威仪。漫画流传甚广，由此，这一形象成了人们心目中美国的象征。

美国为什么被称为"托拉斯帝国主义"国家？

19世纪末20世纪初，在第二次工业革命的推动下，各主要资本主义国家相继进入帝国主义阶段。

在向帝国主义过渡阶段，美国是工业发展最迅速的国家。在这一阶段，美国工业由以轻工业为主转变为以重工业为主。美国的钢产量1880年为120万吨，到1900年上升到1020万吨；煤产量在1870年为3310万吨，到1900年为26970万吨。石油、电力、汽车等新兴工业也迅速崛起：石油产量迅速增加，1870年开采量为2亿加仑，1900年增至27亿加仑；电力工业从无到有，从1880年第一家发电站建成起，到1902年全国的发电量已达60亿千瓦小时；汽车工业兴起于19世纪末，1900年的年产量为4000辆，1914年就猛增到56万辆。整体来说，这一时期美国的工业产量已跃居世界第一位。

随着美国变成工业国家，资本和生产急剧集中，垄断组织迅速发展起来，美国步入垄断资本主义时期。托拉斯是美国垄断组织最普遍的形式。托拉斯指的是由生产同类商品的大企业或生产上有密切联系的大企业为垄断某些商品的产销，以获得高额利润而组成的联合体，是比较发达的垄断组织。它本身是一个独立的企业，由其董事会全面掌握企业的生产经营活动，参加的企业完全丧失了其自身的独立性。

到20世纪初，美国几乎所有重要的工业部门都为一两个或少数几个大托拉斯所垄断，如美孚石油公司掌握了全国石油产量的90%、美国钢铁公司控制全国钢产量的60%。据统计，1904年，美国的381个托拉斯兼并了5000多家企业，掌握了70多亿美元的资金。列宁指出："美国托拉斯是帝国主义经济或垄断资本主义经济的最高表现。"因此，美国被称为"托拉斯帝国主义"。

繁华的美国首都华盛顿为什么会被称为"谋杀之都"？

在大多数人的印象中，华盛顿是一个开放的"自由世界"。这里阳光明媚、碧水蓝天、满目葱郁、绿地成茵，点缀着姹紫嫣红的花朵，宛如一座大花园。这里的人们脸上都充满了阳光，漫步在街头的人们互相微笑着，问好之声随处可闻。无论碰到什么问题，都会有热心人给予热情的帮助。

但在20世纪90年代美国电视的新闻节目里，每天晚上都会有关于华盛顿市出现凶杀的消息。据统计，仅1989年第一季度就有112个华盛顿居民被杀，1991年凶杀案更是高达482起。华盛顿成了一个名副其实的"谋杀之都"。

那么，是什么原因使华盛顿成为全美骇人听闻的"谋杀之都"？时任美国总统老布什在1989年8月15日发表的一次动员全国扫毒的讲话或许给出了答案。老布什指出，毒品已经成为"一个撕裂每个美国人的心肠、增加每个美国人恐惧的问题"。

这些令人触目惊心的枪击案、凶杀案绝大多数与毒品有关。贩毒集团为控制毒品市场、赚取大量金钱而不断火并。1988年，在与毒品有关的凶杀案中共有369人丧生；1989年11月底，因毒品而遭凶杀的人数已达404人。

虽然华盛顿现在的凶杀案已显著下降，但华盛顿仍然是美国最不安全的城市之一。

美国"白宫"的名称是怎么来的？

美国白宫位于华盛顿市区中心宾夕法尼亚大街1600号。北接拉斐特广场，南邻爱丽普斯公园，与高耸的华盛顿纪念碑相望，是一座白色的二层楼房。白宫是美国总统的官邸和主要工作地。那么，白宫这个名称是怎么得来的呢？

白宫始建于1792年，耗时8年，于1800年11月1日竣工。白宫从前并不是白色的，也不称白宫，而被称为"总统大厦"或"总统之宫"。1792年始建时是一栋灰色的沙石建筑。从1800年起，这座建筑成为美国总统在任期内办公并和家人居住的地方，但主持修建的美国第一任总统华盛顿并没有入住。在1812年第二次美英战争中，英国军队入侵华盛顿。1814年8月24日，英军焚毁了这座建筑物，只留下了一副空架子。1817年重新修复时，为了掩饰火烧过的痕迹，门罗总统下令在灰色沙石上漆上了一层白色的油漆，从此以后，这栋总统官邸便一直被形象地称为"白宫"。1901年，美国总统西奥多·罗斯福正式把它命名为"白宫"，白宫也成了美国政府的代名词。

200年来，白宫风云深深影响了整个世界的历史，白宫建筑群也成了历史性建筑。

知识链接

1814年英军入侵华盛顿

1814年春季，英国罗伯特·罗斯将军率领一支部队在几乎未遇到任何阻力的情况下，十分顺利地闯入了美国首都华盛顿。当时保卫首都的部队由威廉·温德指挥。这位声名狼藉且不称职的将军，为了不损耗部队，置首都华盛顿于不顾，命令军队撤退。

就这样，英军几乎一枪未放就占领了华盛顿。进城之后，他们烧毁了华盛顿的大部分公共建筑，其中就包括白宫。据说，在对白宫放火前，英军海军上将科伯恩还与其部下在白宫享用了本为麦迪逊总统和夫人准备的晚餐。

传说中的"黄金之国"指的是印加帝国吗？

从古至今，人们都在做着关于金钱的美梦。自人类社会把黄金当作货币后，关于黄金之国的传说就不绝于耳。哥伦布发现美洲大陆之后，也就有了许多关于美洲大陆存在着黄金之国的传说。

这时，印加进入了这些寻找黄金之国的人的视野。在欧洲最早的传说里，印加被渲染成一片神话般的土地，这里到处都是金穴，金子多得不可胜数，传说掌管这片土地的黄金之王每天换一件缀有金沙的新上衣。于是，这些人便猜想印加帝国便是传说中的黄金之国，印加王就是黄金之王。

1531年，西班牙人弗朗西斯科·皮萨罗率领一支由200多人组成的队伍准备入侵印加帝国，部队配备了当时最先进的火枪和大炮，其中还有62名骑兵。而当时的印加皇帝阿塔瓦尔帕对这些外来侵略者毫无防备，没有采取任何防御措施。

皮萨罗发动突然袭击，俘虏并囚禁了阿塔瓦尔帕皇帝，然后向他勒索黄金，保释金是在长22英尺（约6.6米）、宽17英尺（约5米）的囚室里装满高达9英尺（约2.7米）的黄金。大概算来，填满这间囚室需要40万千克的黄金。

为了解救国王，阿塔瓦尔帕的臣仆先送了5万千克黄金，但皮萨罗怕皇帝自由后会组织军队反抗，就残忍地绞死了阿塔瓦尔帕皇帝。正在运送黄金的臣仆们听到这个消息后，迅速把黄金藏匿起来，甚至把预先交来的黄金也转移了。之后，皮萨罗带兵攻占了印加首都库斯科，把那里的黄金和财宝洗劫一空。

皮萨罗在南美掠夺到巨额黄金的消息马上便传遍了整个欧洲，印加也就成了无数欧洲冒险家们理想中的"黄金之国"。

印加人金像

印加首都库斯科为什么又被称为"大地的肚脐"？

库斯科是印加文化的摇篮，从1000年到16世纪西班牙殖民者入侵之前，库斯科一直是印加帝国的政治、经济、文化和宗教中心。

库斯科是一座气候宜人的高原城市，它坐落在秘鲁南部安第斯山脉南段群山环抱的库斯科盆地中。这里环境优雅，崇山峻岭和葱郁的林木围绕在城市的四周。因而又有"安第斯山王冠上的明珠""离太阳最近的城市"的美称。

11世纪，印加帝国皇帝曼科卡巴克主持兴建了这座城市。经过一系列的战争和征服之后，印加帝国达到了它的顶峰，库斯科也发展成为帝国的首都和神圣的城市。

在人类文化中，因为古代交通不便，常将某些地方视为世界的中心，而用地球的肚脐称呼。在克丘亚语中，"库斯科"意为"肚脐"，当时的印加人认为库斯科就是"世界的中心"，于是便称其为"大地的肚脐"。

也有不同的看法。印加王族的后裔德拉维加推测说，可能是因为印加帝国地形狭长，形状颇似人体，而库斯科正好处于中间，和肚脐的位置很接近，故以此称呼。

1533年11月15日，西班牙殖民者攻破了这个城市，库斯科遭遇毁灭，印加帝国也随之宣告灭亡。

知识链接

库斯科的起源

有关库斯科的起源，印加人中流传着这样一则神话传说：很久以前，创造神比拉科查在的的喀喀湖心的太阳岛上创造了一对青年男女，男的叫曼科·卡帕克，女的叫玛玛·沃利奥，两人两情相悦，结为夫妻。创造神传授给他们各种技艺，赐给他们一根神奇的金杖，并示意他们去寻找金杖沉没之地，在那儿定居将会永远快乐幸福。

这对年轻夫妇遵照神的旨意，带着金杖四处寻找。有一天，他们来到了库斯科盆地，像往常一样，将金杖插入地里。这一次，金杖片刻之间便消失得无影无踪。于是，他们便在这里安居乐业，生息繁衍，建立起库斯科城。

马丘比丘为什么被称为"云中之城"？

马丘比丘位于今秘鲁境内库斯科西北120千米处，它是南美印加帝国时代最早的一座都城。马丘比丘在印加语中意为"古老的山巅"。整个古城遗址高耸在海拔2000多米的山脊上，两侧都有高约600米的悬崖，峭壁下则是日夜奔流的乌鲁班巴河。

关于马丘比丘的传说有不少。相传曾有一位未婚的少女管理着马丘比丘的太阳庙，但是自西班牙人入侵美洲大陆后，这位少女就消失了，古城也变成了废墟。还相传1531年西班牙殖民者皮萨罗率军入侵印加帝国时，印第安人为了反抗皮萨罗的血腥掠夺，将714万千克的黄金埋藏在安第斯山脉幽谷里一座隐匿的城市附近，西班牙人始终没有找

秘鲁印加文化遗迹——马丘比丘

"马丘比丘"的意思是"古老的山巅"，它坐落于安第斯山脉地区两座险峻的山峰之间，是印加帝国的都城遗址。这座建于西班牙人入侵前100年的城堡，现已成为传奇般的印加文明最著名的遗迹。

到这座古城和这批失踪的黄金。

300多年间，探险家们多方寻觅，均无所获。直到1911年7月的一天，美国耶鲁大学教授海勃姆·宾加曼在距印加古都库斯科城120千米、海拔2400多米的群山之间，发现了这座被白云和密林覆盖的高原城郭。宾加曼无法得知它的原始名字，于是借用了附近一座山名，称其为马丘比丘。随后，宾加曼教授率领考察队，对古城进行了一年多的发掘与整理，终于使马丘比丘焕发出耀眼的光彩，成为当今世界上最重要的名胜古迹之一。如果站在远处观看，马丘比丘就好像一座悬浮在云端的海市蜃楼，因此它被形象地称作"云中之城"。

马丘比丘古城成了秘鲁最为壮观的旅游胜地，每年有成千上万的旅客涌来，就是为了一睹这座"云中之城"的风采。1983年，马丘比丘被联合国教科文组织定为世界遗产，它是世界上为数不多的文化与自然双重遗产之一。

阿兹特克人为什么将自己建立起来的村落命名为"石头上的仙人掌"？

阿兹特克人是古代墨西哥文化舞台上最后一个登场的，他们创造了辉煌的阿兹特克

文明，开创了阿兹特克族最兴盛的时期。

阿兹特克族原是北方贫瘠而居无定所的狩猎民族，后来他们侵入墨西哥谷地，征服了当地的托尔特克人。在16世纪西班牙人入侵之前，特诺奇蒂特兰作为阿兹特克帝国的中心，拥有二三十万人口，是当时世界上最繁荣的城市之一。阿兹特克的文化不仅具有自己民族的特色，还兼具其他部落的特色。在宗教的庇护下，阿兹特克的经济得到了长足的发展。经济的发展进而推动了阿兹特克人在教育、科学、天文、历法、文字、艺术等各方面的发展。

关于阿兹特克族的定居，有一个有趣的传说。阿兹特克人崇拜的太阳神和战神维洛波切特利曾对他们说："你们去寻找一只鹰，它栖身在一株仙人掌上，口中还衔着一条蛇，它所在的那个地方就是你们的居住之地。"于是，阿兹特克人遵照神的指示，最后在墨西哥谷地的特斯科科湖畔的一个小岛上找到了这只站在仙人掌上的鹰。他们就在这里定居下来，建立了自己的村落，取名为"特诺奇蒂特兰"，意即"仙人掌之地"。今天墨西哥的国徽就是根据这个传说而来的。

特奥蒂瓦坎的中轴线为什么被命名为"亡灵大道"？

特奥蒂瓦坎古城遗址坐落在墨西哥波波卡特佩尔火山和依斯塔西瓦特尔火山之间的谷底，距墨西哥城40千米，是印第安文明的重要遗址。"特奥蒂瓦坎"在阿兹特克人的文字中意为"创造太阳和月亮神的地方"，传说宇宙诸神就是在这里创造了太阳和月亮。

传说第四代太阳不发光后，地球一片黑暗，人类面临着毁灭的危险。于是，诸神降临特奥蒂瓦坎。为了让人类永见光明，诸神修筑了太阳金字塔和月亮金字塔，并在两塔中间燃着熊熊大火，商定谁有勇气自愿跳入火中，就让谁变成太阳。最后诸神中低贱的纳纳瓦特神和高贵的特克西斯特卡尔神分别变成了太阳和月亮，从此，光明永存，生灵获救。

特奥蒂瓦坎的建筑处处都经过精心设计，全城采用网格布局，构成一个巨大的几何图案。1960年，科学家对特奥蒂瓦坎进行了空中航拍。他们惊奇地发现，整个特奥蒂瓦坎是以一条长3 000米、宽40米的街道为中轴线进行布局的。

太阳金字塔和月亮金字塔是特奥蒂瓦坎古城遗址的主要建筑，至今保存得比较完好。中心广场两条大道垂直相交，其中纵贯南北的中轴线被称为"亡灵大道"。亡灵大道长约3 000米，宽40米，每隔若干米便建有一处6级台阶和平台。

关于亡灵大道名称的来源有如下说法：13世纪，阿兹特克人到达墨西哥中部时，特奥蒂瓦坎已经被遗弃成为一座空城了，他们把这片广阔的废墟命名为"特奥蒂瓦坎"。在印第安语中，这是"众神之城"的意思。阿兹特克人根据他们的信仰把这座城中最雄伟的建筑称为"太阳金字塔"和"月亮金字塔"。他们认为其中的建筑很多是陵墓，便把其中的主要街道称为"亡灵大道"。还有一种说法：当年被送上金字塔祭天的大批奴隶，都是从这条大街走向死亡的，所以后人称之为"亡灵大道"。

1974年，休·哈列斯顿发现亡灵大道神奇地暗含着宇宙数据。他以1.059米为单位测量亡灵大道两侧的神庙和金字塔，发现这些遗迹之间的距离恰好表示着太阳系行星的轨道数据。这一切是巧合还是特奥蒂瓦坎人故意为之？我们期待着谜底的解开。

"阿根廷"的名称是怎么来的？

阿根廷位于南美洲东南部，东濒大西洋，南与南极洲隔海相望，西同智利接壤，北接玻利维亚、巴拉圭，东北部与巴西和乌拉圭为邻。阿根廷面积278万平方千米，海岸线长4 000余千米，是拉丁美洲的第二大国，仅次于巴西，其首都是布宜诺斯艾利斯。

"阿根廷"的名称源自16世纪的西班牙

入侵者。1527年，西班牙探险家塞瓦斯蒂安·卡沃托率领一支远征队到达南美大陆后，从一个宽阔的河口溯流而上，深入内地。探险家们发现当地印第安人佩戴着很多银制的饰物，以为当地盛产白银，便将这条河命名为拉普拉塔（白银）河，将这一地区称为拉普拉塔区。西班牙殖民统治者后来又将拉普拉塔区改为省。

1816年7月9日，拉普拉塔省宣布独立，并将国名正式定为阿根廷，这象征着当年西班牙殖民者的发财梦。因为在西班牙语中，"阿根廷"与"拉普拉塔"两词意义相同，均为"白银"，寓意"货币""财富"。他们当初以为这里是一个盛产白银的宝地，是他们一心向往的传说中的"白银王国"。

印度的国名是怎么来的？

雅利安人到达印度河流域时，将这条大河取名为"信度"河。但是，古代波斯人把字母S的发音读成了"h"音，因此，波斯人称印度河为"很毒"河，并称这一地区为"很毒斯坦"。后来，亚历山大率军打败波斯，占领印度河西北部，称那里为"印度伊"。"印度"就由此演化而来。

历史上，中国对印度的称呼几经改变。西汉译为"身毒"，东汉称它为"天竺"。直到唐朝，才确定译为"印度"这一名称。唐代玄奘仔细探讨了天竺国的名称，放弃了天竺、身毒、贤豆这些名称，而根据当地发音，将其称为印度。在唐朝，"印度"被认为是月亮的意思，唐朝人认为这个国家圣贤辈出，遗法相传，教导众生，条理万物，好像月亮照临一般，故称之为"印度"。

"唐人街"的名称从何而来？

"唐人街"是对海外华人聚居区的传统称谓，是指华人在其他国家或城市聚居的地区。早期华人移居海外，成为当地的少数族群，面对新环境需要同舟共济，他们便群居在一个地带，从而形成华人的聚居区。

最早的"唐人街"大约出现在日本江户时代（1603—1837年）。当时不少中国人移居日本，他们被日本人称为"唐人"，因为日本和中国的交流主要源于中国的唐朝，因此他们习惯称中国人为"唐人"。而中国人所居住的街道，则被称为"唐人町"（"町"即日语"街道"的意思）。后来移居各地的中国人也都沿用这一称呼，只是将"唐人町"改为"唐人街"。

现在世界上已有数以千计的"唐人街"，大的"唐人街"已形成由数条街道所构成的具有浓郁中国情调的城区。世界上的"唐人街"以美国最多，主要分布在纽约、华盛顿、芝加哥、休斯敦、旧金山等几十个大中城市。其中以旧金山的"唐人街"为最大，被誉为亚洲以外最大的中国城。

旧金山的"唐人街"始于1850年前后。当年开发美国西海岸的华工初来异国，人生地疏，言语不通，因此他们便集中住在一起，团结互助，休戚与共。起初，他们开设方便华工的小茶馆、小饭铺，接着是豆腐坊、洗衣店等，逐渐形成了华工生活区。后来，越来越多的当地人也经常光顾这里，他们称这里为"Chinatown"，爱上了这里的中国饭菜。后来，"唐人街"成了繁华街道，街上除了饮食业外，刺绣、中国古玩等也在当地享有盛名。同时，唐人街办起了华人子弟学校，从事中文教育。还有各种同乡会、俱乐部、影剧院等，成了富有中国特色的特殊街区。每逢春节，这里均要耍龙灯、舞狮子，爆竹声中除旧岁，保留着各种各样的中国传统风俗。

"幽灵岛"因何得名？

1831年7月10日，在南太平洋汤加王国西部海域中，由于海底火山爆发而形成一座高60多米、方圆近5千米的岛屿。当人们打算开发这座岛屿时，它却像幽灵一样消失在洋面上。过了几年，当人们对它早已忘得一干二净时，它又像幽灵一样从海中露了出来。据记载，1890年，它高出海面49米；

1898年时,它沉没在水下7米;1967年12月,它再一次冒出海面;到了1968年,它又消失得无影无踪。就这样,这座小岛多次出现,又多次消失,变幻无常。1979年6月,该岛又从海上"长"了出来。

类似的事情也发生在大西洋北部。有一座盛产海豹的小岛,它是100多年前英国探险家德克尔斯蒂发现的,它也因此被命名为德克尔斯蒂岛。大批的捕捉者来到了这个岛上,并建立了修船厂和营地,但此岛却在1954年夏季突然失踪了,多次寻找均无结果。事隔8个月以后,一艘美国潜水艇在北大西洋巡逻,突然发现一座岛屿出现在航道上,而航海图上却从来没有标识过这样一个岛屿。艇长罗克托尔上校经常在这一带海域航行,发现此岛后大为震惊。他通过潜望镜发现岛上有人居住,有炊烟,于是命令潜水艇靠岸登陆。经过询问岛上的居民才知道,这正是8个月前失踪的德克尔斯蒂岛。

因为这些岛屿行踪诡秘、忽隐忽现,像幽灵一样在海上时隐时现,科学家们便把这种岛屿称为"幽灵岛"。

那么,幽灵岛是怎样形成的呢?这种时隐时现的小岛究竟是从何而来,又因何而去呢?多数地质学家认为,是海底火山喷发的作用形成此类小岛。他们认为,有许多活火山在海洋的底部,当这些火山喷发时,喷出来的熔岩和碎屑物质在海底冷却、堆积、凝固起来;随着喷发物质不断增多,堆积物多得高出海面的时候,新的岛屿便形成了。小岛的消失是因为火山岩浆在喷出熔岩后,基底与海底基岩的连接不够坚固,在海流的不断冲刷下,新岛屿自根部折断,最后消失了。

第三章
伟大发明·重大发现

人类何时开始用火？

在人类文明史上，任何一项发明都无法与火相提并论，人类文明发展的每一步都离不开火的作用和影响。毫不夸张地说，火是人类文明的第一个里程碑。

在古希腊神话中，普罗米修斯为解救饥寒交迫的人类，从天庭里盗来了火种，点燃了人类的智慧，为此，他受到众神之王——宙斯的严厉惩罚。而在中国上古神话中，燧人氏从鸟啄木啄出火花中得到启发，发明了钻木取火的方法。

当然，这些神话传说并不能作为科学的证据，为人类带来火种的只能是人类自己，而不是什么神仙异人。那么人类到底是何时开始使用火的呢？

学术界对古人类用火的研究经历了一个非常曲折的过程。在相当长的时期内，人们没去认真甄别人类用火和自然野火的遗留，只要考古遗存中有木炭、灰烬、烧骨、烧石等痕迹，就认定是人类用火。在这种具有很大主观性和随意性的思维影响下，一些考古学家认为人类用火的历史可上溯至100万—200万年前。然而，这种推断缺乏有力的证据，不能令人信服。

2004年，以色列考古学家在美国《科学》杂志上提供了迄今为止有关人类开始用火的最古老、最确凿的证据，并得到了学术界的广泛认可。

以色列考古学家对以色列北部的一处距今约79万年的遗址进行了深入细致的考察和分析，在对遗址中数万件样本进行筛选后，发现了一些被火烧过的植物种子、树木和燧石。考古学家指出，由于被烧过的植物和燧石等在全部样本中所占据的比例不足2%，这意味着它们不是被野火烧过的，而是人为烧过的，否则其比例应该要比这高很多。也就是说，当时在该处遗址生活的早期人类很可能用火处理过橄榄树、野生大麦和野生葡萄等植物。而那些在不同地方成堆分布的被烧过的燧石，也许就是用来加工食物的炉膛的遗迹。

由于此次发掘研究的遗址恰好位于非洲和欧亚大陆交接的十字路口，新的研究成果可能有助于更好地解释早期人类如何成功进入气候相对寒冷的欧洲并长期定居下来的，因为懂得用火无疑可以大大增强其生存能力。

不过，很多学者认为，人类使用火的时间还可以继续向前推，只是需要更多的实证。

人类最先发明的工具是石器还是木器？

人类最先发明的工具是石器还是木器？

很多学者认为人类最先发明的工具是石器，他们的理由是"为了砍削木器……必须使用石器"。

这个理由真的很充分吗？

事实上，直到近现代时期，世界上还有一些落后部族，他们从来不使用石器，甚至在有些部族活动的范围内根本就没有石块，石器更是无从谈起。可是，他们使用的木矛却非常尖锐。虽然我们不知道他们是如何把木棒弄尖的，但至少不是用石器削尖的。

传统观念认为，古猿是通过制造石器而进化成人的，然而，时至今日，世界上所发掘的最古老的打制石器，距今也不到300万年。与此形成鲜明对比的是，已发掘的确定为人类的化石很多都超过300万年，甚至还有超过500万年的。也就是说，石器发明之前人类已经形成，古猿通过制造石器而进化成人的说法是站不住脚的。

既然如此，促使人类形成的动因只能是木器的制造。毕竟，古猿在树上生活，经常会跳来荡去，追逐嬉戏，折断枝叶，建造巢穴，整天都要接触树木。古猿下树生活之后，为了生存，必须先拿起树棒对抗猛兽、挖掘块根、钓吃蚁虫。当使用和改造天然树棒的古猿经过进一步的发展，逐渐开始通过使用天然石块来砍削木器从而最终进化成人是合乎逻辑的。反之，如果说古猿下树之后就"以石击石"制造石器，则于理不通。因为从接触石块、了解石块的性质到最终制成并使用石器，需要一个极为漫长的过程，根本无法满足古猿下树后生存的需要。

换个角度来看，无论是打野果、挖块根还是狩猎，都以使用木棒、木矛为宜，使用石器很难解决问题。

不过，由于木器容易腐烂，难以取证，木器先于石器之说尚未得到公认。

知识链接

国外关于人类起源的神话传说

呼唤而出：埃及人认为全能的神"努"创造了世间的一切，他呼唤"苏比"，就有了风；呼唤"泰富那"，就有了雨……最后，他呼唤"男人和女人"，转眼间，埃及就出现许多人。

原本存在：在毛利人的神话中，"兰奇"和"巴巴"是天和地，当时天地未分，一片漆黑，其儿子奋力将天地推开，光明出现，一直藏在黑暗里的人类便被发现。

植物变的：北欧神话中说，有一天，众神在海边散步时看到两棵树，一棵姿态雄伟，另一棵姿态绰约，天神奥丁下令把两棵树砍下，分别造成男人和女人。

动物变的：美洲神话说人是山犬、海狸、猿猴等变的，很接近进化论的说法；希腊神话也说某族人是天鹅变的，某族人是牛变的。

泥土造的：《圣经》里说上帝花了五天时间创造了世间万物，第六天他用地上的尘土造了一个男人，取名亚当。接着又抽出亚当的一根肋骨，造成一个女人。

银行是美索不达米亚人发明的吗?

一般认为，近代最早的银行是1580年在意大利成立的威尼斯银行，随后意大利的其他城市以及德国、荷兰的一些城市也相继成立了银行。那么世界上最古老的银行出现在哪里呢?

古巴比伦王国是美索不达米亚文明的重要组成部分，由于两河流域南北的统一，古巴比伦城市经济高速发展，其工商业发展达到了美索不达米亚文明的顶峰，巴比伦城也成为全国贸易乃至国际贸易的中心。

正是在这种背景下，世界上最古老的银行诞生了。

公元前2000年前后，巴比伦诸神庙的祭祀创建了一种借贷机构（类似于中国古代的钱庄）。借贷一般分为两种，一种是金银借贷，一种是实物借贷。利息由官方颁布的法律规定，金银是20%，实物为33%。偿还方式为分期付款，每月一还。

据泥版文书记载，这种借贷机构在当时的信誉非常不错，存贷取利都比较公道。借贷契约写在泥版上，上面的贷款细则简明扼要。如果借贷人有较高的社会地位，他只需本息一起归还。如果借贷人社会地位较低，经济状况比较差，则一般免收利息。但在借贷契约上要写明以某些财产作为抵押，一般的抵押品是房屋、土地或奴隶。

一般的借贷契约都有5—8个证人，要盖上证人的印章。在借贷人还清贷款后，按规定要把泥版砸碎。所以,我们今天还能看到一些借贷泥版,说明当时有些人还不清贷款。巴比伦的法律主要是保护债权人,规定欠债必还。对债务人,偶尔也会给予保护。比如,有条法律规定:农民以收成为抵押所进行的借贷,如果遇到水涝干旱或其他不可抗力而无所收成时,本年利息应该减免。

这种借贷机构应该可以算是世界上最古老的商业银行。到公元前7世纪,这种商业银行在古巴比伦王国就比较常见了。

《汉谟拉比法典》为什么被称为石柱上的法律?

世界上最早的一部比较系统的法典是约4 000年前的《汉谟拉比法典》,它完成于古巴比伦第六代国王汉谟拉比之手。

公元前1762年,阿摩利人汉谟拉比成为古巴比伦国王。汉谟拉比是一位很有才干的国王。他勤于政事,致力于农业、商业和畜牧业的发展。在他当政的43年中,古巴比伦王国成为一个非常强盛的国家。其实,古代美索不达米亚很早就有立法传统,汉谟拉比在统一了两河流域之后,便效仿其前辈,编成了一部法典。汉谟拉比命人把法典刻在石柱之上,竖立在巴比伦马都克大神殿里,这就是它被称为"石柱上的法律"的原因。

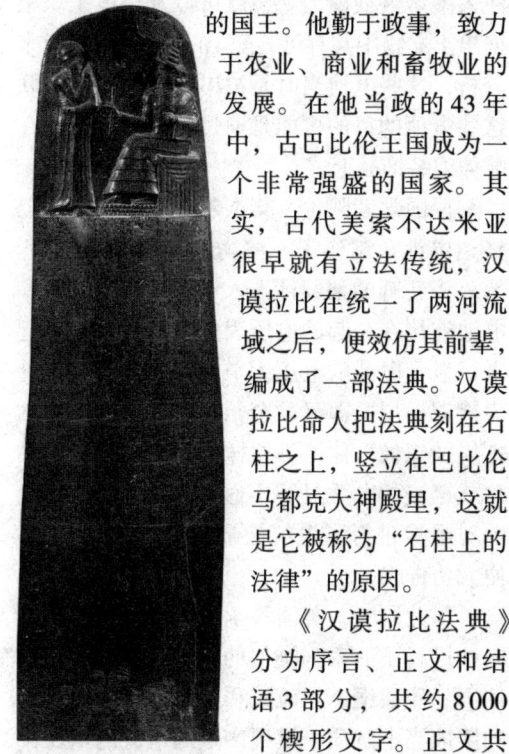

《汉谟拉比法典》分为序言、正文和结语3部分,共约8 000个楔形文字。正文共有282条,内容比较繁杂,其中包括诉讼手续、盗窃处理、租佃、

刻有《汉谟拉比法典》的石柱

《汉谟拉比法典》刻在一个两米高的石柱上。

雇佣、商业高利贷和债务、婚姻、遗产继承、奴隶地位等法律条文。

在古巴比伦社会中,除了奴隶主和奴隶外,还有大量的自由民。《汉谟拉比法典》的很多条文是用来处理自由民之间的关系的,处理的原则就是"以牙还牙,以眼还眼"。比如,两个自由民打架,一方被打瞎了一只眼睛,另一方的一只眼睛也要被打瞎;一方被打断了腿,另一方的腿也要被打断;一方被人打掉了牙齿,另一方的牙齿也要被敲掉。如果房屋因质量问题而倒塌,压死了房主的儿子,那么,建造这所房屋的人得拿自己的儿子偿命。法典还有这样的规定:侵犯别人住处的人,必须就地掩埋;趁火盗窃财物的人,必须当场丢到火里烧死;儿子忤逆、殴打父亲,必须被砍掉双手。

为了维护奴隶主贵族的利益,巩固其统治地位,法典还规定了一些非常严厉的条款:偷盗王宫或神庙财产的人一律处死;逃避兵役的人一律处死;破坏桥梁水坝的人将受到严厉的制裁,甚至处死;帮助奴隶逃跑或藏匿逃亡奴隶的人一律处死;犯罪分子在酒店进行密谋,店主如果不把这些人捉住,店主也要被处死。

那些租种奴隶主土地的农民受着奴隶主的残酷剥削,每年要把收获量的1/3甚至是一半上缴给出租土地的奴隶主,因此,有些贫困的自由民因还不起债而被奴隶主逼成债务奴隶。为了笼络他们,缓解社会矛盾,法典规定:债务奴隶劳动3年可以恢复自由。

值得注意的是,《汉谟拉比法典》基本确立了男女平等的思想。法典规定:结婚是一件严肃的事情,就像商品交易一样,必须签订契约方可生效;妻子如果受到丈夫的虐待,可以取回全部嫁妆回娘家;丈夫去世后,其妻子和孩子共同继承他的遗产;女性奴隶和其主人结婚后如果生育子女,其丈夫过世后,她和孩子都可以脱离奴隶身份;妻子久病在床,丈夫不得借故抛弃,必须让她住在夫家;等等。

《汉谟拉比法典》是古巴比伦王国奴隶制中央集权强大的标志之一，它作为一部公开的成文法，使古巴比伦王国告别了"临事议制"的时代，开创了人类法制管理的先河。正是凭借这部法典，古巴比伦在汉谟拉比执政时期成为古代奴隶制王国中统治最稳固的国家。

知识链接

《汉谟拉比法典》的发现

公元前 1750 年，古巴比伦王国第六代国王汉谟拉比去世。不久，整个王国也随之瓦解，汉谟拉比所制定的《汉谟拉比法典》也逐渐被人遗忘。

1901 年 12 月的一天，一支由法国人和伊朗人所组成的考古队，在伊朗西南部一个名叫苏撒的古城遗址上进行发掘工作时，发现了一块黑色玄武石，几天以后又发现了两块。考古人员将三块石块拼合起来，恰好拼成一个椭圆柱形的石碑。

这块石碑高 2.25 米，底部圆周 1.9 米，顶部圆周 1.65 米。石碑非常精美，上图下文。在石碑上半段那幅精致的浮雕中，古巴比伦人崇拜的太阳神沙马什端坐在宝座之上，正在将一把象征帝王权力的权标（短棒），授予恭恭敬敬站在他面前的古巴比伦王国国王汉谟拉比。整个浮雕画面庄严而神圣，清楚地表达了"君权神授"的观念。石碑的下半段，刻着汉谟拉比制定的法律条文，是用楔形文字书写的，其中有一小部分文字已被磨光。

这个石碑就是举世闻名的《汉谟拉比法典》，也是世界上最早的一部比较系统的法典，它把我们带到了大约 4000 年前的古巴比伦世界。

巴格达在两千多年前就已经有电池了吗？

众所周知，世界上第一个电池是意大利科学家伏特于 1800 年发明的，而巴格达电池的发现则把电池的发明向前推进了 2000 多年。

1936 年 6 月的一天，在伊拉克首都巴格达城外，一群筑路工人修筑铁路时发掘出一个巨大的石棺。打开石棺后，发现了大量公元前 200 多年波斯王朝时代的器物，其中包括一些奇特的陶制器皿、锈蚀的铜管和铁棒。

陶制器皿高 15 厘米，外形类似花瓶，上端为口状，瓶里装满了沥青。沥青之中有一个铜管，直径 2.6 厘米，高 9 厘米，铜管顶端有一层沥青绝缘体。在铜管中又有一层沥青，并有一根锈迹斑斑的铁棒。铁棒高出沥青绝缘体 1 厘米，由一层灰色偏黄的物质覆盖着，看上去好像是一层铅。铁棒的下端长出铜管的底座 3 厘米，使铁棒与铜管隔开。看起来好像是一组化学仪器。

经过分析鉴定，德国考古学家威廉·卡维尼格宣布了一个惊人的结论："在巴格达出土的陶制器皿，是一种古代化学电池。只要注入酸溶液或碱溶液，就可以发出电来。根据出土文物中共有可装配 10 个电池的材料来分析，这些电池当时是被串联使用的，串联这些电池的目的可能是通过电解法将金镀在雕像或装饰品上。"

德国学者阿伦·艾杰尔布里希特仿照巴格达电池，制作了一些陶瓶、铜管和铁棒。然后将新鲜的葡萄汁注入铜管内，结果，和电池连接在一起的电压表的指针开始移动起来，显示电池的电压为半伏特。他有一个外表镀着一层又薄又软金箔的公元前 5 世纪的古埃及银像，他认为这样的镀金用传统的粘贴或镶嵌的办法是行不通的。于是，他用电池对雕像进行了电解镀金试验，2 个多小时便大功告成。

与此同时，美国科学家们也模仿巴格达电池进行了一系列类似的试验，他们使用葡萄酒、硫酸铜、亚硫酸和醋等古代居民拥有的溶液当电解质，模型产生的电流的电压高达 1.5 伏，18 天后电流才消失。

随着卡维尼格的论断一次又一次得到证实，巴格达电池被誉为考古学领域最令人吃惊的发现之一。我们可能永远也搞不清古代的电学实验究竟做到了何种程度，因为这种电镀的秘诀在当时肯定是不外传的。

为什么有考古学家称古埃及人使用过电灯呢？

考古学家在古埃及金字塔内部进行考古发掘时，曾经发现过一些石刻壁画，这些壁画是古代工匠在金字塔建成后，在金字塔黑暗的洞穴里雕刻成的。很显然，要进行这种精细、颇费功夫的工作，必须有明亮的光线才行。按照当时的技术条件，这些光线应该来源于火把或是油灯。当时如果真的是使用火把或油灯，金字塔内必然会留下一些"用火"的痕迹。然而，现代科学家对墓室和甬道里积存了5000多年之久的灰尘进行了全面、仔细的科学化验和分析，结果证明：灰尘里没有任何黑烟和烟油的微粒，没有发现一丝一毫使用过火把或油灯的痕迹。由此可见，艺术家在胡夫金字塔地下墓室和甬道里雕刻、绘制壁画时，根本不是使用火把或油灯来照明，难道壁画的雕刻者使用了其他光源？这让人不禁产生这样的猜想：距今5000多年前的古埃及人难道已掌握了类似于现代电灯的技术吗？

早在19世纪，一位名叫诺尔曼的考古学家就曾匍匐爬进金字塔里，仔细考察塔内的壁画，分析作画的过程，然后大胆地推断，古代埃及人在雕刻这些壁画时可能使用了电灯。诺尔曼的推断一经宣布，在学术界立刻引起一片哗然。

100年后，巴格达电池的发现使人们不得不重新审视诺尔曼的论断，古埃及可能真的使用过电灯：有一次，人们在埃及金字塔进行考察时，发现了一幅壁画，画面上很像是一组巴格达电池！

巴格达电池之谜以及古埃及人是否使用过电灯，这一切谜团都有待人们进一步研究和探索，从而彻底搞清它们的真相。

最早发明木乃伊的是古埃及人吗？

一提到木乃伊，我们就会立即想到遥远的古埃及和神秘的金字塔，那么，最早发明木乃伊的是不是古埃及人呢？

考古学家对地处今天智利和秘鲁边界的期恩科诺文化的研究表明，人们最早制作木乃伊的时间，可以上溯到7000多年以前，比我们如今谈论最多的埃及木乃伊早了两千多年。

人们在距智利的埃瑞卡南部97千米的一个山谷中，发现了迄今为止最为久远的木乃伊。经过科学鉴定，这具木乃伊是个小孩儿，制作于公元前5050年前后。

期恩科诺位于太平洋海岸，由于当时生存环境比较恶劣，小孩子夭亡的现象非常普遍。因此，专家们推测，期恩科诺的妇女们之所以将自己的孩子做成木乃伊，是为了哀悼并留住这些过早离她们而去的骨肉。近年来，在智利北部和秘鲁南部发现的成百上千具保存良好的木乃伊，全都是小孩儿，证实了专家们的这一推测。

木乃伊的制作过程非常复杂。首先要取出内脏并掏空血肉，再重新弄好骨架；然后在尸体的胸腔和腹腔里填充黏土和干枯的植物。脑袋也要割下来进行处理，先是掏空，再用草、毛发和烟灰充实，然后再安回身上去。皮肤处理时，索性就用海狮皮代替，再用粉红色的鹈鹕皮将一些缝隙填满。最后，在整具尸体上糊上厚厚的灰浆塑型，再用黑锰或红锗等颜料进行涂抹。这样，一具木乃伊就算制作完毕了。有时候，期恩科诺人还会为木乃伊戴个面具或假发之类的装饰品。

我们知道，在埃及，只有皇室和贵族才有资格在死后被制成木乃伊。而在期恩科诺，无论男女老少、阶级种族，在死后人人"平等"。

胡夫金字塔有哪些数字关系之谜？

埃及胡夫大金字塔被称为古代世界七大

奇迹之首，在1889年巴黎埃菲尔铁塔落成前的4000多年里，胡夫大金字塔一直是世界上最高的建筑物。

大金字塔原高146.59米，因为风化腐蚀，现降至137米。整个金字塔建筑在一块巨大的凸形岩石上，占地约52 900平方米，体积约260万立方米。

一位英国考古学者估计，大金字塔大约由230万块石块砌成，外层石块约115 000块，平均每块重2.5吨，大的甚至超过15吨。假如把这些石块凿成平均一立方英尺的小块，把它们排成一行，其长度相当于赤道周长的2/3。

曾经入侵过埃及的拿破仑估算，如果把大金字塔、哈夫拉金字塔和孟卡乌拉金字塔的石块加在一起，可以砌一条三米高、一米厚的石墙沿着国界把整个法国围成一圈。

在4000多年前生产工具很落后的时代，埃及人是怎样采集、搬运如此之多又如此之重的巨石，垒成如此宏伟的大金字塔的？

不仅如此，人们还惊奇地发现，大金字塔还包含着很多数字关系之谜！

延伸大金字塔底面正方形的纵平分线至无穷则为地球的子午线：穿过大金字塔的子午线，正好把地球上的陆地和海洋分成均匀的两半，而且塔的重心正好坐落在各大陆引力的中心。

把大金字塔底面正方形的对角线延长，恰好能将尼罗河口三角洲包括在内，而延伸正方形的纵平分线，则正好把尼罗河口三角洲平分。

大金字塔的底面周长为362.31库比特（古埃及一种长度单位），这个数字与一年的天数相近。

大金字塔的原有高度乘以10亿，约等于地球与太阳之间的距离。

大金字塔4个底边长之和，除以高度的2倍，即为3.14——圆周率。

大金字塔高度的平方，约为21 520米，而其侧面积为21 481平方米，这两个数字几乎相等。

从大金字塔的方位来看，4个侧面分别朝向正东、正南、正西、正北，误差不超过0.5度。

……

这些数字关系是纯属巧合，还是建造者的有意设计？为什么除大金字塔外，其他建筑物不能提供那么多代表相当科技水平的数字？以古埃及人的科技知识水平，能建造出这样的奇迹来吗？

看来，事情并不简单，科学家们仍在为此争论不休。

知识链接

"金字塔"中文名字的来历

古埃及人称金字塔为"庇里穆斯"，意思是"高"。古希腊人认为金字塔很像他们日常食用的一种尖顶状的糕饼，就以该"糕饼"的读音称金字塔为"pyramis"。后来英国人受古希腊人的影响，将金字塔称为"pyramid"。从此以后，世界上很多国家都根据英语的发音来称呼它，中国最初也音译金字塔为"皮拉米"。

大约在19世纪晚期或20世纪初期，有人看金字塔的外形像汉字中的"金"字，突发灵感，将其命名为颇有中国韵味的"金字塔"。

1904年，康有为游历埃及后，在其所著的《海程道经记》中第一次明确提到"金字塔"。由于"金字塔"三字正是在《海程道经记》

埃及金字塔俯视图

中写到之后，才被人们广泛使用的，所以大多数人将"金字塔"这个中文名字的发明归功于康有为。

古埃及历法与天狼星、尼罗河有什么关系？

伊希斯女神在埃及神话中是司生育、繁殖的，而尼罗河的泛滥——正是这泛滥的河水年年给埃及人带来收成——则被认为是伊希斯女神的眼泪；同时，埃及人将天狼星尊为伊希斯神，那么，天狼星为何要与尼罗河泛滥联系在一起（以伊希斯女神为中介）？

早在公元前8000余年，即距今1万多年前，古埃及人注意到当尼罗河水上涨到孟菲斯城附近的时候，天狼星和太阳会同时出现在东方的地平线上。于是，古埃及人就把这一天定为一年的开始。把一年分为12个月，每月30天，共360天。到公元前4200多年，他们对自己原有的历法做了修订，在每年的最后增加5个附加日，使每年有365天。这附加的5天是献给冥王奥西里斯家族诸神的。因为他们没有设置闰年，这种历法比地球实际绕太阳一周要少1/4天，每4年会落后1天。尽管如此，这也是人类根据太阳变化制定的世界上第一部比较精确的历法。

古埃及人是一个农业民族，尼罗河谷的农民还根据对他们生活有很大影响的尼罗河水的涨落，制定出了一部自然历法。这种历法与上面历法的区别是把一年分为三季：泛滥季、播种季和收获季，每季4个月，然后把5个多出来的日子加上去，使一年也等于365天。这个历法后来被称为古埃及钦定的官方历法。

由于古埃及的历法每年比地球绕太阳运行一周要少1/4天，这种差距最初微不足道，每4年只差1天，但是，后来越聚越多，到公元前13世纪，已相差了4个月。古埃及人经过长期的观测，终于发现天狼星和太阳同日升起的周期为365.2507天。

公元前238年，希腊化时代的埃及国王托勒密三世曾颁布诏书，试图每4年增加1个附加日，以纠正传统官方历法的误差，但埃及人没有接受这一方案。

以月亮的圆缺变化而确定的阴历，在古埃及也存在。该历法也是将一年分为12个月，但每月只有29.53天，一年是354.36天，全年比太阳历少10.88天。为弥补两者之间的差距，通常是每3年加1个月。阴历在埃及主要用于确定宗教节日。

以上3种历法在古埃及都长期存在，并行不悖。

至于古埃及人究竟为什么要将尼罗河泛滥与天狼星联系起来，现代西方学者尚无一致意见。但是这种将新年第一天与一种天文现象联系在一起的做法，却为历史学家推求古埃及漫长历史的年代学问题提供了可靠的出发点。

木乃伊可以自然形成吗？

有很多木乃伊并没有经过精心处理，而是在自然环境的加工和催化下，意外保留下来的。这种可以促使木乃伊自然形成的环境通常是沙漠或严寒地带，因为这类环境的气候能阻止尸体腐烂。

我们知道，细菌是导致腐烂的罪魁祸首，它的繁殖离不开水，而人体的70%的成分是水，也就是说人体为细菌的繁殖提供了温床，所以尸体很容易腐烂。炎热的沙漠地区能使尸体里的水分迅速脱干，从而阻止了腐烂的进程，使尸体能够保留下来。比如埃及地处热带沙漠，经年少雨，空气中的细菌很少。尸体被埋在炙热的沙坑里，水分迅速蒸发，最终变成了"金刚不坏之身"。至于严寒地区，虽然由于气温低，使得尸体水分的蒸发速度迟缓，但是由于寒冷的气温使细菌的生长繁殖受到很大的抑制，为尸体脱水赢得了时间，尸体的保存也就没什么问题了。

除了沙漠和严寒地带外，在沼泽地里也可能发现自然形成的木乃伊。酸性的沼泽水、低温和缺氧等自然因素共同加速了死者皮肤和内脏组织的皮革化，死者的骨架通常会随着时间的推移而慢慢解体。这类木乃伊一般在刚被移出沼泽时状况相当完好,皮肤和内部器官都比较完整,甚至可以通过他胃里的东西知道其生前最后一餐吃的是什么。

在自然环境中形成的木乃伊在世界各地都有发现,比如,在极度干燥环境中形成的"塔里木木乃伊",在极度酷寒环境中形成的"冰人奥兹"(从公元前3300年前后至1991年,他一直沉睡在意大利阿尔卑斯山的冰川里),在酸性环境中形成的沼泽木乃伊"托伦德人",以及在富盐环境中形成的"盐人"等。据统计,在北欧,已经发现的来自铁器时代的沼泽木乃伊超过1000具。

当然,自然形成的动物干尸也时有所见,这些动物木乃伊一般形成于浅盐水环境。成为木乃伊的常常是那些身体结构"先天"最适宜"木乃伊化"的动物,比如海马和海星等。

古埃及人为什么要制作木乃伊?

在古埃及,流传着这样一个神话传说。

在很久很久以前,有一位贤明公正的国王,他就是地神塞布的儿子奥西里斯。他教导人们从事农业生产、制作面包、酿酒、开矿,为人民带来了幸福,深受百姓的爱戴。但他的弟弟,沙漠贫瘠与混乱之神塞特,对奥西里斯十分嫉恨,并蓄谋杀害他以篡夺王位。

有一次,塞特按照奥西里斯的身材做了一只十分精美的箱子,然后,他邀请奥西里斯来家里共进晚餐,并找了同伙作陪。席间,塞特让同伙把这只箱子抬了出来,然后指着箱子对大家说:"谁能躺进这个箱子,我就把它送给谁。"

塞特的同伙都去试了试,假装不合适。于是,他们就怂恿奥西里斯,当着大家的面试一试。奥西里斯不知是计,不假思索便躺了进去。塞特的同伙见奥西里斯中计,立刻关紧了箱子,上了锁,把奥西里斯扔到尼罗河里去了。

奥西里斯被害以后,他的妻子雨神伊希斯焦急万分,到处寻找,终于在西亚的地中海沿岸找到了奥西里斯的尸体,并把尸体藏在尼罗河三角洲的丛林中。不料,这件事被塞特知道了。他半夜里偷走了尸体,并把它残忍地剁成了14块,分别扔在不同的地方。伊希斯历尽千辛万苦,又将奥西里斯尸体的碎块找到了。伊希斯把丈夫的尸体凑齐后,伏在上面痛哭,结果与丈夫的灵魂交配,生下了儿子荷拉斯。

荷拉斯从小就非常勇敢,长大成人后,在众神的帮助下,打败了塞特,替父亲报了仇,成为埃及之王。奥西里斯也得以复活,成了阴间之主,做了冥神,专门负责对死人的审判,并保护人间的法老。

奥西里斯的传说在埃及广泛传播,它给人们带来了莫大的安慰——通过对冥神奥西里斯的崇拜,人死后是能够复活的。

同时,古埃及独特的自然环境也促使了人们"来世永生"观念的形成。尼罗河每年有规律地泛滥与消退,植物与之相应地消长荣枯,以及太阳每天的升起和落下,这些自然现象的周而复始让埃及人相信:世界是循环往复的,万物是生死轮回的,人也应当如此。因此,为了准备来世的复活,就必须好好保存尸体。如果没有尸体,人死后灵魂就无所依附,人也就无法复活。如果尸体不完整,缺失了某个部位,人在复活以后也会缺失某个部位。因此尸体必须要保存完整。

正是在这种"来世永生"的思想观念的支配下,将尸体制成木乃伊之风在古埃及盛行起来。

制作木乃伊有哪些程序?

古代埃及人用防腐的香料殓藏尸体,年久干瘪,即形成木乃伊。具体的制作过程和方法如下:

第一,人死后,立即把尸体最容易腐烂的内脏部分掏出。通常是在尸体左侧切开一个口子,把肝、肺、胃和肠子等内脏全部掏出，只把心脏留在体内。因为在古埃及人看来，心脏是思维和理解的器官，必须留在体内。脑髓则通过筛骨从鼻孔中抽出。

第二，对内脏和体腔进行防腐处理。先用棕榈酒或椰枣酒将内脏进行彻底的清洗消毒，然后在内脏上撒上一层捣碎的香料，把它们分别放在4个（也有时是3个或5个）坛子里存起来。这4个坛子的盖子，在新王国第十八王朝时期，被固定为荷拉斯神4个儿子的形象，他们分别守护着不同的内脏器官。

对于体腔也要先进行消毒，然后用布包的泡碱和其他临时填充物进行填充，把它置于干燥的泡碱粉里约40天，等其水分被吸干以后，拿出里面的填充物，改用碾碎的桂皮、泡碱、锯末等布包填充，最后缝上切口，贴上一块画着荷拉斯眼睛的皮——古埃及人相信这种皮有强大的愈合和保护作用。

第三，将已处理过的尸体抹上一层油膏和松香溶液，用白色亚麻布将指、掌、脚和躯干依次包裹起来，当然要在尸体和亚麻布之间夹上一些护身符，对于死者而言，最重要的护身符是放在胸口的圣甲虫宝石，宝石上常刻着字，主要劝告心脏不要在死者受审时，说出一些不利的佐证。死者的鼻子有时会因抽取脑髓而遭到损坏，这时会安上一个木制的假鼻子，眼窝里也用布堵上或者安上人造眼睛。

第四，把死者的两手交叉在胸前，装入一具棺材中，有时还会在棺材的外面加上一个套。后期盛装木乃伊的棺材发展成彩绘的人形棺材。

一具木乃伊的全部制作过程大约需要70天的时间。

尽管制作木乃伊的过程充满了迷信和神话的色彩，但木乃伊的制作也反映了古埃及人高超的医学技术。

古埃及真的有飞行器吗?

1848年，一名考古探险家在埃及古城阿比杜斯的塞蒂神庙入口十米高的横梁上发现了一些奇怪的图像，当时没有人知道那些象形图画描绘的是什么东西，就像其他许多神秘的阿比杜斯象形文字一样，这些奇怪的图像随着时间的流逝渐渐被世人忘却。直到150多年后，考古学家才震惊地发现，那些由3000年前的古埃及艺术家雕刻下来的图像，竟然是直升机和潜水艇的模型。

在神庙的墙壁上，古代艺术家竟然镌刻下拥有明显螺旋叶片和机尾的战斗直升机图像，而另外几个航空器图像也像极了现代的超音速战斗机和轰炸机。

古埃及人曾经会飞行？

埃及考古学家阿兰·艾尔福德在研究了塞蒂神庙上的象形文字后，确信古埃及艺术家描绘的"直升机"或飞机都是真实的。艾尔福德说，古埃及人描绘的是一个真实的直升机模型，就像他们经常用图画描述日常生活一样。

然而怀疑论者认为神庙的主人塞蒂一世法老有个别名叫作"蜜蜂"，而古埃及艺术家画在神庙墙壁上的，只不过是一只蜜蜂图形而已，他们无论如何也不相信3000多年前的古埃及人竟然看到过20世纪才发明的直升机。

事实上，不仅古埃及拥有神秘的"飞机"图像，几乎在所有的古代文明中，都能找到有关"古代宇航员"的传说。近百年来，考古学家在哥伦比亚、秘鲁、哥斯达黎加和委内瑞拉等国，也发现了33个模样极像飞机的古文物模型。其中一个被称作"哥伦比亚黄金飞机"的模型显然曾在3000多年前被用作护身符或装饰品。据悉，所有发现的"黄金模型"都符合飞机原理，拥有垂直和水平的尾翼。

早在1956年，美国纽约首都艺术博物馆曾举办了一场"前哥伦布时期黄金展"，展品中就有一个拥有三角翼的和垂直尾部的"黄金飞机"模型，它立即吸引了众多美国航空设计师的注意。科学家在实验室对同样的模型进行了测试，结果发现这种模型竟然能够以超音速速度飞行。据说，正是对这架"黄金飞机"的研究，才使得洛克希德公司的航空设计师们发明出了当时最好的超音速飞机。

知识链接

火 箭

火箭是中国古代的重要发明之一。火药的发明与使用，为火箭的发明创造了条件。北宋后期，民间流行的"流星"之类的烟火就是世界上最早用于观赏的火箭。南宋时期，不迟于12世纪中叶出现了军用火箭。到了13世纪的元代，火箭已成为中国战争中的一种"常规武器"了，而那时候，欧洲人才刚刚知道世界上还有黑火药这种东西。

现代火箭的出现则是20世纪的事。第一次实验是1926年3月16日在美国马萨诸塞州的荒野里进行的。美国科学家罗伯特·戈达德点燃了一枚使用液体燃料的现代火箭，只听见它"轰"的一声腾空而起，但它飞行的最大高度只有12米，飞行的距离不过56米。

把火箭作为导弹武器用于现代战争中，是第二次世界大战末期的事情。1944年6月13日，德国为了挽救其败亡的命运，从法国北部的发射场向伦敦发射第一枚V-1火箭。在德国对英国长达10个月的火箭袭击中，德国共发射1.1895万枚火箭（其中V-1 1.0492万枚；V-2 1403枚），射到英国境内4646枚，造成英国死亡1.16万人，伤6.6万人，房屋被毁2.6万余幢。

印加人是怎样开采和砍削石块的？

历史学家认为，衡量一个民族文明的标准包括他们的建筑技术。时间湮没和侵蚀了过去时代的很多东西，建筑物却往往因质地坚固，而在很大程度上保留了当年的原貌。印加时代的辉煌在那些至今巍然屹立的巨大建筑物中留下了不可磨灭的印记。印加境内的建筑多以巨大的岩石砌造，宏伟的军事堡垒，大量的神庙、王宫遗迹，体现出印加文明所崇尚的美学理念和卓越非凡的建筑造诣，令人叹为观止。

印加人建造这些庞然大物遇到的困难超乎我们的想象，因为他们既不懂得铁器，又没有发明带轮子的交通工具，更不会制造吊车、滑轮或其他高效的机械设备。他们完全用人力切割山上的岩石，也完全凭人力用粗大的缆绳将巨大的岩石拖运到建筑地点。很多建筑所需的石料都是从50千米甚至80千米以外运来，运送途中还要跋山涉水。

不仅如此，在不懂得使用铁器、其他技术条件也十分落后的情况下，印加人是如何开采和砍削巨大而又坚硬的石料，从而使其符合建筑需要的呢？这显然比用人力运送它们更加让人费解。据说，印加人曾经掌握了一种软化岩石的技术，这种技术如今已经失传。

1983年2月23日，秘鲁的一些专家学者们，在对库斯科附近的一个采石坑的考察中，发现了一种植物的许多枝叶残迹，而这种植物也被当地的一种啄木鸟用来在岩石上筑巢垒窝。据考察，这种植物具有软化石头表面、降低岩石硬度的神奇功能。印加人可能在它的帮助下，利用青铜合金以及其他石质工具，对硬度极大的中长石、玄武岩和闪绿石进行加工，把它们砍削成所需要的各种形状，或雕刻上各种图案。

太阳门究竟有何神秘之处？

1995年5月，南美洲的"蒂亚瓦纳科古城遗址"被联合国教科文组织列入世界文化遗产名录，与神秘的马丘比丘古城一起，被誉为南美最负盛名的两大古城。

蒂亚瓦纳科古城位于玻利维亚境内的的喀喀湖以南约20千米处。这座谜一般的神秘之城坐落在海拔4000米的高原之上，这里的气压很低，空气中氧的含量也极少，体力劳动对于任何一个非本地人来说都不堪忍受。但是，恰恰就是在这样的高原之上，曾经出现了一个高度发达的古代文明。

太阳门是蒂亚瓦纳科文化的杰出代表，也是美洲最著名、最卓越的古迹之一。太阳门高3.048米，宽3.962米，由重达百吨以上的整块巨型中长石雕刻而成，中央凿一门洞。据说每当9月21日黎明时，第一缕曙光总是准确无误地从门中央射入。门楣正中间刻着一个人形浅浮雕。从这个人形神像的头部会放射出许多道光线，他的双手各持着权杖，权杖两端装饰着在美洲象征太阳的鹰的形象，无疑，此神即为太阳神。在他两旁平列着3排48个相对较小的、生动逼真的形象。3排中的上下两排是带有翅膀的勇士，他们面对神像；中间一排是人格化的飞禽。这块巨石在发现时已残碎不堪，1908年经过一番整修，恢复了其以前的形象。

早在印加王国崛起以前，太阳门就存在了很多世纪。有些学者从城中的石刻图案推测，认为这些图案所刻的乃是公元前1.5万年的星空，蒂亚瓦纳科的修建应在这一时期。从另一些石刻上，人们还发现了早已灭绝的史前动物。但另一些人用层积发掘法检测，认为蒂亚瓦纳科大约从3世纪起开始兴建，10世纪时才全部完成。不管怎样，相对于当时的生产力水平，蒂亚瓦纳科的确是一个伟大的奇迹。

世界上最大的土城昌昌古城是用"混凝土"建造的吗？

早在印加帝国建立之前，在秘鲁的北部海岸莫奇河谷，就有了一座巨大而繁华的城市；这也是西班牙人到来前南美洲最大的城市，这座城市就是契穆王国的首都——昌昌古城。

15世纪初期，自诩为太阳子孙的印加部落，以秘鲁的库斯科为中心，相继征服邻近的部族，建立了印加帝国。随着印加人势力的日益强大，为了拓展帝国的版图，在和周围的部族连年征战中，征服了当时已由强变弱、四分五裂的昌昌王国。

几十年后，当欧洲人来到昌昌古城时，看到的只是一座被人遗弃的空城。欧洲人并没有见过昌昌的居民是怎样生活的，他们只是从印加人那里得到了一些有关这座古城的传说。

昌昌古城全城占地约36平方千米，中心地带6.5平方千米，包括10个长方形的城堡。每个城堡平均长约400米，宽约200米，四周有高9—12米的围墙，最高的可达15米，墙基厚3米。目前，古城只挖掘出很少一部分。专家们相信，还有大部分的城墙和古物被掩埋在沙石下面，需要长时间的发掘才能使它们重见天日。

从目前发掘出的一小部分来看，这座古城非常壮观。城里一些主要的建筑群都是用各种不同的土砖所造，看上去简单朴实。作为世界上最大的土城，昌昌古城中不论城墙或是房屋，一律不见石头，全部用土砖垒成。土砖有大有小，依不同建筑物而定，砌得"天衣无缝"。土砖常以品字形逐层砌造，以防地震的破坏。让人惊讶的是，1970年秘鲁大地震，后人修复的城墙倒了，残存的古城墙却安然无恙。后来人们发现，原来，当年的奇穆人在建造这座土城时，其土砖是用黏土、贝壳、砂粒磨成细粉，混合掺水成型，以火焙烧制成，成品呈紫红色，坚牢度不亚于现代混凝土。再加上当地气候干燥，几乎终年无雨，才使得这些土砖建筑经受住了几百年的风吹雨淋。

昌昌古城和它的建造者奇穆人引起了世界考古学家们的强烈兴趣，后来在昌昌古城附近的一些新的考古发现，更使世人感到极大的震惊。

1987年，人们在莫奇河谷接近沿海的地方，发现了一系列壮观的金字塔。这些金字塔之所以很晚才被发现，是因为它们全部都是用泥砖砌成的，而且时代非常古老，由于受到严重侵蚀，从外表看来，几乎很难辨认出它们是人工建筑。其中最大的一座名为太阳金字塔，因遭到风化的侵蚀和盗宝者的破坏,已经变矮了很多,现在其高度为 40 多米。它的基座面积达 54 400 平方米,远远望去就像一座巨大的土山。在塔的 23 米高处为一平台,平台高 18 米。经过计算,有人认为,当年为建筑这座金字塔,估计用去了 1.4 亿块砖坯。这座金字塔是西班牙人到来之前美洲最大的土砖建筑,也有人认为它在刚刚被建成的时候,很可能就是美洲最大的人造建筑物。

斯通亨奇巨石阵是古人使用的一种天文仪器吗?

在伦敦西南 100 多千米的索尔兹伯里平原上,孤零零地伫立着一些凭空拔地而起的、巍峨壮观而又堆垒有序的巨石,这些奇特的巨石就是举世闻名的、神秘的史前遗迹——斯通亨奇巨石阵。

千百年来,这个造型奇特、建筑精准的巨石及其特有的远古神秘氛围引发了人们的无尽猜测与遐想。19 世纪,英国首相格莱斯顿曾说:"这座崇高的、令人敬畏的古迹诉说着许多事情,同时又在告诉世人,它隐藏着更多的事情。"

英格兰索尔兹伯里平原上的巨石阵
巨石阵为最著名的千古之谜之一。有人推测它们是一种记录时间和预测季节变化的工具。在欧洲,这样的巨石阵很多,而环形的巨石阵却只出现在英国和爱尔兰。

今天我们所看到的巨石阵,是由 30 多块直立的长方形巨石组成的。巨石形成一个直径约 30 米的圆形,石柱上端架着厚重的石楣,每个石楣紧密相连,也构成圆圈,形成奇特的柱顶盘。石环外侧土墙的东部有一个巨大的石拱门,整个结构呈现马蹄形状。石环内还有 5 座门状石塔,两柱一梁,高约 7 米,呈向心形排列。这些石块都是平均重达 25 吨左右的岩石,有的甚至重达 50 吨,据说取自几百千米以外的地方。整个环形石柱群还被直径达 120 米的土墙所围绕。整个巨石阵具有高超的土木建筑技术,且巧妙地暗合了天文学知识。

很久以来,斯通亨奇巨石阵吸引了众多学者对它进行考察研究,并对其用途作出了种种猜测。有人说它是古人为了对天地表示崇敬而建的祭坛或神庙,也有人说它是重要的宗教集会所。1965 年,波士顿大学天文学教授霍金斯得出了更惊人的推论,他认为巨石阵事实上是一部可以预测和计算太阳与月亮轨道的"古代计算机"。当时这个提法的确引起了极大的讽刺与非议,但是近代学者的研究却发现,这一说法的正确性越来越高。

霍金斯认为,巨石阵中几个重要的部位似乎都是用来指示太阳在夏至那天升起的位置。它的主轴线、通往石柱的古道和夏至日清晨初升的太阳在同一条线上。而从反方向看刚好就是冬至日太阳降下的位置。除了太阳之外,月亮的起落点似乎也有记载。通过它可以了解太阳、月亮的方位并观测推算星象。所以,巨石阵建筑既不是原始的也不是任意建造的。巨石阵的形状揭示了人们对整体各部分比例的透彻理解,它充分显示了建设者的数学和天文造诣。

水晶人头出自何人之手?

1898 年,大英博物馆陈列厅亮出一件神秘的展品——水晶人头。白天它供参观者观赏,一到夜里,工作人员就给它罩上一层厚厚的黑绸。这是因为在展示的第一天夜里,当游客散尽后,一个工作人员走进大厅清扫,令他大吃一惊的是,新陈列的那颗水晶人头,竟在黑暗中发出耀眼的白光。白灿灿的人头龇牙咧嘴,面目狰狞,好像是真正的恶魔厉鬼。

除了大英博物馆陈列的这颗之外,世界上还有两颗相似的水晶人头。其中一颗是英国姑娘安娜在1927年跟随她父亲、考古学家米希尔·海德吉考察拉丁美洲的著名古城卢巴·安吐姆古城废墟时,在挖掘现场上偶然发现的。另一颗水晶人头则保存在法国的人类博物馆里。

这些水晶人头的出现引起了世界各国考古工作者的浓厚兴趣,他们首先关注的问题是,这3颗水晶人头是如何产生的?究竟是什么人在什么时代制作的?制作它的目的又是什么?

大英博物馆素以文物记载精细严谨著称于世,然而关于这些水晶人头的记载却很少,因为馆藏的那颗水晶人头是几经转手才购进的。学者们根据博物馆的简略记录追踪到了美国,但是美国人是从墨西哥那里获得那颗水晶人头的。于是许多考古学家涌向墨西哥,在那里辛苦寻觅了近一个世纪,却始终一无所获。安娜发现的那颗,是在洪都拉斯卢巴·安吐姆古城废墟上出土的,自然与古城的历史有着密切联系。保存在法国的那颗水晶人头,则是在墨西哥的印第安古城遗址中发现的。因此可以说,这3颗水晶人头都是在拉丁美洲的古遗址中找到的。鉴于这几处古代遗址是美洲印第安人先民所遗留下来,这些水晶人头很有可能是古代印第安人的杰作。

玛雅的祭祀历法与中国的干支纪历有何相似之处?

玛雅人有3种历法,分别是仪式用祭祀历专名表达法、太阳年民用历表达法和长期累积计日数表达法。这3种历法并行不悖,每一种都有不可替代的作用,构成了玛雅人复杂、精确的历法集合。

玛雅历法中最基础的部分是祭祀历法,其最重要的目的是进行宗教占卜。玛雅祭祀历法的真实称谓已不可考,为了方便起见,现代学者给它起了一个名字叫卓尔金历,按尤卡坦半岛的译意是"日子的计数"。

卓尔金历把一年看成260天的循环周期,这无法用自然现象解释,因为重要的自然现象的时间长度或运行周期都不是260天。由此看来,这个周期很可能是人为的,是其两个亚循环周期20和13的排列结果,而20和13在整个中美洲都具有仪式上和象征上的重要意义。卓尔金历的260天不分月,顺序按20个专名来排列,分别是伊克、阿克巴尔、坎、契克山、克伊米、马尼克、拉马特、木卢克、喔克、契乌恩、埃伯、本、伊希、门、克伊伯、卡班、埃兹纳伯、夸克、阿华乌、伊米希。用数字1—13顺序与20个专名互相匹配,完成一次循环刚好是260。这与中国的干支纪历的原理非常相似,十个天干与十二个地支分别匹配,一个循环周期便是所谓的"六十甲子"。

玛雅的祭祀历法从公元前500年便已开始使用,中美洲各民族几乎都有它的变体。尽管玛雅历法的其他方面都差不多失传了,但祭祀历法直到今天仍在很多玛雅部族中保存着。

玛雅人的数字进位为什么要采用20进位和18进位?

数学是科学的基石。玛雅人在数学上的伟大成就之一,就是将"零"运用到计算中来,这一做法比欧洲人早8个世纪,让数学一直处于领先地位的欧洲人大为震惊。

玛雅人有自己的一套计数符号,他们以一个圆点代表"1",一道杠代表"5"。第一位到第二位采用20进位制,第二位到第三位采用18进位制。因此,"4"是4个圆点,"6"是一道杠加一个圆点,"9"是一道杠加4个圆点。"10"是两道杠,"11"是两道

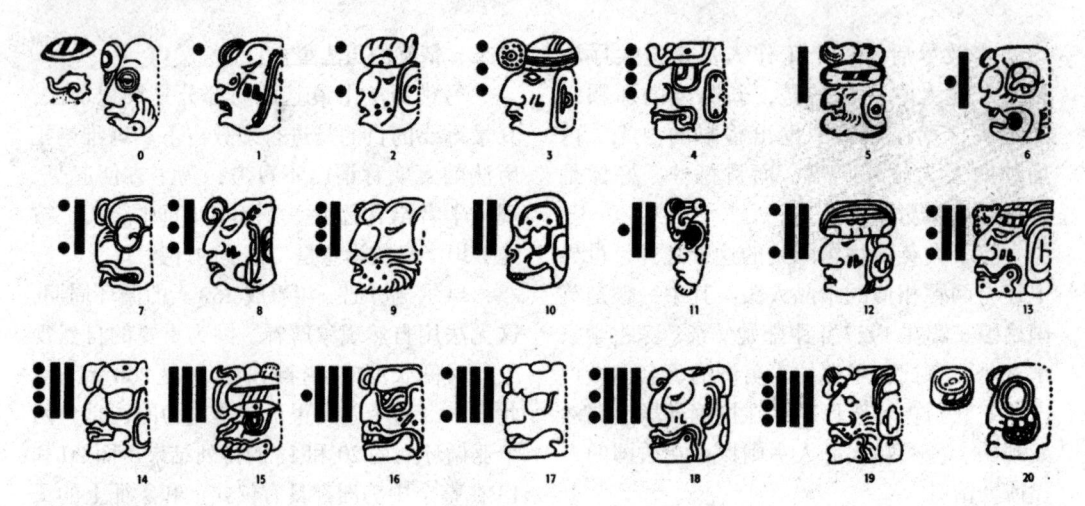

玛雅人使用的数字

玛雅数字由点、线和人头的侧面组成,一个点表示"1",一条线表示"5"。"0"用蛇、贝和下巴被手代替的头部侧面组合表示。表示"20"的头侧面则较难辨认。

杠加一个圆点,"14"是两道杠加4个圆点,"15"是三道杠,"19"是三道杠加4个圆点。如果逢20进至第二位,则第一位上就用一只贝壳纹样代表"零"。

可见,玛雅人的数字进位采用20进位和18进位,之所以采用这种进位方式,很可能与祭司观察天象有关。

在古代玛雅社会,掌握数学的是祭司,他们最重要的职责就是当好人与神之间沟通的桥梁。他们要告诉人们哪一天羽蛇神降临,给大地带来雨季;哪一天可以得到风神保佑的许诺,以便烧林;哪一天战神来临,战争和伤亡将不可避免。他们在玛雅世界中分量举足轻重,说话一言九鼎。据说,玛雅祭司在西班牙殖民者到来之前就曾预见到这一事件,并且从神谕中得知,这些远道而来的白种人将成为玛雅人的新的统治者。总之,在玛雅人看来,祭司是上知天文、下知地理、通晓古今的先知型人物,凡事都要求教于他们。

既然如此,作为祭司本身,必须博学多才,从而尽可能使自己能够承担起这种重任。玛雅的天文学知识完全是从祭司日复一日、年复一年不间断观察之中积累出来的,他们的数字记录系统便清楚地反映了这种纪年传统。玛雅人将一年划分成18个月,每月20天,每年有5个祭日,总和为365天。玛雅人的数学进位也分别采用20进位和18进位,这就很可能是出于逐日记录天象观察的现实需要。也正是这种现实需要,推进了玛雅数学的发展,更进一步促进了历法、农事的发展。

玛雅预言上真的说过2012年是世界末日吗?

根据玛雅预言的表述,地球已经过了4个太阳纪,现在我们所生存的地球,是在所谓的第五个太阳纪。玛雅预言上说,每一纪结束时,都会上演一出惊心动魄、惨不忍睹的毁灭剧情。地球在灭亡之前,一定会事先发出警告。

第一个太阳纪是根达亚文明,也称为超能力文明。那时人类身高1米左右,男人有第三只眼,该眼有着特殊的能力。女人没有第三只眼,女人怀孕前会与天上的神联系,然后再决定是否生孩子。根达亚文明毁于大陆沉没。

第二个太阳纪是米索不达亚文明,发生在南极大陆,是根达亚文明的逃亡者的延续。人们的超能力渐渐消失,男人的第三只眼也消失了。人们对饮食产生极大的兴趣，并出现各种各样的饮食专家，所以该文明又被称为饮食文明。米索不达亚文明毁于地球磁极转换。

第三个太阳纪是穆里亚文明，是米索不达亚文明的逃亡者的延续。人们重视植物在发芽时产生的巨大能量，并发明了利用植物能的机器，因此该文明也称为生物能文明。穆里亚文明毁于大陆沉没。

第四个太阳纪是亚特兰蒂斯文明。人们是来自猎户座的殖民者，他们拥有光的能力，因此该文明也称为光的文明。亚特兰蒂斯文明曾与穆里亚文明打过核战争。亚特兰蒂斯文明最终在火雨的肆虐下毁灭。

前四个太阳纪都因为证据不足而无法得到证实与合理解释。

第五个太阳纪也就是我们现在的文明，也叫情感的文明，将于2012年12月冬至日灭绝。此后，人类将进入与本次文明毫无关系的一个全新的文明。太阳系也将进入宇宙另一条带——光子带。

玛雅人没有提到本次文明因为什么而终结，也许这个终结日并不是什么世界末日，也不意味着什么大劫难的到来，而是在暗示一种全人类在精神和意识方面的转变和提升，从而进入新的文明。

阿兹特克人的"太阳石"有什么特别之处？

阿兹特克人生活在墨西哥的西北部。据说，大约在14世纪时，阿兹特克人因见到当地一只鹰站在仙人掌上啄食一条蛇，认为这个地方符合先祖的预言，便决定在此建都。从此，阿兹特克的艺术题材始终围绕着蛇、鹰、仙人掌等形象。甚至后来墨西哥的国徽也采用鹰吃蛇的图案。

阿兹特克人继承了托尔特克人和玛雅人的艺术传统，在建筑与雕刻方面有相当高的造诣，特别是其神秘的雕刻艺术品，似乎不仅仅是以观赏为目的，某些雕刻品上面的符号只有主持仪式的祭司或神职人员才能读懂。著名的"太阳石"就是此类艺术品之一。

"太阳石"最初被平放在一座鹰像前的台座上面，雕刻的一面朝上，被当作太阳神的图腾来崇拜。太阳石整体为正圆形，直径约360厘米，重约24吨。中央是太阳神托纳提乌的面部形象，周围刻着阿兹特克的历法和一些表示天文现象的符号与图案。阿兹特克人认为宇宙已度过了4个周期，每一周期都有一个太阳，现在宇宙正处于第五个周期，前四个太阳已成为历史。因此，在这块太阳石圆盘中央所刻的是第五个太阳，在它周围分别刻着过去的4个太阳，圆盘的四周刻着表示历法的符号。沿四周与太阳光射线相接的环形，则是表示1个月有20天的图画文字，并由两条大蛇构成的环状图案作外围，蛇的头部在下端。太阳石的边缘刻有星星和燧石，表示白天、阳光和天空的图案。

这块太阳石在西班牙殖民统治时期被埋在墨西哥市大广场的地下，直到1790年才被发掘出来，现被收藏在墨西哥人类学博物馆里。1977年，墨西哥考古学家们在当地发掘出一块与太阳石相对应的月亮女神石雕，同样也是圆盘形的，直径3米多，重约10吨，上面的女神形象已经破损不堪。某些考古学家认为，这类石雕艺术反映了阿兹特克人对宇宙的无尽止的轮回观。

粗陶文化是源于日本还是由中国传入的？

粗陶的制作与使用，是一种文明的飞跃，因为它不仅提高了人类物质生活的质量，改善了人类的生存状态，更重要的是它激发了原始人类的思维活动，开启了人类的精神世界。

按照过去的说法，粗陶产生于新石器时代初期，最早出现在西亚，距今约7000年前，此后，约6000年前出现在西伯利亚，约5000年前出现在中国。

然而，日本出土粗陶的年代却不断向前推，有的甚至超过1万年，于是有人搬出"粗陶源于日本"说。如矢部良明在《中国陶瓷对日本陶瓷的影响及其相互关系》一文中写道：在世界陶瓷史上，日本陶瓷的历史最为悠久，它那12 000年的文明甚至比长达8 000年的中国陶瓷史还要漫长。……日本烧制陶瓷器是世界陶瓷史之开端，它当时还是不带釉彩的朴素陶器。在世界上任何一种文明中，这种陶器都堪称是揭开文明序幕的最初的科技发明。

虽然粗陶在日本可以追溯到12 000年前，但就此断言"粗陶源于日本"，未免为时尚早。比如中国的粗陶随着考古的新发现，将时间从5 000年前、6 000年前，又向前推到7 000年前、8 000年前。从日本原始文化与中国大陆的诸多关联来判断，粗陶文化在日本列岛孤立出现的可能性非常小。

虽然这还仅仅是一种推测，但中国的考古发现正逐渐为之提供证据。如广西桂林甑皮岩遗址出土的陶片，据测定为距今9 000多年前。江西万年县仙人洞遗址则发现了1万年以前的陶片。

为什么说绳纹文化是一种"畸形"发展的文化？

大约在全新世的初期（距今1万至8 000年以前），日本进入绳纹文化时期（因绳纹陶器而得名），也就是日本的新石器时代。在绳纹时代，日本还是母系氏族社会，人们以狩猎、捕鱼等为生，这类社会经济活动被经济学家称为"采集经济"或"觅食经济"。

绳纹时代文化进步的重要标志是陶器制作技术的提高，绳纹陶器无论从外形还是纹饰来看，都较之前有非常显著的进步。然而，烧制陶器的技术依然停留在较低的阶段。比如说，绳纹陶器中残留着许多黑斑，这显然不是绳纹人想要的结果，而是他们对烧制陶器技术掌握得比较浅的缘故。这种曲线发展的制陶技术，使得绳纹文化的发展明显带有一种"畸形"的特征。

而且，从世界文明发展的一般规律来看，绳纹文化也的确是一种"畸形"发展的文化，

大大偏离了人类文明进化的轨道。

尽管在陶器和石器加工上展示了高度的艺术才能，但是生产力的停滞却使石器时代人的精神世界依然停留在较低的水平。其器物制作能力之高超与思想意识水平之低下，形成了原始社会文化罕见的不平衡。

之所以会出现这样的情况，一方面是因为大陆文化影响微弱所致，另一方面与岛国地理环境有关。在绳纹文化的鼎盛时期，虽然来自中国大陆以及附近各岛的文化，或直接或间接地影响过日本，但是这些影响如此之微弱，以至于无法从根本上改变绳纹文化的历史进程。

知识链接

陶器与瓷器的区别

人们习惯把陶与瓷并称为"陶瓷"。由于陶器发明在瓷器之前，所以瓷器的发明不免要受到陶器生产的影响。但陶与瓷在很多方面有着本质的不同。

使用原料：陶器的胎料是普通的黏土，瓷器的胎料则选用特定的瓷土，杂质含量低；陶胎含铁量一般在3%以上，瓷胎含铁量一般在3%以下。

烧成温度：陶器的烧成温度最低在800℃以下，最高为1 100℃左右，瓷器的烧成温度大都在1 100—1 400℃，甚至达到1 450℃。

施釉情况：陶器一般不施釉或施低温釉，瓷器则多施釉。

坚硬程度：陶器硬度差，胎质粗疏，断面吸水率高，有的甚至可以用钢刀划出沟痕。瓷器胎质坚固致密，断面基本不吸水，用一般钢刀很难划出沟痕，敲击时会发出清脆的金属声响。

值得一提的是，陶器并不是某一个国家或某一群人独自发明的，它为人类所共有。只要具备了足够的条件，任何一个部族、人群都有可能制作出陶器。而瓷器是中国发明创造的，后来大量输出到海外，才使制瓷技

术在世界范围内广为传播。因此,瓷器是中国的伟大发明之一,为世界作出了重要贡献。

水稻的发源地究竟在印度还是在中国?

水稻是世界上主要的粮食作物之一。现在,世界上种植的水稻几乎都是亚洲栽培稻。亚洲栽培稻起源于普通野生稻,这是无疑的,但普通野生稻何时何地开始被驯化栽培,学术界一直存在争论。有些学者认为中国是水稻的发源地,有些学者认为印度是水稻的发源地,还有一些学者则认为中国和印度都应是亚洲稻的主要起源中心之一。

相对来说,还是水稻起源于中国的说法更具说服力,其原因如下:

首先,中国南方位于热带、亚热带,气候炎热,雨量充沛。在东起台湾,西至云南,南起海南,北至北回归线以北的湖南、江西等省份,都生长有普通野生稻。

其次,过去,国外的学者认为普通栽培水稻起源于印度或印度的阿萨姆和中国的云南一带。直到20世纪70年代,浙江余姚河姆渡7000年前的稻作遗址被发现,这在当时是世界上最早的稻作遗存,极大地冲击了栽培水稻起源于印度的说法。后来中国又陆续发现了更早的稻作栽培遗址,比较重要的如1988年发现的湖南澧县的彭头山稻作遗址,距今9100年;1995年发现的湖南道县玉蟾岩稻作遗址,距今14000年。江西万年仙人洞稻作遗址,距今14000年。这些都是比较原始的稻作证据。

中国史前时代的稻谷遗存,据初步统计有100余处。不仅如此,据考证,浙江余姚河姆渡稻作遗址的先民们还使用了当时较为先进的农业生产工具——骨耜,这说明河姆渡稻作农业已经走出了刀耕农业阶段而进入了耜耕阶段。这个遗址出土的陶器中,夹炭陶的数量相当多(夹炭陶系采用绢云母质黏土掺进稻秆、谷壳等制成),说明了当时稻作农业已经非常发达。

第三,中国是粳稻分化发源地之一,从云贵高原水稻的垂直分布,可明显看出籼、粳稻的演替现象。云南省海拔在1750米以下为籼稻地带,1750—2000米为籼粳稻过渡地带,2000米以上为籼稻地带。因此也有人认为栽培稻的发源地可能是中国的云南高原及其邻近地区。

南极古地图是怎样绘成的?

我们知道,极度严寒的南极洲终年积雪,是地球上唯一无人定居的大洲。可是,早在6000多年前,就有人绘出了极其精确的南极洲地图。这究竟是怎么一回事呢?

18世纪初,有人发现了几张由一个名叫比瑞·雷斯的人于1513年绘制的几幅地图。比瑞·雷斯在地图一角的附记里写道:"为了绘制这幅地图,我参照了20幅古地图,其中的8幅绘于亚历山大大帝时期。"

距今2000多年的亚历山大大帝时期的人们能够绘制什么样的地图呢?

当时的人们还无法看懂这些地图所描绘的具体方位。直到19世纪40年代,才有人惊讶地发现,这些地图中的一幅所描绘的居然是南极洲。然而比瑞·雷斯所处的年代根本没有人知道南极洲,更不用说2000多年前的马其顿人了。事实上,直到18世纪才有人发现南极圈东边的一个岛,19世纪,才有人登上南极大陆。

20世纪50年代,人们从古地图上发现了更令人吃惊的地方:

首先,南极冰的平均厚度达1880米,最厚处达4500多米。直到1952年,人们用地震波才探测出冰层下面埋藏着高大的山脉。可是,古地图却精确地描绘出只有现代人才能够描绘出的南极洲山脉,并准确地标出了它们的高度。

其次,有一幅古地图上的挪威、瑞典、丹麦、德国、苏格兰等国家和地区的轮廓及它们所在的经纬度位置,与现代科学条件下绘制的地图分毫不差!此外,这幅古图上还绘有与当今地理情况不相符的地方,比如将格陵兰岛绘成两个岛屿,但据科学考证,古地图上所描绘的正好是古代格陵兰岛的布局。

最后,几幅古图上所显示的世界各地轮廓、陆地和海岸线都呈歪斜状,这与第二次世界大战中美国空军采用正距方位作图法绘制的军用地图极为相似。难道这是从天空中往下航拍出来后绘制而成的?然而,即便是在比瑞·雷斯所处的时代,航拍地球也纯属无稽之谈。

根据现代地球物理学的研究,6 000多年前,南极洲正值温带气候,许多连绵起伏的山脉并没有被冰雪覆盖。于是,人们确信,古地图是在6 000多年前绘制的。可是,6 000多年前,地球人又是凭借什么先进工具绘制出如此精确的地图呢?

有些学者推测:大约6 000年前,有一批外星人造访地球,这几幅古老的南极洲地图便是这次造访的结果。后来,世人据此多次临摹、复传,古地图方能流传至今。然而,这只是人们的一种推测而已,真相还有待进一步探索、研究。

被誉为"白玉之精"的夜光杯是什么制成的?

唐代诗人王翰有一首脍炙人口的《凉州词》:"葡萄美酒夜光杯,欲饮琵琶马上催。醉卧沙场君莫笑,古来征战几人回!"

这首千古绝唱不仅意境高远,豪情万丈,而且还让我们对诗中提到的夜光杯产生无限的遐想。正所谓诗以杯名世,杯因诗增辉!

夜光杯的历史非常悠久,据西汉东方朔的《海内十洲记》中的《凤麟洲》记载,西周时期,西胡向周穆王进贡昆吾割玉刀及夜光常满杯:"……杯是白玉之精,光明夜照。冥夕出杯于中庭以向天,比明而水汁已满于杯中也。汁甘而香美,斯实灵人之器。"

尽管夜光杯名扬千古,但由于考古学家和历史学家至今没能在地下发掘到夜光杯的实物,夜光杯到底是由何种材质所制成,其夜光机理如何,在3 000年后的今天,依然是一个谜。这也为夜光杯蒙上了一层更为浓烈的神秘色彩。

一直以来,人们普遍认为夜光杯是用玉料制成的。一开始,和田玉被直接制成玉杯运往京城,但由于玉杯在运输途中容易损坏,于是人们干脆把玉料运到酒泉,在当地加工成夜光杯再运到京城。后来和田玉供应不足,就改用在祁连山开采的酒泉玉来制作夜光杯。酒泉玉按颜色可分为墨玉、碧玉、黄玉等,都可用来制作夜光杯。

此外还有人认为夜光杯是玻璃制成的。

然而,专家王春云不同意这些说法,他经过自己长期的分析研究论断:制作夜光杯的材质应该是琥珀。

他分析:夜光杯在秦代已然绝迹,一直到热衷于西域开发的唐代才重见天日,也就是说,身处西汉时期的东方朔并没有见过真正的夜光杯,所谓的"白玉之精"只是赞美之词,难免不带有一些夸张成分。

他还认为:夜光杯的夜光不太可能像夜明珠的夜光一样源于对外来光线的强烈反射和色散,而应该来自杯子自身所产生的透过光。当杯子斟酒后被外来光线映照,这些光线穿透杯壁与酒色相互辉映,从而呈现出夜光的光彩。

王春云的论断虽然不无道理,但毕竟只是一家之言。制作夜光杯的材质是玉石、玻璃、琥珀还是其他什么物质的论断,至今都无法让人们完全信服。

塔罗牌源于何方?

神秘的塔罗牌是一种古老的占卜工具,它的起源一直是个谜,许多研究神秘学的专家都试着找出一点线索。

关于塔罗牌的来历,有说来自古埃及的,有说来自古罗马的,有说来自希伯来的,有说来自波斯的,有说来自古印度的,甚至也有专家认为来自古代中国。

总结起来,其中最流行的是以下几种说法:

古老的意大利学说。根据历史学家的研究，早在14世纪，欧洲各国的贵族已经有人玩塔罗牌。另外，现代所知最早的塔罗牌约出现在14世纪末、15世纪初的意大利。意大利的扑克游戏（tarocco）与塔罗牌（tarto）发音近似，而且只有22张，与塔罗牌的22张主牌相似。同时，意大利诗歌中歌颂的爱情、胜利、慈爱、死亡、名誉、命运和未来等含义，与塔罗牌类似，因此，塔罗牌源于意大利的说法得到了很多人的赞同。但是有些学者认为这些证据只能说明塔罗牌曾经在欧洲流行，并不能证明塔罗牌源于欧洲。

吉卜赛学说。有些研究塔罗牌的学者认为塔罗牌极有可能是吉卜赛人由亚洲或非洲带到欧洲的。吉卜赛人以占卜为生，塔罗牌就是他们的一种占卜方法之一。不过吉卜赛人是一个四处流浪的游牧民族，有没有可能创造出极有系统的塔罗牌哲学呢？塔罗牌可能不是吉卜赛的产品，他们只是从其他文明学习得来的。

古埃及学说。有人认为，在埃及的亚历山大城被毁后，摩洛哥成为新的世界性学术中心，各地的学者都集中于此。然而他们没有共通的语言和文字，无法进行有效的沟通和交流，于是他们准备了一本充满神秘符号的图册，用图画代替语言和文字，后来这些图画就演变成游戏用的纸牌。这种说法缺乏实际证据，难以让人信服；而且人们没能在埃及的文献中发现任何关于塔罗牌的记录，这让持这种观点的信徒极为沮丧。不过，无论这个说法正确与否，不少塔罗牌的象征图案源于古埃及是不容否认的事实。

犹太学说。经过大量的分析研究，专家们发现塔罗牌与古希伯来人的kabbala有非常密切的联系。kabbala是古犹太人的哲学，相传是上帝传授给摩西的一种人与人之间互相合作、提升精神力量的学问。塔罗牌的22张主牌，跟希伯来文的22个字母和kabbala都有着密切的关系，甚至有人编写了塔罗牌与古希伯来字母的对照表。可以说，塔罗牌源于古犹太人的论点可信度很高。

第四章
咬文嚼字·解读名著

象形文字是最古老的文字吗？

所谓象形文字，是指用文字把要表达的事物的外形特征描述出来。如中文里的"月"字和"马"字，就像一弯月亮和一匹四条腿的马一样。我们知道，很多国家或地区在文明的早期都产生过象形文字。埃及的象形文字出现于5 500年前，而且其中有700多个文字流传下来了。早在5 000多年前，中国也有了自己的象形文字，只略晚于埃及。那么，象形文字是不是最古老的文字呢？

过去的学者们一般都认为，古埃及的象形文字是人类最早的文字。这种说法一直盛行于19世纪，尤其是在法国学者商博良成功解读古埃及文字之后。埃及象形文字产生于约公元前3500年，因大多书写在纸草上，又叫纸草文字。埃及象形文字用半圆表示面饼，用有圆心的圆表示太阳，用三条波纹表示水，等等。由于气候条件和埃及人的习俗，部分写有象形文字的纸草卷得以保留下来，使我们得以了解埃及象形文字的面貌。

还有一种观点认为，世界上最古老的文字应该是两河流域产生的楔形文字。据记载，早在公元前3500年前后，两河流域的苏美尔人便创造了楔形文字。苏美尔人居住在两河流域的下游，地势低洼，取用泥土十分方便，他们用小尖棒在潮湿的泥版上压出字迹，记录事件和数字。因为所书笔画的形状很像楔子，所以叫楔形文字。

从时间上看，象形文字与楔形文字的产生几乎在同一时代，所以，持"象形文字最早说"和持"楔形文字最早说"的人都不赞同对方的观点。可是，双方谁也拿不出更多证据来说明自己的观点，故而一直争论不休。

看来，要想搞清象形文字是不是最古老的文字，还需要更多的考古资料。

象形文字没有确定的书写方向吗？

大约5 000年前，古埃及人发明了一种直接描摹物体形象图形的文字符号，称为象形文字。埃及的象形文字是世界上最古老的文字体系之一，一直使用到2世纪。象形文字的主要使用者是僧侣，通常被刻在庙墙和宗教纪念物上，因此在古希腊文中，象形文字被称为"神圣的雕刻"或"圣书"。公元前196年，埃及孟斐斯城的僧侣们给当时的国王——法老托勒密写了一封歌功颂德的书信，信的内容用希腊文、古埃及象形文字和后期的埃及文字3种文字分别刻在碑上。这块碑就是"罗塞塔碑"。

1799年，一批法国学者发现了罗塞塔碑。石碑上的3种碑文刻录的是同样的内容，希腊文很快就被翻译出来，石碑中间的那段文字也确认是古埃及后期的通俗体文字，学者们虽然能根据希腊文的含义领会到通俗体和象形文字的含义，却无法成功破译象形文字。

当时，年仅11岁的法国少年商博良决心破译"罗塞塔碑"上古埃及的象形文字，并为此努力了21年。最后商博良终于成功破译，他发现古埃及象形文字的书写方向非常有趣，它不像世界其他地区出现的象形文字一样有一个固定的书写方向，而是有的从右向左，有的从左向右，有的从上到下，甚至有的是从中间向两边书写。

虽然看上去比较烦琐，但其中还是有规律可循的。象形文字书写的方向可根据文中的人物或动物来判断，一般脸部所朝的方向就是文字的走向。假如文中有一只老鹰，它的面是向右的，那么文本就要从右向左读。象形文字之所以排列得如此"凌乱"，是因为这种没有固定走向的排列可以增加整个文本的美观度。

在象形文字的语法还没有发现之前，由于其没有规律，人们一度认为它是没有书写方向的。不过经过人们的悉心研究，象形文字的书写方向之谜终于被发现。

科普特文字为什么被称为"古埃及文字的活化石"？

"科普特"一词源于古希腊文，是"埃及"的意思。科普特文字产生于3世纪，是古埃及文字发展的最后阶段。那个时期埃及被罗马帝国吞并，埃及人民改信基督教，科普特文字取代传统的象形文字和祭司体文字，成为当时埃及的通用文字。科普特文字由希腊字母组成，其中包括24个希腊字母和7个作为补充字母的世俗体文字。它是古埃及文字发展过程中唯一写出元音的文字。

科普特文字与古埃及文字的主要区别是，从象形文字、祭司体到世俗体，都是在埃及本土文化氛围中"土生土长"起来的，而科普特文字则是埃及文字在托勒密王朝时期与希腊语相互融合而产生的。罗马征服托勒密王朝后，埃及纷纷建立希腊化王国，进入希腊化时代。托勒密王朝把科普特文字定为埃及的官方文字。统治埃及的希腊人和受过教育的埃及人讲希腊语，而埃及的平民所讲的埃及语言则受希腊语的影响，逐渐发展成为科普特语。

公元642年，埃及被阿拉伯人征服，在阿拉伯人的统治下，阿拉伯语开始在埃及盛行，科普特语受到排挤，并逐渐从民间退出。后来，只有一些信仰基督教的埃及人在科普特教堂里使用科普特语。至此，古埃及的文字从此绝迹，被世人遗忘。

但是，科普特语并没有因此而绝迹，在现在的埃及还存留着5种科普特方言。在语言学界，科普特语被学者称为"古埃及文字的活化石"。之所以有这样的称谓，是因为它在破译埃及象形文字上有着极其重要的作用，许多象形文字的释读就是借助科普特语。19世纪早期，法国著名的学者、现代埃及学的创立者商博良能破译出"罗塞塔碑"上的象形文字，就是因为他精通科普特文字。借着科普特文字他才寻出了精读古埃及象形文字的秘密。

知识链接

罗马帝国与古希腊的关系

罗马在历史上可以分为两部分，一是早期的古罗马，二是罗马帝国。古罗马和古希腊最初是两个独立并存的奴隶社会制度国家。两国基本上处于同一时期，但古希腊先于古罗马出现，其文明程度远远高于古罗马。古罗马在共和时期借鉴和吸收了古希腊文明的许多方面。随着古罗马的渐渐强大和古希腊的四分五裂，古罗马征服了古希腊，成立了罗马帝国。因此，罗马帝国是包含着古希腊的。而古希腊虽然被吞并了，但是因为其先进的文化和艺术，人们并没有把它遗忘。从某一角度上说，罗马人征服了希腊的领土，希腊人则征服了罗马的文化。

古埃及的《亡灵书》有什么作用？

古代的思想认为，人死后是有来世的。而在古埃及的宗教观念中，能进入来世是一件很难的事情，特别是对那些心地并不好的人来说。为了能使人们实现进入来世的愿望，古埃及新王国时期的祭司们编写了大量的符咒，给人们提供进入来世被审问时的标准答案和能通过审讯的方法。古埃及人把符咒写在纸草上,和死者一同下葬,这些写在纸草上的文书就被称为《亡灵书》。

后来,经过不断发展,《亡灵书》上记载的内容不再仅仅局限于符咒,而是逐渐扩大,增加了献给神灵们的祈祷文、诗篇和神话等,甚至还加入了来世的情况与进入来世的详细步骤和路线图。这对于传播新王国时期正统的宗教观念起了很大的作用。

写有《亡灵书》的纸草文书被大量使用之后,使用范围就不局限于法老的金字塔墓中了。由于纸草文书便于随身携带,所以医生在给病人看病的时候,也会让病人将写有咒语的纸草卷贴身放置。

从《亡灵书》所起的这些作用来看,它是由古王国时期的金字塔铭文和中王国时期的石棺铭文发展而来的。《亡灵书》把金字塔墓室墙壁上或棺材四周的祈祷文、颂歌、咒语等,写在体积小而便于携带的纸草上,让平民百姓也可以拥有。《亡灵书》是新王国时期每个死者的必备品,即使死者目不识丁,他死后的棺材里也要放上《亡灵书》。

知识链接
古埃及新王国时期

古埃及在新王国时期之前还经历了古王国时期和中王国时期。中王国时期的后期,约公元前18世纪后半叶,古埃及政局动荡,国家分裂,来自亚洲的希克索斯人趁机镇压了暴动和起义,占领了三角洲地区。希克索斯人主要控制下埃及地区,在三角洲的东部建立阿瓦里斯作为其统治中心。希克索斯人在古埃及统治了100多年,在统治期间,激起埃及各阶层的反抗。底比斯是主要的反抗中心。建于底比斯的埃及第17王朝在法老卡莫苏当政时期,同希克索斯人展开激烈的斗争。约公元前1570年,雅赫摩斯一世继承卡莫苏的王位,彻底打败了希克索斯人,将他们赶出了埃及,并创立了第十八王朝。从此,埃及进入了新王国时期。新王朝经历了第十八王朝、第十九王朝和第二十王朝,是古埃及在政治军事、文化、经济上最强盛的时期,史称"埃及帝国时代"。

丹尼斯留在狮身人面像下的羊皮书就是传说中的《智慧之书》吗?

《梅路西》大约流传于3世纪的欧洲,是《旧约》一个十分古老的副本,书中记载着有关《智慧之书》的故事:有着狮身、人头、牛尾、鹫翅的奇怪生物偷走了伊凡卡天神护佑万物的《智慧之书》。天神派自己的儿子伏加天神夺回圣书,决斗过后,伏加天神获得了胜利。狮身人面的怪物被贬下凡间之后,专门寻找不善思考的人,并吃掉他们。据说《智慧之书》后来又被偷走了,就藏在狮子座附近。如果这些记载属实,那么《智慧之书》究竟藏在哪里呢?

有人认为,狮身人面像实际上与黄道中的狮子座相暗合,象征着权力和政治。因为它面朝东方,每天清晨太阳神将阳光洒到它脸上,所以它又是复活与生命之神。黄道中狮子座相对应的位置,应该是狮身人面像的前方,就是像的前足下。按照《梅路西》给我们的指点,人们在狮身人面像附近,进行了全面搜索,最终在狮身人面像下发现了一个地洞,地洞中有一卷用古拉丁文写成的羊皮书手稿,成书时间大约在公元前8世纪,作者的署名是丹尼斯。这不禁会引起人们的疑问,难道这就是传说中的《智慧之书》吗?由于古拉丁文几近失传,所以手稿的破译非常困难,但仅看破译的文字,就足以震惊世人了。

丹尼斯在羊皮书中说,狮身人面像是4个星座的合体:狮面对应着狮子座,人头对应着天秤座,鹫翅对应着天蝎座,牛尾对应着金牛座。这4个星座分别象征着权力、宗教、智慧、富有,代表构成一个社会的四大支柱——政治、精神、科技、经济。如果这四大支柱发生动摇,社会就会坍塌。

这样的预言是怎样做出的呢?这真的是《智慧之书》吗?还是只是《梅路西》中故事的巧合?这一切仍然是未解之谜。

楔形文字是怎样产生的？

古代苏美尔人的文字最早是写在泥版上的。由于书写时用芦苇角或木棒角按压，在按压的地方印痕较宽、较深，抽出时留下的印痕则较细、较窄，因此，这种文字符号的每一笔开始部分都较粗，而末尾部分都较细，看起来就像木楔一样，于是后来的英国人将其称为cuneiform，即"楔形文字"。

cuneiform来源于拉丁语，是cuneus（楔子）和forma（形状）两个单词构成的复合词。这个名称表达了古代美索不达米亚文字的外在特征。其实楔形文字同世界上其他民族的文字一样，经历了从符号到文字的发展过程。考古发现已经证实，在古代美索不达米亚，最初的文字外观形象并不像楔形，而只是一些平面图画。随着社会的发展，人际交往越来越频繁，要表达的事物愈来愈复杂、抽象，原始的图形越来越无法满足人们的需要。为此，苏美尔人不得不对图形文字进行改革，开始逐渐用楔形符号代替象形符号，最终创立了楔形文字。

楔形文字是苏美尔人的重要发明，对西亚许多民族语言文字的形成和发展产生了重大而又深远的影响。西亚的巴比伦、亚述、赫梯、叙利亚等国都曾以楔形文字为基础，对其略加改造，来作为自己的书写工具，甚至腓尼基人创制出的字母也受到楔形文字的影响。然而，由于楔形文字极为复杂，随着时代的发展，已经无法满足人们的需要。到公元1世纪，楔形文字就完全消亡了。

楔形文字究竟是怎样起源的，一直是人类文化史上的未解之谜。对于这个问题，学术界主要有以下两种观点。

传统的考古学家和历史学家认为，楔形文字与美索不达米亚特殊的渔猎生活方式关系密切。这是较为通行的看法，西方的各种百科全书一般都持这一观点。

有些学者则有不同的看法，他们认为楔形文字的起源与古代苏美尔地区发达的社会组织有密切关系。苏联科学院编的《世界通史》这样写道："两河流域各族人民文化的最大成就，就是文字的发明。公元前4000年中叶，苏美尔人就有了文字的雏形。为了行政管理，他们需要比较有条理的通讯，于是，这种文字的雏形进化成真正的文字。"

6 000年前爆发的超新星与楔形文字的形成有关吗？

20世纪70年代，考古天文学家提出了一个爆炸性的观点：楔形文字起源于6 000年前的一次天文事件——船帆座X号超新星的爆发。这个观点引起了世界学术界对楔形文字起源的新一轮争论。

这一观点起源于一个苏美尔学专家乔治·米查诺斯基的假设。在对楔形文字的研究中，乔治·米查诺斯基发现了一个现象，即在较早的泥版文书记载中大量出现对同一颗星的记录，因此，他提出了苏美尔文明的起源与这颗星有关的假设。

1980年，美国国家航空航天局的天文学家里查德·斯特塞经过精确计算，论证了这一假设的合理性。他认为，米查诺斯基所说的这颗星，就是6 000年前爆发的船帆座X号超新星，这是人类历史上能记忆的最大一次天文事件。这颗星在今天只能勉强分辨，但在6 000年前，其光芒白天可以与太阳同辉，夜晚与月亮并悬，在两河的水面

苏美尔楔形字的泥版
这块插在泥封中的泥版文书记录的是一桩诉讼案：一名叫阿般的人和他的妹妹白塔提分割财产。这桩诉讼案由公元前18世纪的国王尼克美帕判决。

上拉开了一条长长的光带。可以想象，这种神秘的自然现象给早期人类带来的心理影响是极为深刻的。他们对这颗星的敬畏逐渐演化成了神话和宗教，关于这颗星的图画就逐渐演变成了最初的文字。专家们果然发现，在楔形文字中最早和最多使用的两个字是"星"和"神"，而这两个字惊人地相似。

自然科学对楔形文字起源上的探索让人兴奋，但仍有学者对此提出疑问：这个起源说和世界上其他种类文字的起源有着太大的出入，一颗星的威慑力会如此巨大吗？这样的质疑让楔形文字的起源更具神秘色彩。但不管是什么，文字由画图到符号再到字母发生的发展阶段，已经得到了考古学界普遍的证实。

破译楔形文字竟源于一个赌注？

破译楔形文字这样艰难的事情，竟然源自一个赌注？会有这样意气用事的人吗？

17世纪，瓦莱把第一块带有楔形文字的砖块带回欧洲。欧洲的东方语言学家一直想破译这种奇怪的文字，但是由于他们见过的楔形文字太少，也没有任何可以参考的图形，所以释解起来非常困难，一直到19世纪中期，楔形文字的破解才具备了一些条件，一位叫博塔的人发掘了大量与楔形文字有关的文物。

然而，在楔形文字的破译上有突出贡献的人是一个叫作格罗特芬德的德国人。1802年的一天，格罗特芬德和几个朋友一起喝酒，他突然预感到自己可以破译出楔形文字，于是他便与朋友拿自己的预感打了一个赌。"大话"已经说出去了，他只能努力去实现它。他仅凭着手头上几份波斯波利斯铭文的粗糙摹本，苦苦钻研，成功破译了波斯波利斯楔形文字的起首10个字母。格罗特芬德对楔形文字的研究既不是出于对楔形文字的好奇，也不是想在学术上有一番作为，唯一的驱动就是和朋友的赌注，但是他却完成了学识渊博的学者都无法完成的事情。

格罗特芬德在破译的时候，首先确定楔形文字是文字而不是修饰图案，然后他通过古希腊史学家的著作初步了解了古代波斯史，接着还运用了数学中的逻辑思维，假定重复出现的两个相同文字是"国王"二字，最后再证实自己的推论。他按照自己的推论，破译了波斯国王大流士和薛西斯的名字。

虽然格罗特芬德破译的楔形文字和美索不达米亚的楔形文字有着很大的区别，但是他在楔形文字上的贡献是不可否认的。他的成功破译给其他楔形文字的破译提供了很好的条件，也正因为有他的努力，才为解读美索不达米亚的楔形文字提供了可能。

知识链接
瓦莱对楔形文字的贡献

德拉·瓦莱是第一个把楔形文字带到欧洲的人。对失落的文明的探索，有几个人作出过突出的贡献，第一个值得一提的人就是瓦莱。他熟悉《旧约》，精通希腊古典著作，所以在游历西亚过程中发现楔形文字的时候，很快就把它们和《旧约》及希腊古典著作联系起来。1621年，瓦莱在写给朋友的信中，抄写了波斯波利斯的古波斯铭文中5个古波斯楔形文字符号。这封信于1658年在罗马发表，欧洲读者第一次见到了楔形文字。他还对楔形文字做了解读尝试，猜测这些文字是从左向右书写的，这是人类在解读楔形文字上迈出的正确的第一步。此外，瓦莱也是最早在西亚进行"发掘"的人，1616年，他独自一人对巴比伦遗址进行"发掘"。

拉丁字母表是怎样产生的？

自从拉丁字母产生之后，它就被英语、德语等日耳曼语系承袭，也成了现在世界上法语、意大利语、西班牙语的基础。总之，现在世界上的字母文字基本上都得益于拉丁字母。那么，对世界文明有如此重要作用的拉丁字母表是怎样产生的呢？

按照文字的发展阶段理论，我们都清楚地知道，字母文字并不是世界上出现最早的文字。学术界认为，拉丁字母产生于6种文字之后，这6种文字分别是西亚的楔形文字、埃及的象形文字、克里特线形文字、印度的哈拉巴文字、中国的甲骨文以及中美洲、墨西哥的玛雅文字。

根据古希腊和古罗马的文献记载，最早发明拉丁字母的民族是腓尼基人、埃及人、亚述人、克里特人和希伯来人中的一个。威廉·库里坎的研究表明，最早的字母系统由30个楔形符号组成，可以追溯到公元前1400年左右叙利亚海岸的古代乌加里特。约公元前1200年，腓尼基人参考埃及的象形文字，创造出最早的线形字母表——腓尼基字母表，该字母表由22个字母组成，最早见于比布罗斯的阿希拉姆国王的石棺上。腓尼基字母表后来演化成为24个字母的希腊字母表。公元前900年，在克诺索斯的一个克里特几何形墓中发现的腓尼基铭文，可以证明这一点。

那么希腊字母表是如何发展演化成为拉丁字母表的呢？有关这一问题的说法众说纷纭，但归纳起来，主要是以下两种观点。

一种是认为拉丁字母表是由希腊字母中较大的分支埃特鲁斯坎字母发展而来的。起初，罗马人借用了26个字母的埃特鲁斯坎字母表中的21个字母，后来，古罗马征服了希腊，Y、Z两个字母被吸收进来，在中世纪，J、V两个字母被发明出来，最后，又在罗曼语中增加了W，最终形成了26个字母的拉丁字母表。另一种观点认为，最原始的拉丁字母表直接来自坎帕尼亚的库迈城的希腊字母表，一共有20个字母，后来逐渐发展成为24个字母。

以上两种拉丁字母表产生的观点都有可能性，但我们最应该明白的是拉丁字母表的形成，它是人类文明的浓缩，探索它的源头就是探索文明的源头。

"七"为什么会成为一个神秘的数字？

"七"作为一个神秘的数字，普遍出现于中东的古代闪族文化和南亚、西亚、东非和地中海地区的各民族文化中。

巴比伦人认为，人类生活的周围有着大量形形色色的邪恶精灵，作恶的精灵会给人类带来疾病和灾害。所以，他们会施法术制服邪恶的精灵，其中一种方法就是呼唤作恶精灵的名字，因为他们相信这样可以控制精灵。然而精灵的数目众多，人们很难刚好就呼唤到邪恶精灵的名字。于是，巴比伦人就用数字"七"代表全体邪恶精灵的名字，他们有一条咒语上说："七是它们，它们就是七。"

此外，"七"还与宗教密不可分。美索不达米亚宗教中女神伊西塔有7个名字；巴比伦神庙筑成7层；佛教中更有七佛、七观音、七贤、七圣、七众、七宝、七宝塔等说法。

为什么在这么多的民族中"七"都被赋予神秘的意义呢？有人认为，"七"象征着日、月和五大行星（金、木、水、火、土星）。但是，有关"七"的神秘内涵可以追溯到希伯来人的最早文明时期，那个时期的希伯来人对天体的认识还没有达到这种程度，所以这种说法并不科学。现在有人认为"七"的神秘意义源于人们对太阴月的认识：一个完整的太阴月为29.5天，1/4个太阴月的周期大约是7.3天，人们近似地取"7"。月亮与人类的生活有着密切的关系，人们可以从它的阴晴圆缺中得知很多信息，在当时的年代，月亮是神圣和神秘的，间接地让"七"也具备了这样的神秘色彩。这一解释显得更有道理一些。

《圣经》究竟是谁写的？

在世界文明史上，《圣经》占据着无与伦比的地位，对人类历史的进程产生了巨大而深远的影响。但是，这部伟大的作品到底出自谁的手笔却没有定论。长期以来，这个问题一直是神学家、历史学家最感兴趣的话题之一。

许多学者投入对《圣经》的研究中，他

们皓首穷经,查阅无数史料,得出了较为合理的结论。他们认为39卷《旧约》和27卷《新约》组成的《圣经》,其写作时间长达3000多年,作者多达30多位。这些作者里,有政治家大卫、但以理,有祭司以斯拉、法律专家保罗,还有先知以赛亚、耶利米等,除了这些精英之外,也有很普通的人,比如医生路加、税吏马太、渔夫彼得等。

《圣经》是如何记载全球大洪水的?

现在世界上几乎所有的民族中都有关于史前大洪水的传说,而且各个民族有关这一传说的时间几乎是一致的。我们的祖先不可能毫无根据地编造出这样一个传说,从这一角度说,史前大洪水应该是存在的。而且经过考证,在7000—8000年前,全球的海平面曾经大幅上升超过一米。海平面的这次上升,使很多近海岸和地势较低的地方都被水淹没了,或许这就是大洪水传说的原始驱动力。

在大洪水的相关传说中,最为著名的是《圣经·创世记》第6—8章的记载。《圣经》中记载,人类在地面上的恶行,惹怒了上帝,于是上帝决定要毁灭世界上产生的文明,将地面上的生灵都毁灭。在人类中,上帝觉得只有诺亚是一个义人,很本分,把自己的儿子教育得很好,于是就把将要毁灭世界的消息告诉了他,并令其建造了一个巨型的方舟,此舟长300肘(古代长度单位,1肘=0.44米),宽50肘,高30肘,共上、中、下三层,每层都有一些隔开的小舱房。上帝还让诺亚把世上每一种生物都留下至少一对,放入方舟里。洪水退去之后,只有方舟里的生物生存了下来,他们在新的土地上生活,成为中东地区各个民族的祖先。

知识链接
《旧约》中"约"的来源

从公元前12世纪至公元前2世纪,《旧约》陆续用希伯来语写成,记载的是上帝与他的选民以色列人所立的盟约。旧约是律法的盟约,也是为救世主降生做准备的。它是基督宗教启示性的文献,除编排以外,内容和希伯来《圣经》一致,共39卷。

耶和华击杀埃及人拯救以色列人脱离埃及法老的统治时,曾与以色列人立约。《旧约》中的"约",就来源于此。他们在门楣上刷"羊血"来作为立约的证据,并立约说,凡是门楣与门框上有羊血的以色列人民都是神的选民,都是耶和华要留下的人。而埃及人和牲畜都不是耶和华要拯救的,埃及人所有的长子和初生的牛羊都被击杀。《旧约》就是用耶和华与以色列人立的约来命名的。

《君士坦丁赠礼》是伪造的吗?

《君士坦丁赠礼》不是一份独立的文件,它是《君士坦丁诏令》的一部分。《诏令》用拉丁文写成,共计3000余字。文中,君士坦丁用帝王的口吻以第一人称复数自称,这类似于中国古代帝王自称的"朕"。《君士坦丁诏令》分为两部分,在第一部分中,首先描述了西尔维斯特为君士坦丁宣讲教义、施洗治病的过程,然后陈述了君士坦丁要皈依基督,这一部分称为"誓愿"。第二部分就是"赠礼",就是对教会恩泽的报答。

君士坦丁大帝是第一位信仰基督教的皇帝。他统一了罗马帝国。君士坦丁堡市(以君士坦丁大帝的名字命名,现在的伊斯坦布尔市)曾经有1000年的时间是东罗马帝国的首都。君士坦丁大帝在公元337年去世。

在9世纪时,《君士坦丁赠礼》突然出现在基督教教义中,它记载了君士坦丁将整个西罗马帝国(包括罗马)赠予当时的教皇西尔维斯特一世,以感谢他治好了君士坦丁城的麻风病的遗嘱。到11世纪,基督教教皇一直用《君士坦丁赠礼》来证明并宣称他们是意大利中部政权的统治者,而不仅仅是基督教会的传教士。在当时,即便是反对基督教会的人都认为《君士坦丁赠礼》是真实的。

然而，意大利文艺复兴时期的博学家洛伦佐·瓦拉，在1440年发表了一篇专题论文，声称《君士坦丁赠礼》漏洞百出，是一个大骗局。他认为遗嘱所使用的语言有很大的漏洞，将它与当时拉丁语系国家的宫廷语言作对比，就好比是伦敦土话与王室英语之间的比较。洛伦佐·瓦拉的论证，使得罗马天主教会再也无法以《君士坦丁赠礼》为借口统治欧洲各国。

人们普遍认为，这本存在的《君士坦丁赠礼》很有可能是在查理曼时期罗马教廷（尤其是阿德里安一世教皇时期）要求政教合一时，为了适应局势的发展，由教廷机构的一位牧师伪造的。

《荷马史诗》真的是荷马所作的吗？

《荷马史诗》在西方文学史上有着非常重要的地位，是古希腊人留给后世的一份宝贵文化遗产，被人誉为"希腊的圣经"。众所周知，《荷马史诗》分为两部分，即《伊利亚特》和《奥德赛》。相传为盲人荷马所作，因而被称为《荷马史诗》。但是，历史上真的有荷马其人吗？《荷马史诗》真的是荷马所作吗？

在文学史上，流传着很多关于荷马的传说。因此，很多古代学者都承认荷马的存在，并且认为他就是《荷马史诗》的作者。支持这一观点的人，包括古希腊历史学家希罗多德、哲学家柏拉图和亚里士多德。

在近代，这个问题似乎有了新的说法。法国的僧多比亚和意大利历史学家维科就认为，史上并没有荷马这个人，人们所说的荷马，其实是古希腊许许多多说唱人的代名词，或者是原始诗人想象出来的人物。他们认为，《伊利亚特》和《奥德赛》两部史诗相隔数百年，绝不可能出自一人之手。所以，所谓的荷马是古希腊说唱诗人的泛指。德国学者沃尔夫更是断言，《荷马史诗》应该是多人所作，后经多次整理而成的。这种观点被称为"分解说"。

与之相对立的还有"统一说"，其代表人物是德国学者尼奇。他认为，荷马在历史上确有其人，他生活在公元前9世纪以前。他认为，《荷马史诗》有统一的艺术结构，应为一人所作。显然，他的说法是古希腊观点的继承。

另外还存在一种介于两者之间的观点，即"基本核心说"。持这种观点的人认为，《荷马史诗》最初可能是一些短篇，后人以此为核心，加以扩大而成。如《伊利亚特》的核心就是阿喀琉斯的愤怒，《奥德赛》的核心就是奥德修斯返乡的奇遇。除了核心部分，其余的部分都是后来添加上去的，因此史诗才会既保持基本统一，又存在不少脱离布局和自相矛盾的地方。现在，这种说法日渐为学术界所接受。

当然，要真正解开这个谜团仍然需要进一步的探索，但这并不妨碍《荷马史诗》作为人类文明史上最伟大的诗作之一而存在。

日文中含有汉字，但为什么不属于汉语语系？

日语中有相当多的汉字。于是，许多人认为中日两国"同文同种"，并把日语并入到汉语语系。其实，这种观点是错误的。真实的情况是，中日两国既不同文，也不同种。日语为什么不属于汉语语系？它属于哪个语系？

我们先来看看汉语，汉语属于汉藏语系汉语族。在语言学上，确定不同语言是否属于同一语系，一般是通过数字读音是否相似来判别的。中文中的数字读音和日语"千差万别"，相似之处甚少，因此日语并不属于汉藏语系。至于中文和日文都有汉字，则是因为从公元4世纪起，日本不断引入汉字和汉文化。大量汉字的引入，对丰富日语词汇起到了重要作用。另外，汉字在日语中通常有两种读法——训读和音读，中文和日文的汉字看似相同，实则不同。

不少学者在研究日语后发现，找不到与日语在数字读音上相似的语种。也就是说，日语很孤立。因此，美国语言学家肯尼恩·卡兹纳将日语列为独立语系，但是很多日本学者不满于日语的这种孤立性。

从语法结构上看，日语与朝鲜语很类似，都属于阿尔泰语系的语法特征。由此有人推论，阿尔泰语系分东西两个分支，日朝属于东部分支，其他阿尔泰语系语言属于西部分支。但是，这只是个推论，其科学性有待考证。日本京都产业大学的村山七郎则认为，日语属于马来—波利尼西亚语系。他的理由是：波利尼西亚很多语言结构和词类活用与日语相似。但这个观点也没有得到语言学界的认同。所以，日语究竟属于哪个语系，至今仍是未形成定论。

日文为什么要把字母称作假名？

日文的字母有一个奇怪的称呼——假名，为什么会出现这种情况呢？原来古代的日本是没有文字的，他们只有语言。随着古代中国的日益强大，对外交流逐渐增多，汉字逐渐传入日本。3世纪前后，中国大陆的移民开始向东边的海陆迁徙，不仅将水稻农业以及金属器具等传到了日本，也将汉字传到了日本。到隋唐时代，汉字开始大量传入日本，日本从此开始利用汉字系统地记载自己的语言。

起初，日本只把汉字作为表音符号使用，就是日语中有几个音节，就使用几个汉字。这些汉字逐渐演变成假名，"假"就是"借"，"名"就是"字"。之所以叫"假名"，是因为日语只借用汉字的音和形，不使用它的含义。其中也不乏直接使用汉字音、形、义的词，这样的就叫作"真名"。

对汉字的借用，为日本人带来了方便，但问题也产生了：在一篇文章之中会同时出现真名和假名，看上去特别混乱，而且假名要借用的同音汉字很多，又加上汉字笔画多，用起来非常不方便。所以，日本人就逐渐将它们简化，创造了自己的文字，即现在的"假名"。

假名既然是由汉字演变而来的，因此书写要领和汉字的大致相同，笔顺一般是先上后下，先左后右。假名有平假名和片假名之分，平假名主要是日本传统的、自创的、原创的文字，片假名主要是外来词。平假名就像是写汉字的草体字那样，有轻有重，有连笔，而片假名则像是楷体。

为什么同样使用汉字的中国人和日本人却无法用汉字沟通？

通常看日本的书籍或电视，我们会通过其中的一些汉字，把意思猜个七八分，可是，假如在你不懂日语的情况下，一个日本人同你讲日语，你会听得懂吗？答案是否定的。反之，一个中国人给不懂中文的日本人讲一段普通话，他们同样会满头雾水。

虽然日语中也有汉语的存在，但是两种语言中的汉字所表示的意思却是不一样的。汉字既表意又表音，而日文则和英文类似，是语音文字，里面的汉字只不过是字母而已，不能单独地表达意思。这就是中国人和日本人都使用汉字却无法用汉字沟通的主要原因。其实与汉语相比，日语与满语更加接近。

日语中汉字的发音分为"音读"和"训读"两大类。音读，是日本人模仿引进的中国汉字的汉语发音的读法。而汉字传入日本是一个循序渐进的过程，从日语中的一些汉字身上，可以发现中国不同朝代某些汉字发音上的差异，因此，在现代日语中一个汉字的普通读音通常有两种，称为"吴音"和"汉音"。训读是汉字的日译，是利用汉字表达日语固有词语意义的读法。

由汉字组成的日语词语，在意义上与中国现在汉语的词也有一些差异，原因有两点。一是古代汉语和现代汉语的差异。古汉语是单字词，现代汉语大多是双字词。而且汉语传到日本后，在日语中发生了演变。日语文字中，一般体言（名词、形容词、形容动词）的词干部分大多是汉字，而言词尾有变化的部分及助词、助动词则用平假名来写。

明治维新之后，日本政府曾一度想以假名全面取代汉字，限制汉字的使用，但是很快就发现，这样做会使学生的思考和记忆能力大幅下降，所以不得不终止这次文字改革。之后，反而扩大了汉字的使用范围。

《三国志》中的《倭人传》是倭人社会的真实反映吗？

在中国古代正史史籍中，《三国志·魏书·倭人传》最早记载了有关古代日本的历史。《倭人传》主要描述了邪马台国的位置，介绍了邪马台国的风土人情，记录了邪马台国的事迹（主要是该国女王卑弥呼的事迹）。

《后汉书》中也有对日本的记载《倭传》，但是《后汉书》的成书时间是南朝，比《三国志》要晚150年左右，其基本内容也是引自《三国志》。之后历代正史中对日本的记载大多是以《三国志》中的《倭人传》为母本，根据当时的一些情况稍作删减而已。日本的一些文献中在记录邪马台国时期的历史时也引用了《倭人传》中的文字。

邪马台王国是日本列岛上一个统治30个小国的政教合一的国家，和中国古代的三国大约同时，当时统治者是女王卑弥呼。中国的曹魏政权与邪马台王国进行了频繁的遣使交往，对其国家的位置有一个大致的了解：邪马台王国是一个岛国，位于朝鲜半岛附近的东南大海之中。现在看来，《倭人传》中对日本方位的记载显然是不够准确的。在魏晋以前有100多个小国曾遣使向汉朝朝贡，而邪马台国女王统治了30个小国，学者们认为，这30个国家并不是魏晋时期日本列岛的所有国家，而只是这些国家在邪马台国女王的统治下，与中国的交往较早。由此看来，《倭人传》中记载的倭国，只是邪马台王国及其所统属的30个附属国，并不是整个古代日本。

为什么日本最早的史书《古事记》不是一部"汉文"史书？

日本的早期神话和传说，都是口头传诵的文学，没有文字记载。汉字传入日本之后，日本有了记录的条件。公元7世纪后半叶，日本开始有文字记载。天武天皇统治日本的时候热衷于修史，他下令大臣们把"帝纪及上古诸事"、口口相传的神话传说等保存下来，为以后大规模的修史打下了基础。

和铜五年（公元712年）9月18日，元明天皇下令修史，记载所谓的"王道历史"，次年1月28日完成。这就是日本最早的史书《古事记》，共分上、中、下三卷，卷首有优美的汉文序。

《古事记》全书使用"汉字"撰写而成，但是它却不是一部"汉字"史书。为什么呢？太安麻吕在《古事记》的序言中说："上古之时，言意并朴，敷文构句，于字即难。已因训述者，词不逮心；全以音连音，事趣更长。"可见，《古事记》使用的是音训并用、和汉交混的特殊文体。通俗来说就是，书中的汉字有些是表意的，有些是表音的（表音的汉字经过发展成为平假名和片假名），不同于中国汉字的用法。

《日本书纪》为什么要模仿中国正史"帝纪"的体例编撰？

日本进入飞鸟时代以后，历代天皇都热衷于修史事业，养老四年（公元720年），日本留传至今最早的正史《日本书纪》编纂完成。《日本书纪》是六国史之首，原名《日本纪》，由舍人亲王带领太安亲麻吕、纪清人、三宅藤麻吕等人编纂而成，记述了神代至持统天皇时代的历史。全书共"纪"30卷、"系图"1卷。"系图"1卷已经不存在，"纪"30卷就是流传至今的《日本书纪》。

《日本书纪》用汉文写成，语言格调高雅，享有"日本之《史记》"的美誉。《日本书纪》模仿中国正史"帝纪"的体例编纂，全书广泛引用中国经史中的文句。小岛宪之经过仔细研究之后发现，《日本书纪》引用中国的典籍达 80 余种，如《汉书》《后汉书》《三国志》《文选》《淮南子》《艺文类聚》《高僧传》等。有些引用近乎原文照录。如《日本书纪》中"是时天下安平，人无徭役，岁比登稔，百姓殷富。稻斛银钱一文，牛羊被野"的记录，和《后汉书·明帝纪》记载永平十二年（公元 69 年）的状况"是岁天下安平，人无徭役，岁比登稔，百姓殷富。粟斛三十，牛羊被野"几乎完全相同。

《日本书纪》之所以模仿中国正史"帝纪"的体例编撰，不仅仅是为了让文章的辞藻华丽、结构美观，更重要的是要通过借用赞扬社会和帝王的词句，将日本的历代帝王打造成与威武、高大、多才的中国帝王相似的形象，以向异邦夸耀日本的强大和开明。而《日本书纪》中描写天皇的词句也的确有很多模仿的是中国史书中对帝王的描述。如，对武烈天皇"日晏坐朝，幽枉必达"的描述，就是参考的《后汉书》对明帝的赞扬之句。

《源氏物语》为什么被誉为"日本的《红楼梦》"？

《源氏物语》是日本古典名著、日本物语文学的巅峰之作，对日本文学的发展产生过巨大的影响。其成书年代至今未有统一的说法，但一般认为是在 1001—1008 年间，因此，《源氏物语》是世界上最早的长篇写实小说，在世界文学史上也有重要的地位。《源氏物语》有"日本《红楼梦》"之称。它比《红楼梦》问世早 700 余年，但在很多方面与《红楼梦》有相似之处。

《源氏物语》的作者是紫式部，本姓藤原，原名不详，这很大程度上是因为作者是女性的缘故。作者初叫藤式部，后写成《源氏物语》，书中的女主人公紫姬为世人传诵，所以又被称为紫式部。紫式部出身中层贵族，自幼学习汉诗和中国古代文献，但不幸家道中落，嫁给一个年长自己 20 多岁的地方官，婚后不久便成了寡妇，后入宫做了一名女官，得以深切地体会宫中生活，为写《源氏物语》打下了良好的基础。

《源氏物语》写作的时代，是藤原道长执政，平安王朝贵族社会全盛时期。平安京的上层贵族只顾享乐，在一片太平的表象之下，充满了极为复杂而尖锐的矛盾。上层贵族之间争权夺势；中下层贵族纷纷到地方寻出路，发展成为地方贵族；百姓在压迫下奋起反抗。整个社会危机四起，王朝开始由盛转衰。这部作品描写了以源氏及其岳父左大臣为代表的皇室一派，同以弘徽女御及其父右大臣为代表的皇室外戚一派之间的权力斗争和爱情故事，叙述了贵族的腐败、生活的奢侈和一夫多妻制下妇女的悲惨命运，集中反映了当时存在的社会矛盾和时代面貌。小说涉及 4 个朝代，跨度达 80 余年，描写了 400 多个人物，场面宏大。《源氏物语》的语言以散文为主，穿插了约 800 首和歌，歌与文融为一体，极具日本民族古雅的风格。

无论是从作者的角度、成书的背景、书中的内容及语言特色，还是从书的影响来看，《源氏物语》都和《红楼梦》非常相似，当然可以称得上是"日本的《红楼梦》"。

《万叶集》为什么被称为"日本的《诗经》"？

《万叶集》收录了日本公元 4—8 世纪中叶 4 个世纪的 4516 首长短和歌，是日本现存最早的诗歌总集。其成书年代编者众说纷纭，但多数人认为其成书于奈良年间（公元 710—784 年），主要作者有柿本人麻吕、高市黑人、山部赤人、山上忆良、大伴旅人、大伴家持等，诗集中署名的作者就有 500 多人，几乎囊括当时日本的各个阶层，据说大伴家持是此书的编者。后来，《万叶集》又经过多人的校正审订才成为今天传诵的版本。

《万叶集》共包含诗集 20 卷，按照内容，分为杂歌、相闻、挽歌等。杂歌涉及四季风物、行幸游宴、狩猎旅行等内容；相闻多是表达恋人、朋友、亲人之间感情的诗歌；挽歌主要是葬礼上哀悼死者的诗歌。此外，诗集还广收了口头流传的民谣《东歌》和《防人歌》。在形式上，《万叶集》主要有长歌、短歌、旋头歌3种，其中长歌265首，短歌4 207首，旋头歌62首。另外还收连歌、佛足石歌各1首，汉诗4首，汉文22篇。从这几方面看，《万叶集》和中国的《诗经》大为相似。

《万叶集》记录和歌时将汉字作为标音文字，是中日文化融合的表现。

综上所述，《万叶集》被称为"日本的《诗经》"是合情合理的。

印度的"诺亚方舟"故事讲的是什么？

古代的印度，气候湿润，降水丰富，在给印度人带来肥沃土地的同时，也常常给他们带来可怕的洪灾。印度河和恒河肆虐的洪水，给人们带来了无尽的灾难。受灾的人们背井离乡，寻找新的家园，并且用传说和神话来表达他们对生活的美好愿望，印度的"诺亚方舟"故事就应运而生了。

根据早期婆罗门教吠陀时代的传说，宇宙处在创造和毁灭的循环之中，每一个周期是生主梵天一生的100年，到100年结束的时候，整个宇宙，包括梵天在内都要被毁灭。之后宇宙会有100年的混沌状态，直到另一个梵天降世。梵天会把自己的身体分成两半，一半是男人，一半是女人，从而繁衍后代。

而另一个版本的创世说，就是以摩奴为主人公的"诺亚方舟"的故事。

相传，摩奴是一个仙人。有一天，他去一条小溪旁修行，拯救了一条遇难的小鱼，并将它放到小水罐中喂养。后来小鱼长大了，小水罐容纳不了它，摩奴就将它放入了恒河，但那条鱼长得很快，马上就和恒河一样大。于是摩奴不得不将它放归大海。摩奴救下的小鱼就是梵天的化身，在洪水即将临近的时候，梵天把消息告诉了摩奴，并吩咐他赶快制造一艘坚固的大船，带上七位仙子和各种生物的种子，等待着鱼儿们的救援。

洪水来临，毁灭了一切，只有摩奴的大船在鱼儿的救助下，安全地停泊在了一座雪峰。几年之后，洪水退去了，摩奴回到山谷中，开始艰苦的修行，最终获得了神力，创造出了生灵。

印度的创世说，和《圣经》中诺亚方舟的故事有很大的相似性，这应该也是称其为印度的"诺亚方舟"的原因。

《罗摩衍那》为什么被称为"东方的《奥德赛》"？

大约在公元前4世纪或前3世纪，《罗摩衍那》用梵文写成。其作者一般认为是蚁垤仙人。《罗摩衍那》主要讲述的是拘萨罗王国的王子罗摩历经艰辛重回宫廷，以及与妻子悉多之间悲欢离合的故事。书中的故事情节和《奥德赛》非常相似。因此，《罗摩衍那》被称为"东方的《奥德赛》"。

《罗摩衍那》中说，罗摩是拘萨罗十车王的长子。年轻的罗摩通过竞赛赢得了邻国公主悉多的芳心。罗摩与美丽的悉多成婚之后，很快得到了百姓们的爱戴，于是十车王决定

毗湿奴化身罗摩

作为毗湿奴第7个化身，罗摩令人喜爱且极具才智。在史诗《罗摩衍那》中他击败恶魔罗波那。据说在他之前无人能拉开他手上的弓，罗摩轻易拉开，因此赢得被罗波那掠走的悉达为妃。

立他为太子。但十车王的另外一个王后吉迦伊心存嫉妒，在庆典仪式上她用国王曾经答应过会满足她任何愿望的借口，让国王将罗摩放逐14年。国王不得不遵守自己的诺言，伤心地将爱子放逐。悉多和另外一个王子罗什曼那跟随罗摩一同在森林中生活。没过多久，十车王就去世了，吉迦伊的儿子婆罗多到森林中恳请罗摩回去掌管国家。但罗摩拒绝了。

罗摩被放逐期间，十首魔王罗波那抓走了悉多，把她囚禁起来，并企图和她成婚。悉多坚决反抗。罗摩历尽艰辛终于救出悉多，见到妻子他悲喜交加，心中有悉多是否失节的疑问。悉多投火自焚以示清白，幸好得神仙相助得以生还。

14年之后，罗摩回到拘萨罗王国登基为王，国家出现盛世。然而，他却不能忍受听到的有关悉多的流言，抛弃了她。悉多被蚁垤仙人救下，并生下两子。孩子长大后，蚁垤仙人作《罗摩衍那》教他们诵唱。后来罗摩知道了真相，但仍希望悉多证明自己的清白。悉多希望大地母亲为自己做证，如果自己是清白的，就请大地收容她，大地瞬间开裂，悉多投入了母亲的怀抱。

《罗摩衍那》对世界文学的影响是巨大的，被译成多国文字传到国外，具有极高的文学和艺术价值。

《一千零一夜》的名称从何而来？

《一千零一夜》又称《天方夜谭》，按照阿拉伯原文的统计，全书共有134个大故事，每个大故事又包含了若干小故事。关于此书名字的由来，也有一个故事。

相传在古阿拉伯的一个海岛上，有一个萨桑王国，国王叫山鲁亚尔。有一天，山鲁亚尔和他的弟弟萨曼到紧邻大海的草原上游玩，他们累了之后就在一棵大树下休息。这时，大海中间突然涨起了黑色的水，并给他们带来了一个女郎。女郎告诉他们，天下所有的女人都是不可信赖的。

国王和萨曼回到萨桑王国后，发现王后背叛了他，于是非常生气地把王后杀了，而且也相信了那个女郎的话。之后，国王变得非常残暴，开始了对王国女人的疯狂报复。他每天都娶一个女子，到第二天天亮的时候就杀死她。山鲁亚尔国王的这一暴行持续了3年，杀死了1000多个女子。

宰相的女儿山鲁佐德想要拯救王国中千千万万的女子，于是就自愿嫁给了国王。从进宫的那一天开始，山鲁佐德每天晚上都给国王讲一个故事，每一个故事都特别精彩，每讲到紧要关头，天就亮了。国王为了听故事，不舍得杀害山鲁佐德。就这样，她一直讲了一千零一个晚上，而国王被她感动了，发誓不再杀害女人了，并决定把山鲁佐德讲的故事记录下来，让故事永远保存。于是便有了《一千零一夜》这本书。

《一千零一夜》是劳动人民的集体创作，经历了从口头创作到编订成书的漫长过程。全书分为3部分：第一部分是古阿拉伯文学中《赫佐尔·艾夫萨乃》的古代波斯故事集，其故事源于印度，后来才传到阿拉伯；第二部分是源于伊拉克的阿巴斯王朝的故事；第三部分是有关埃及麦马立克王朝的故事。其中，最主要的是第一部分。《一千零一夜》包含着各种类型的故事和人物，是研究阿拉伯和东方历史、文化、宗教、语言、艺术等的珍贵资料。

玛雅的象形文字都是头像吗？

玛雅文化高深莫测，玛雅的象形文字更像谜一样，阻碍了我们对玛雅文明的认识和了解。被发现的玛雅象形文字，有的被刻在石碑、庙宇、墓室的墙壁上；有的被雕在玉器和贝壳上；也有的用毛发笔描绘在陶器、榕树内皮和鞣制过的鹿皮上。现存的玛雅象形文字总量非常多，单是闻名于世的科潘遗址中的"象形文字梯道"上就有超过2500个玛雅象形文字。令人兴奋而又费解的象形文字布满8米宽、共90级的石头台阶。

玛雅的象形文字与古埃及的象形文字相比，似乎要先进得多。文字的发展一般是由简单不规则到复杂却规则，甲骨文、金文以及半坡陶器上的刻划纹都印证了这一点。由此说来，我们发现的玛雅文化中的象形文字已是比较成熟的文字。然而从世界上文字的发展阶段上来看，玛雅的象形文字还是处在稚嫩的初级阶段。

世界范围内的文字基本上都经历了3个发展阶段：一是图画或象征的文字，由代表性的场景画面来讲述整个故事；二是会意文字的阶段，用符号代表一定的意义；三是表音文字，文字与语言完美地结合到一起。玛雅的象形文字显然是属于文字发展的第一阶段，但是不可否认的是，它形式上的完美已经远远赶超了古埃及的象形文字。

那么，玛雅象形文字究竟像什么呢？

一种说法是玛雅文字发展的动力是宗教。玛雅人最初所象之形，非常有可能是那些形象特别的神祇。象形文字抓住了那些神祇突出的特点，并加以夸张而成。通常来说只画头像，所以，奇怪的头像即是玛雅的象形文字，当然是简化、抽象的或是以部分代整体。

1960年，学者塔约娜·普罗斯科拉亚科夫又提出了一种新的说法。他认为玛雅文字里记录的不是宗教，而是玛雅的历史。这些象形文字系统地记录了玛雅王族的诞生、统治、死亡及战争。人们开始从新的角度理解玛雅的象形文字，对玛雅的文化和社会有了一个新的认识。

学者们虽然已经能够理解十之七八已发现的玛雅文字，但是对它们的读音和字义仍然不甚了解。

今天的玛雅人仍然讲玛雅语，却为什么破译不了流传下来的玛雅文字呢？

玛雅平民中使用的语言是一种多词素语言，一个单词相当于英语或法语中的一个句子。这一点和汉语有很大的相似性。从词汇上来看，玛雅词汇的使用很有规则，只要区分出名词、形容词、动词等不同的词类，就可以分析出句意了。

数千年来，玛雅的政治、版图都受到了严重的冲击，然而玛雅语却保留了下来，使得我们可以聆听古老玛雅语的回声，找到古代文明的踪迹。虽然玛雅语言有很大的封闭性，但是现代的玛雅语在流传之中，在词汇、语法、语音等方面，还是受到了西班牙语的一些影响。玛雅语系中存在着各种不同的方言，但它们是同一的，不同的方言出自同一母语系统。

古典玛雅时期，社会的等级制度非常严密，精英阶层和普通百姓的界限极度明确，不允许有任何逾越。玛雅人的宗教观念和学问知识大多数处于"秘传"的状态，掌握在少数人的手中，由少数人来传承。贵族等上层人士的后代被送到隔离的学校，学习那些秘传的东西。这样的传授体制，使得玛雅人中只能有一部分人具备专门研究某种问题的条件，这就为文明的巨大的进步提供了必要的条件。专职的秘传使玛雅文明高深莫测，创造出了精美的文明"乐章"。

然而，这种非平民化的知识体系也是玛雅文明没落和消失的原因之一。玛雅的象形文字是由专门的"神职人员"主持刻写的，普通的玛雅人根本不能理解其中的奥秘，更不用说是玛雅民族以外的人了。所以即使玛雅语现在仍然完好地存在着，也不能帮助学者们破译那些难懂的象形文字，似图似画的玛雅文字的奥秘还有待人们的进一步研究。

伊凡雷帝"书库"真的存在吗？

伊凡雷帝是俄国第一位沙皇。民间流传，他在位期间命人在克里姆林宫的地下室收藏了大量珍贵的书籍和重要的文件，其数量之大，足可以抵得上一个图书馆。

据说，书库的书籍是伊凡雷帝从祖父莫斯科大公伊凡三世和祖母索菲娅·帕妮奥洛克丝那里继承来的。索菲娅是东罗马帝国末代皇帝君士坦丁十一世的侄女。她去莫斯科时，曾从帝国的皇家图书馆中带走了一批极为珍贵的古代抄本。据民间传说，伊凡雷帝命马克西姆·克里柯给这些书籍编一个目录。克里柯在完成这项工作的时候，对照希腊的原著，将俄国使用的斯拉夫教会翻译本上的误译之处做了修订，这引起了大主教的不满，克里柯于不久之后离开了皇宫。从这个传说可知，伊凡雷帝书库可能是真的存在。但是这里却没有提及书库在克里姆林宫的什么地方，目录是否编完等问题。

16世纪完成的《里波利亚年代记》对书库也有相关记载："德国神父魏特迈曾见过伊凡雷帝的藏书。它占据了克里姆林宫地下室的两个房间……"可见从16世纪，人们就开始了对伊凡雷帝书库的探寻。

19世纪，两个对书库感兴趣的德国人，特意来到莫斯科寻找线索，并且还对克里姆林宫的地形进行了调查。虽然他们最终没有找到书库的下落，但是他们坚信伊凡雷帝书库真实存在于一个不为人所知的地方。

伊凡大帝的钟楼

19世纪末期，历史学家扎贝林发现了一本奇怪的书，里面记载着一个叫奥希波夫的人，曾经在克里姆林宫的地下发现过两个秘密的房间，门上贴了封条，还加了大锁。有关方开始调查的时候，就接到了停止调查的命令。

尽管奥希波夫失败了，但这并不能说明伊凡雷帝书库是不存在的，这个谜总有一天会解开的。

《复活》为何被誉为"最清醒的现实主义作品"？

世界文学不朽名著之一的《复活》是托尔斯泰世界观发生剧变后，呕心沥血10年写出的最后一部长篇小说。它是托尔斯泰创作的巅峰，代表了托尔斯泰创作的最高成就，是他一生思想和艺术的总结。

小说开始采用的是倒叙手法，从男主人公聂赫留朵夫作为陪审员在法庭上认出被告玛丝洛娃开始。玛丝洛娃沦落成为妓女，聂赫留朵夫有不可推卸的责任。10年前，还在上学的聂赫留朵夫爱上了姑母的养女卡秋莎·玛丝洛娃，最初的爱情是纯洁的，但聂赫留朵夫经历了数年的军队生活之后，思想和行为上发生了变化，他占有了玛丝洛娃，并抛弃了她。玛丝洛娃因为怀孕被赶出家门，为了生计沦为妓女。10年后，玛丝洛娃被冤枉谋财害命。聂赫留朵夫因为这件事决心悔过，他要为玛丝洛娃申冤。在上诉的过程中，聂赫留朵夫四处奔走，看清了监狱、法庭、官场的种种黑暗和下层人民生活上的苦难，这使聂赫留朵夫的思想发生了变化。上诉失败后，聂赫留朵夫放弃了优越的生活，跟玛丝洛娃同去西伯利亚流放地，并且希望同她结婚。玛丝洛娃被感动了，又爱上了聂赫留朵夫，也逐渐摆脱了一起生活上的阴影，恢复了人的尊严。为了不连累聂赫留朵夫，玛丝洛娃拒绝了求婚，同流放犯中的革命者西蒙松走了，她得到了新生。而聂赫留朵夫也在《圣经》中找到了人生的意义。

《复活》以生活的真实为基础，以资产阶级人道主义为出发点，反映了城市、乡村、衙门、监狱、流放地等俄国社会各方面的黑暗以及人民生活的苦难。《复活》的思想内容具有强烈的艺术性、暴露性和批判性。托尔斯泰清楚地认清了现实，以现实主义为原则，批判了专制制度和资本主义私有制，因此《复活》被世人称为"最清醒的现实主义作品"。

知识链接

现实主义

"现实主义"最早是在19世纪50年代由法国画家库尔贝和作家尚弗勒里提出来的。恩格斯为其下的定义是：除了细节的真实外，还要真实地再现典型环境中的典型人物。

文学创作中，现实主义注重事实，不受理想主义、臆测或感伤主义的主观影响，注重运用典型化方法，通过细节表现真实的生活及其本质和规律。现实主义的作家在作品中一般不会直抒感情，想要表达的感情较为隐蔽。

艺术手法上，现实主义文学继承和发展了18世纪英国小说、法国启蒙运动文学和俄国讽刺文学，在借鉴了19世纪浪漫主义文学中一些艺术经验的基础上，作出了很大的革新。现实主义作家刻画人物时，既通过环境和生活细节的详细描写来烘托人物的性格特征，也注重人物的心理描写，力求深入细致地揭示出人物内心的真实情感和矛盾变化。

梅尔维尔的《白鲸》有什么寓意？

《白鲸》是美国著名作家赫尔曼·梅尔维尔基于航海经历创作的虚构作品，1851年首次出版，内容涉及了鲸类动物学和其他捕鲸者的冒险行为。此书是梅尔维尔用第一人称写的，故事叙述者是伊斯梅尔，他受雇于一艘破旧捕鲸船"裴廓德号"，船长是亚哈。亚哈计划捕捉在以前航行中咬掉他一条腿的白鲸以报仇雪恨。梅尔维尔写的这个故事有什么寓意，是长期以来历史学家和文学家争论的焦点。

一些文学家认为，《白鲸》所包含的意义，比表现出来的更为广阔和深刻。美国文学评论家理查德·布罗黑德就认为《白鲸》描述的是人类最基本的欲望，是希望人类生存于大地的欲望，而不是爱情、野心或贪婪。

著名文学家莱昂·华德则认为，要从作者梅尔维尔的生平事迹出发，站在心理学或哲学的角度来解释亚哈的思想和立场。故事的叙述者伊斯梅尔认为，亚哈是在精神不正常的情况下，对鲸鱼实施报复，并把鲸鱼作为实现其思想的目标。从书中和当时作者与友人的信件中，可以得知故事叙述者表达的是作者梅尔维尔的思想。

《白鲸》的主人公亚哈，认为白鲸造成了他身体、思想和精神上的一切痛苦，它是魔鬼的化身，因此他要与它斗争到底。可以说，亚哈的行为不仅仅是航海冒险，也是善与恶的宗教性斗争。亚哈似乎是替天行道的悲剧英雄。但是他却不惜牺牲全船人的生命和幸福，这也表现了他的专制和独裁。然而，梅尔维尔似乎不赞成这种看法。他在给纳詹尼尔·霍桑夫人的信中说，《白鲸》的寓意很明显，但这也让真正的寓意很难解释。

《白鲸》的寓意究竟是什么？虽然没有一个准确的答案，但是相信每一个读者都会有自己的看法。

林肯为什么说《汤姆叔叔的小屋》导致了一场南北战争？

《汤姆叔叔的小屋》在《民族时代》上连载发表之后，立即引起了强烈的反响，之后成书出版。仅第一年在美国国内就印刷了100多版，销售了30多万册，后来被译为20多种文字在世界各地出版，并且至今都被人们津津乐道。《汤姆叔叔的小屋》对美国的巨大影响可以用林肯的话来概括：一本书导致了一场南北战争。林肯为什么要这样说呢?

《汤姆叔叔的小屋》以穿插轮叙的方式,描述了汤姆和乔治·哈里斯夫妇这两种不同性格黑奴的遭遇和命运:接受奴隶主灌输的基督教精神的汤姆,性格柔弱,只知道听从奴隶主的任意摆布,最终难逃一死。而具有反抗精神、不甘心让奴隶主决定自己生死的乔治夫妇,则在斗争中得到了新生。

《汤姆叔叔的小屋》能受到极大的欢迎、产生巨大的影响,和当时的社会背景是分不开的。美国独立战争结束后,北方的资本主义迅速发展,而广大的南方却依然推行灭绝人性的奴隶制度。因此,在美国国内形成了拥护奴隶制与反对奴隶制双方尖锐对立的局面。《汤姆叔叔的小屋》通过描写两种黑奴的不同命运,也间接地说明了反对奴隶制度是正义的一方,应该获得胜利。小说的大量发行,使得人们更为深刻地认识到这一点。在当时的社会背景下,《汤姆叔叔的小屋》可以称得上是一篇引发、推动废奴运动的惊世之作。《汤姆叔叔的小屋》对社会的发展起到了积极的推动作用,林肯说它导致了一场南北战争,实不为过。

"世界语"是指哪一种语言?

世界语又称为万国语,在20世纪初传入中国时被称为"爱斯不难读"语,也有叫"万国新语"的。后来,借用了日本人意译的名称,称为"世界语"。

19世纪末,波兰医生柴门霍夫看到由于语言的障碍,世界各国和各民族的人们产生许多隔阂,严重的甚至会导致冲突和战争,便决心研究一种没有国籍的语言,促进不同民族之间的沟通与交流。通过多年的潜心研究,1887年,他发明了世界语。

柴门霍夫世界语的基础是印欧语系的罗马语,书写形式也仿照拉丁字母。世界语共有28个字母,每个字母都有发音,且每一个字母只有一个发音;每个词的重音都在倒数第二个音节上。因此,只要学会28个字母,掌握了相应的拼音规则,就可以读出和写出任何一个单词。世界语的词汇来自印欧语系的各种自然语言,且主要来源于拉丁语、日耳曼语和斯拉夫语。其构词广泛使用前缀和后缀,语法规则比较简单,易学易记。

世界语在诞生之初,主要在法国、英国、荷兰等欧洲国家流行。在亚洲,日本最先引进世界语,使用也比较广泛。20世纪初,一些俄罗斯商人、日本和西欧的留学生来华,把世界语带入中国。如今,世界语已被带入120多个国家和地区,使用人数达到1 000万之多,词汇量也由先前的900个增加到现在的15 000个。当前,世界语已被广泛应用于世界政治、经济、文化等领域,在国际交流中发挥着重要作用。

世界上最早的图书是什么?

图书在传播人类文明的过程中起到了重要的作用,人类可以从中汲取宝贵的知识,那么最早的图书是什么样的?学者们仔细考察了世界上文明发源较早的民族的图书发展历程,总述起来主要有以下几种。

一是泥版图书。此种图书在1889—1900年间,曾被美国考古学家在伊拉克境内尼普尔的一个寺庙废墟附近发掘出来。书中的内容包括对于神庙的记载、献给巴比伦国神的赞美歌、祈祷文、苏美尔人的神话等。另外,根据古代埃及的许多皇宫和寺庙的废墟发掘出的文物可以推断,在古埃及也曾经出现过很多这样的图书。泥版图书,是先用木棒在泥版上写书,然后用火烧制而成。随着考古事业的发展,人类已经发现了大量的泥版图书和由泥版图书组成的图书馆。据说,考古学家在尼尼微和巴比伦古城希帕尔两个地方分别发掘出了一座泥版图书馆。

二是蜡版书。蜡版书从形式上看比泥版图书更为先进,它是先用黄杨木和其他木材做成小木板,在其中间部分挖出一个凹槽,然后涂上黄色或黑色的蜡,内侧上下两角凿上小孔,最后用绳将写好字的木板串联起来,就形成了一本书。最上面和最下面的两块板上不涂蜡,为的是保护里面的蜡书不被磨损,这相当于现在图书的封面。蜡版书的书写工具是用金属、象牙或骨头做成的针,一端是尖的,另一端是圆的。尖端用来写字,圆端用来改错。蜡版书可以反复使用,多用来通信、记事、记账等,但是书上的字迹容易被损毁,不容易辨认。

三是纸草书。纸草是古埃及最主要的书写材料。由于其质地较脆,无法折叠,只能粘成长条,所以纸草书通常是30—40米长的长卷。据考证,公元前28世纪,埃及就已经出现了纸草古写卷。法国巴黎国家图书馆收藏的普里斯纸草书卷是公认的一部约公元前2880年写成的埃及最古老的图书。

四是用树叶和树皮作为书写材料做成的图书。据说古印度的书用椰树叶做成。人们把树叶压平,然后切割成一定的形状,在上面书写。

以上几种图书出现的时间顺序还有待考证,因此到底哪一种是最早的图书,至今还无法判断。

谁是毁灭亚历山大图书馆的罪魁祸首?

笼罩着神秘色彩的亚历山大图书馆是古代藏书量最大的图书馆,然而它却不幸被毁灭了,这是人类思想史上最凄凉的篇章之一,它的毁灭无疑阻碍了科学、哲学、医学和文学数千年来的发展与进步。

亚历山大图书馆是以古希腊帝王亚历山大的名字命名的。亚历山大大帝在位时,没能将其完成。后人在亚历山大里亚城最好的地方建立了一座大厦,用来作为图书馆和博物馆,此外还具备学院的功能。后来,又在亚历山大里亚城西南隅的萨拉匹斯神庙中增设了一个规模较小的分馆,馆中藏书4万卷,向普通市民和学生开放。

据说,亚历山大图书馆的藏书非常丰富,在长达200年的时间里,一直是古代希腊文化的中心,对古代世界文化的保存与交流起到重要作用。但是它是如何被毁灭的呢?这是一个千古难解之谜。后人对它的毁灭做了各种各样的猜测与假设。

第一种说法是,公元前47年,罗马统帅凯撒率军队远征埃及时,企图带走亚历山大图书馆的书。埃及人放火烧毁港口的船只阻止书籍外运,但是火势蔓延到了整个城市,亚历山大图书馆的一部分被烧毁。据记载,公元前41年,罗马统帅马可·安东尼把帕加马图书馆里的20万卷图书送给了古埃及女王克娄巴特拉七世,作为赔偿。

第二种说法是,公元后,亚历山大图书馆的影响已大不如前,其中的一部分藏书被搬运到罗马,充实罗马的图书馆。

第三种说法是,古埃及女王克娄巴特拉七世为了取悦凯撒,用亚历山大图书馆的藏书,换取小亚细亚西北部古城帕加马图书馆的藏书。

第四种说法是,公元273年,罗马皇帝奥列里里亚努斯再次占领埃及时,烧毁了亚历山大图书馆主馆。保留下来的分馆在公元391年被基督教主教狄奥菲鲁斯以图书在其他宗教的寺院为由全部烧毁。部分残卷可能在公元645年被征服者奥马尔及其军队焚毁。

这几种假说虽然差距较大,但是也有共同点,比如,都是因外族入侵而被毁,毁坏的方法是火烧,毁坏的原因多与宗教有关等。由于没有记载亚历山大图书馆毁灭的史料,我们只能依靠推测来解释了。

第五章
乐舞风流·趣话体育

自然界有哪些"乐器"？

（1）音乐河。在委内瑞拉有一条能"演奏"音乐的河。原来，这条河在流动的过程中，被许多岩石分割成无数条溪流，最后穿出将近300米长的岩层。由于岩石缝隙宽窄不同，各条溪流的流速也会出现差异，于是发出各种声响，最后汇聚到一起就形成了动听的乐曲。

（2）音乐山。在墨西哥有一座死火山，山上到处都是洞穴裂缝，只要懂音律的人，叩击山上的石头，就能演奏出美妙的音乐来。这座山的音阶很丰富，抑扬顿挫、变化多端，如果多人同时叩击甚至能演奏出复杂的进行曲。即使在没人敲打的情况下，只要有风，也能发出声响。

（3）音乐柱。埃及有一根门柱，每当早晨太阳升起之时，就会发出像管风琴一样的声音。据分析，这属于一种热胀冷缩的现象。由于该门柱的历史比较悠久，中间有许多空洞，夜晚温度下降时，空洞中潜藏的空气收缩。等到早上太阳突然照射时，空洞里的空气迅速受热膨胀，由柱子上的小缝隙拥挤而出，于是就发出了声响奇特、旋律各异的乐曲。

（4）音乐石。这是一块巨石，位于加利福尼亚的沙漠中。每当皓月当空的夜晚，居住在附近的印第安人都喜欢聚集在这块巨石旁，燃起篝火，载歌载舞。年轻人用手拍打被滚滚浓烟笼罩着的巨石，就会发出奇妙的音乐来。

古埃及人有什么音乐成就？

埃及有近5000年的音乐史。考古学家在古埃及王宫、寺庙、坟墓等遗迹里都发现了音乐的影子，其中包括各种乐器，以及描绘有乐器、乐队的浮雕和壁画。从这些文物中，我们可以大致了解到古埃及人的音乐生活。

在古埃及，音乐是节日和祭祀仪式上的重要组成部分。同时，音乐在古埃及人的日常生活中也有着特殊的地位。人们认为音乐具有魔法作用，可以消除疲劳愁苦，抒发各种真情实感，所以在一般活动中也要奏乐。古埃及人还创造了与音乐相结合的民间歌谣，其中，劳动歌谣、爱情歌谣、家教歌谣是民间歌谣的主要形式。

法老时期的古埃及就已经拥有了很多种打击乐器和管弦乐器。打击乐器包括手拎鼓、响板、铃铛、拨浪鼓（一种宗教礼拜时所使用的乐器），以及经常被用来作为伴奏乐器的铃舌等。管弦乐器则包括笛子、喇叭、竖琴、七弦琴和琵琶等。公元前3世纪，古埃及亚历山大城出现了水压风琴，这种原始的管风琴声音嘹亮，体积庞大，主要用来为古代罗马人的戏剧表演和竞技活动伴奏助兴。公元前16世纪前后，古埃及还出现了合唱团，军乐也得到了很大发展。

在古埃及，地位最高的音乐人是神庙中的乐官，一般由女性担任，专属于某位神。为王室演奏的音乐人的地位也很高，他们被誉为天才的歌唱家或演奏家，为人们所尊敬和崇拜。而处于最底层的则是那些为普通聚会和节日演出的音乐艺人,他们通常和舞蹈者一起合作演出。当然,在古埃及也存在一些业余的音乐爱好者,他们只不过是对音乐感兴趣而已,并不指望自己能在音乐领域里取得很高的成就。

维也纳为什么被称为"音乐之城"?

有人说,维也纳不像世界上其他名城那样可以用文字来描绘,它的美只能用乐曲和歌声来表达,这也正是这座闻名遐迩的"音乐之城"的魅力所在。

维也纳是欧洲古典音乐的诞生地,是著名的圆舞曲的故乡。贝多芬、莫扎特、舒伯特、海顿和布鲁克纳这些享誉世界的音乐大师的名字,都与维也纳有着千丝万缕的联系。被誉为"圆舞曲之父"的约翰·施特劳斯曾在这里创作了400多首圆舞曲和轻歌剧。漫步维也纳市区,一座座造型逼真的音乐家塑像几乎随处可见,城市里许多街道、公园、剧院、会议厅等都是用音乐家的名字来命名的。

作为音乐名城,维也纳有众多的歌剧院、电影院以及各式各样的音乐厅。坐落在内环城路的维也纳国家歌剧院建于1869年,是座古罗马式的宏伟建筑,由建筑师凡帝·纳尔等人设计。歌剧院的演奏大厅有6层楼厢,可容纳1600名观众,是维也纳这座"音乐之城"的主要象征。维也纳国家歌剧院于第二次世界大战中毁于炮火,战后又按原样重新修复,于1955年11月正式对外开放。每年新年,这里都会举行隆重的音乐晚会,奥地利国家元首以及政府重要官员及重要国宾均要出席。

每年5—6月份,维也纳都要举办文化节,在市政大厅广场举行文化节的开幕式,世界各地的知名艺术家、音乐家纷纷前来大显身手。

创始于1812年的"奥地利音乐之友协会"现有会员1万多人,可以称得上是历史悠久、人数最多的音乐爱好者自愿参加的组织。其音乐大厅(又称为"金色大厅")是全世界最著名的交响乐团维也纳爱乐乐团的根据地。

值得一提的是,具有悠久历史的维也纳"少年合唱团"在音乐界具有特殊的地位,他们的演出博得了无数观众的喝彩,屡屡应邀赴世界各地演出,为"音乐之城"作出了巨

维也纳国家歌剧院
与米兰斯卡拉歌剧院、纽约大都会歌剧院并称"世界三大歌剧院"。

大的贡献。

知识链接

维也纳爱乐乐团

拥有160多年辉煌历史的维也纳爱乐乐团是全世界最著名的乐团之一，在国际乐坛享有盛誉，它是西方古典音乐发展的重要见证者，同时也是音乐历史的缔造者。

1842年3月28日，时任维也纳宫廷歌剧院（维也纳国家歌剧院）指挥的奥托·尼柯莱，率领剧院乐团乐手以"爱乐协会"的名义，在维也纳舞会大厅举行了一场盛大的音乐会，这支乐团便是维也纳爱乐乐团的开始。1870—1871年，乐团进入刚刚建成的音乐协会大厅（金色大厅）演出，随着众多指挥大师的加入，爱乐乐团进入了一个黄金时代。

如今，维也纳爱乐乐团定期在维也纳国家歌剧院和维也纳音乐家协会举行演出，其高贵的艺术气质深受世界各国乐迷的青睐，并吸引了一批又一批杰出作曲家、指挥家和演奏家与之共创辉煌。

作曲家帕勒斯特里那为什么会做修士？

意大利人帕勒斯特里那（约1525—1594年）被誉为16世纪最伟大的作曲家。他生活在宗教改革与反宗教改革激烈斗争的历史时期。尽管当时人文主义思潮已影响到整个宗教界，但他的创作风格仍属于严格的宗教圣乐范畴。他的作品全部都是宗教音乐，其中包括103首弥撒曲、几百首经文歌，以及大量的奉献曲、赞美诗等。他创作的圣乐都是天主教音乐，把复音圣乐的发展推到一个高峰。

帕勒斯特里那晚年曾加入修士行列，个中缘由众说纷纭。多数人认为他妻子的死是主要原因。1580年，与他同甘共苦约30年的结发妻子被瘟疫夺去了生命，当年的12月，"经过慎重考虑之后"，他选择成为一名修士，一个月后便取得了教士职位。

还有人认为，帕勒斯特里那加入修士行列是其天主教信仰所致。帕勒斯特里那在1580年以前就是一个虔诚的天主教徒，并以创作天主教圣乐为其毕生的事业，他晚年甚至还为自己曾在年轻时创作过亵渎神灵的爱情歌曲而感到愧疚和不安。

也有人把帕勒斯特里那做修士的原因归结为经济因素，认为在他服务于西斯廷教堂期间，保罗四世继任教皇后严格履行教规：服务于教会合唱团的成员必须符合两个条件，一是修士，二是要单身汉。帕勒斯特里那这两个条件都不符合，因而被免职。当时他的物质生活并不富裕，赚钱是维持生计的需要，因此他不得不加入了修士行列。

关于帕勒斯特里那加入修士行列的原因，也许还有别的解释，然而，真正的原因恐怕只能是个不解之谜了。

贝多芬秘密抽屉中的三封情书是写给谁的？

贝多芬（1770—1827年）有着浪漫而又曲折的恋爱史，对爱情的体验也是他创作灵感的来源之一。1827年贝多芬去世后，人们在他写字台的一个秘密抽屉里，发现了三封没有寄出的、热情洋溢的情书，以及他曾经的恋人特蕾莎的肖像。那么，这三封情书是写给谁的呢？

有人认为是写给意大利歌唱家朱丽叶塔的。贝多芬和朱丽叶塔于1800年相识并相爱。1801年，贝多芬为她写了一首《月光》钢琴奏鸣曲。然而他们的爱情遭到了朱丽叶塔父亲的反对，1803年，朱丽叶塔嫁给了加伦堡伯爵。贝多芬似乎心有不甘，他说："我和她之间的真挚感情，不是她和她丈夫之间的感情所能比的。"18年后，贝多芬为了救济朱丽叶塔贫困的丈夫，还请求一位富商送给她一些钱。

朱丽叶塔给贝多芬内心留下的创伤不久就由她的两位表姐约瑟芬和特蕾莎抚平了。1804年，约瑟芬与贝多芬双双坠入情网，然而这份感情也因女方家庭的反对而夭折。约瑟芬曾对姐姐特蕾莎哀叹，贵族家的子女要按自己的愿望选择意中人是多么不容易。

还有人认为特蕾莎的可能性更大。3 封信是和特蕾莎的肖像放在一起的，这足以证明特蕾莎在贝多芬心中的重要地位。他们于 1809 年相爱，特蕾莎曾把自己的肖像画赠给贝多芬，而贝多芬也把他的《升 F 大调第二十四钢琴奏鸣曲》献给她。特蕾莎终身未嫁。贝多芬晚年时，有位朋友无意中见到他捧着特蕾莎的肖像哭泣："你这样美，这样伟大，简直就是个天使！"

也有人认为是写给安东尼的。1810 年贝多芬与安东尼相识并成为好朋友。然而，安东尼是有夫之妇，贝多芬显然不愿背上破坏道德的恶名，所以他一面在信中表白了对安东尼炽热的感情，同时也流露出由此而产生的痛苦。

这三封情书究竟是写给谁的呢？也许只有贝多芬自己最清楚。

贝多芬的《第三交响曲》最初是献给拿破仑的吗？

贝多芬是人类历史上最伟大的艺术家之一。他的作品反映了当时的进步思潮，体现了他憎恨封建专制压迫的精神和追求自由、平等、博爱的理想。

贝多芬是 1789 年法国大革命的坚定拥护者。1802 年，贝多芬在好友——法国驻维也纳大使柏纳多特将军的提议下，着手写作献给拿破仑的《第三交响曲》。在当时贝多芬的心目中，拿破仑是摧毁专制制度、实现民主自由的英雄。

1804 年，贝多芬完成了《第三交响曲》。然而，正当他准备将其献给拿破仑时，闻知拿破仑加冕称帝的消息。贝多芬怒不可遏地吼道："他只不过是一个凡夫俗子，现在他也想践踏人权，来实现自己的狼子野心了。他将骑在人民的头上作威作福，成为一个暴君！"于是，他把写给拿破仑的献词撕了个

贝多芬的书房

粉碎，摔在地板上，不许任何人把它捡起来。

过了很多天，贝多芬才把这部作品公之于世。后来，《第三交响曲》总谱出版时，标题页上印着："'英雄'交响曲——为纪念一位伟人而作。"从此，《第三交响曲》就被称为《英雄交响曲》。

知识链接

交响曲

交响曲是一种按照奏鸣曲原则构成的大型套曲形式，由交响乐队演奏。它源于意大利歌剧序曲，最后定型体现在海顿晚年的作品之中，海顿也因此被誉为"交响乐之父"。

交响曲由若干个独立但有内在联系的乐章组成，一般为四个乐章：第一乐章，快板，采用奏鸣曲式；第二乐章，慢板，采用复三部曲式或变奏曲；第三乐章，中、快板，为小步舞曲或谐谑曲；第四乐章又称"终乐章"，快板，采用奏鸣曲式或回旋曲等。

交响曲在音乐发展史上具有非常重要的意义，它充分发挥了各种乐器的功能和特点，比奏鸣曲拥有更宏大、更丰富、更震撼的表现力。

海顿、贝多芬、舒伯特、柏辽兹、舒曼、门德尔松、勃拉姆斯、柴可夫斯基、鲍罗廷、西贝柳斯、布鲁克纳、马勒等音乐家均有著

名的交响曲作品。

莫扎特的死亡是因为"黑衣使者"吗？

奥地利作曲家莫扎特（1756—1791年）是欧洲维也纳古典乐派的代表人物之一，对欧洲音乐的发展有着巨大而深远的影响。

莫扎特是一位音乐天才，他3岁时便展露出极高的音乐天赋，4岁跟父亲学钢琴，5岁开始作曲。在他短短的一生中，共创作了22部歌剧、41部交响乐、42部协奏曲，以及其他一些音乐作品。然而，天妒英才，莫扎特仅活了35岁便溘然离世，令人感慨不已，同时也引发了人们对他的死亡之因的兴趣。

很多人认为莫扎特的死与那个"阴间的索魂者"——据说曾经向染病在身的莫扎特索要《安魂曲》的神秘的黑衣人有关。那个高大阴冷的陌生人的出现，使莫扎特受到了很大的刺激，他从此心神不宁，疑神疑鬼，最终因劳累过度而离开人世。然而，最新的研究表明，《安魂曲》并非受某位"无名氏"或"黑衣人"所委托，而是一位伯爵为悼念自己亡妻委托莫扎特所写。

很多人受文学作品的影响，认为莫扎特是被宫廷作曲家萨里埃利害死的，采用此说的影片《上帝的宠儿》甚至获得过奥斯卡8项大奖。然而这种说法并没有真凭实据，很多学者指出，萨里埃利年纪比莫扎特大，当时早已是功成名就的音乐家，他没有任何理由去加害莫扎特。这种谣传的形成，与当时意大利作曲家和奥地利作曲家之间的集体矛盾有关。

大多数医学家都认为莫扎特死于疾病，至于死于何种疾病，说法不一。有认为死于粟粒疹热的，有认为死于尿毒症的，有认为死于神经衰弱的，有认为死于肺病的，等等。由此我们可以推断，莫扎特最终可能是多种疾病缠身，他那无规律的生活习惯和不擅理财治家的妻子都为他的健康埋下了隐患，并最终导致了他的早亡。

柴可夫斯基究竟死于霍乱还是自杀？

1893年，享誉世界的俄罗斯的伟大作曲家柴可夫斯基去世。当时，俄国朝野震动，沙皇亚历山大三世甚至感叹道："俄国有这么多人，但上帝却偏偏选中了柴可夫斯基！"

100多年来，所有官方报道都说柴可夫斯基死于霍乱。然而，很多人对官方的说法表示怀疑。首先，按照常理，凡确诊为霍乱病患者的住宅要进行彻底隔离，可在柴可夫斯基患病期间，前去探望的人络绎不绝。在他辞世时，守在他身旁的据说有16人之多。其次，在柴可夫斯基去世后，他的尸体停放了两天，并没有按规定立即用镀锌的棺材密封起来。最奇怪的是，当人们列队经过柴可夫斯基的棺材时，还一一亲吻这位死于"霍乱"的人的脸。

20世纪80年代，有人根据柴可夫斯基在帝国法律学院的同班同学尼古拉·亚科比的遗孀提供的材料披露，柴可夫斯基是自杀身亡。

据说，1893年柴可夫斯基在圣彼得堡演出时，有位贵族交给亚科比一封信，让他亲自交给沙皇，信中控告柴可夫斯基引诱他的侄子搞同性恋。亚科比左右为难，此事对俄国乃至对全世界来讲，都是一件丑闻，何况沙皇又非常尊敬柴可夫斯基，此事一旦公开，后果不堪设想。因此，亚科比找来7名帝国法律学院的毕业生组成一个"荣誉法庭"，会晤了柴可夫斯基，并最终作出了要求柴可夫斯基"自杀"的"判决"，以挽回帝国法律学院和沙皇的颜面，并为柴可夫斯基提供了毒药。据说，柴可夫斯基服毒之后拒绝医生检查，4天后就命归黄泉了。

当时，无论是搞同性恋还是自杀，都为社会所不容。一旦柴可夫斯基的真正死因被公布，那么他就会被埋葬在边远的地方。所以，尽管当时有人知道事情的真相，却没有人公开这个秘密。

如今，柴可夫斯基是死于霍乱还是自杀，

仍是悬案一桩。

舒伯特为什么要与贝多芬葬在一起?

舒伯特（1797—1828年）是奥地利作曲家，他被认为是古典主义音乐的最后一位巨匠，同时也是浪漫主义音乐的早期代表人物之一。

1814年，舒伯特创作了他生平第一部音乐杰作《纺车旁的格丽卿》，开启了他创作灵感的闸门。仅1815年一年，舒伯特就写了140多首歌曲，其中有一天更是写了8首歌曲。1816年，舒伯特辞去工作，专门从事创作。由于没有固定工作，舒伯特一生清苦，甚至一直都没能买得起一架属于自己的钢琴。

舒伯特十分崇敬贝多芬，1822年曾把自己创作的4首钢琴变奏曲奉献给他。1827年，舒伯特曾两次探望病重的贝多芬，并参加了贝多芬的葬礼。1828年，也就是贝多芬去世的第二年，舒伯特一病不起。在精神恍惚中，他还说："贝多芬不是睡在这里吗？"就这样，年仅31岁的舒伯特匆匆离开了人世。

按照舒伯特的遗愿，他的哥哥费迪南德把他的坟墓安置在维也纳的韦灵公墓，与贝多芬的墓地相邻。后来，舒伯特和贝多芬的坟墓一起被迁到维也纳的中央公墓。原来的韦灵墓地成为舒伯特公园。

舒伯特的创作生涯虽然很短暂，却留给后人600多首婉转动听的艺术歌曲，他也因此被誉为"歌曲之王"。在这些艺术歌曲中，最有代表性的是《美丽的磨坊女》《魔王》《野玫瑰》《圣母颂》《菩提树》《鳟鱼》

舒伯特像

《小夜曲》等。此外，他还创作了18部歌剧、歌唱剧和配剧音乐，以及10部交响曲、19首弦乐四重奏、22首钢琴奏鸣曲、4首小提琴奏鸣曲等作品。

"钢琴之王"是谁?

李斯特（1811—1886年）是匈牙利音乐家，其钢琴演奏艺术和钢琴音乐创作在世界音乐史上占有非常突出的地位，被誉为"钢琴之王"。

李斯特的作品丰富多彩，极富想象力，是世界音乐宝库里的精品。在他一生创作的700多首作品中，代表作有《匈牙利狂想曲》《浮士德交响曲》《但丁交响曲》《帕格尼尼练习曲》和《B小调钢琴奏鸣曲》等。

他创作的19首《匈牙利狂想曲》，在他的钢琴作品中占有特殊地位。这些作品不仅充分发挥了钢琴的音乐表现力，还为狂想曲这个音乐体裁创作树立了杰出的典范。这些作品具有鲜明的民族色彩，结构精练紧凑、乐思丰富活跃，音乐语言与音乐表现方法吸取了匈牙利乡村舞蹈音乐和城市说唱音乐中的精髓，乐曲的形式虽然不断发生变化，音乐风格却始终鲜明而质朴，体现了自然美和艺术美的完美统一。

李斯特是位伟大的音乐革新家，为推动新生音乐风格作出了重要贡献。在钢琴演奏方面，他首次使钢琴发出了类似管弦乐的音响，极大地增强了钢琴的表现力。他把钢琴当成乐队来使用，形成一种热情、优美、辉煌、豪壮的风格，开创了钢琴独奏会和背谱演奏的先河。他发明了交响诗这一体裁，并创作了13首交响诗。他还著书立说，出版多部与音乐相关的论文和书信集，他的论文《论艺术家的处境》对改善音乐家的社会地位起到相当大的作用。

李斯特有着强烈的民主思想和一颗真挚的爱国心，积极关注和支持自己祖国的民族解放运动事业。民族的历史和英雄人物，民间音乐的音调和节奏，在他的作品中完美地结合在一起，鼓舞了匈牙利人民的民族自信心和斗争精神。因此，李斯特被匈牙利人尊崇为伟大的"民族艺术家"。

知识链接

乐器之王——钢琴

钢琴作为一种键盘乐器，是世界上使用最为广泛的乐器，以其音量宏大、音域宽广、音律准确、转调方便、弹奏灵敏、表现力丰富而著称，因此在乐器家族中占有着举足轻重的地位。

钢琴的用途非常广泛，除了作为一件重要的独奏乐器经常出现在音乐舞台上以外，还常常在重奏、合奏及伴奏中充当重要的角色。同时，钢琴也常常被作为作曲家创新的试验场，以及音乐教学的教具。此外，钢琴还是家庭练习用琴的常用乐器，从18世纪末以来，在欧美发达国家，钢琴一直是最主要的家庭键盘乐器。

正因为钢琴具有这些优秀的品质以及无法替代的艺术表现能力，才从成千上万种古今乐器中脱颖而出，成为"乐器之王"。

《蓝色多瑙河》的作者是老约翰·施特劳斯还是小约翰·施特劳斯？

施特劳斯家族是19世纪维也纳最著名的音乐世家之一。人们提到的约翰·施特劳斯父子，一般是指老约翰·施特劳斯（1804—1849年）和他的3个儿子——约翰·施特劳斯（1825—1899年）、约瑟夫·施特劳斯（1827—1870年）和爱德华·施特劳斯（1835—1916年）。后人通常在父亲前面加上一个"老"字，以区别于其成就更加辉煌的长子。

老约翰·施特劳斯于1824年与作曲家兰纳成立了维也纳花园舞厅乐队，开始了创作圆舞曲的生涯。他一生共创作了150多首圆舞曲，继承和发扬了奥地利民间舞蹈和舒伯特的圆舞曲、连德勒舞曲、古典乐派大师的风俗性小品的优良传统，同时吸收了德国南部民间音乐的素材。其作品具有铿锵的节奏和鲜明的管弦乐色彩，充满了火热的激情和旺盛的生命力，深受大众欢迎。为此，他被誉为"圆舞曲之父"。

小约翰·施特劳斯继承了父亲的事业，他的圆舞曲独具特色，旋律酣畅，柔美动听，节奏自由，生机盎然，是每年维也纳新年音乐会的重头戏。他曾带领乐队访问欧洲各国，使维也纳圆舞曲风靡整个欧洲。小约翰·施特劳斯是一位天才的音乐家，他把圆舞曲发展到了前无古人、后无来者的高度，被世人誉为"圆舞曲之王"。

小约翰·施特劳斯创作了《蓝色多瑙河》《维也纳森林的故事圆舞曲》《艺术家的生活圆舞曲》《春之声圆舞曲》和《安娜波尔卡》等120余首圆舞曲。此外，他还创作了以《雷鸣电闪波尔卡》为代表的120多首波尔卡舞曲及几十首其他舞曲。1870年起创作了《蝙蝠》《罗马狂欢节》《阿里巴巴与四十大盗》《吉卜赛男爵》等16部轻歌剧，对于欧洲轻歌剧的发展有着非常深远的影响。

知识链接

圆舞曲

圆舞曲又称华尔兹，是在奥地利民间的连德勒舞曲基础上发展而来的一种三拍子舞蹈。节奏鲜明，动作轻快，旋律流畅，情绪热烈。跳舞时，一对对男女舞伴，按照舞曲的节奏旋转打圈，因而被称为圆舞曲。在所有优秀的圆舞曲中，以小约翰·施特劳斯的佳作《蓝色多瑙河》最为著名。

圆舞曲出现以前，欧洲上层社会中流行的都是四平八稳、温文尔雅，配合着小姐、太太们拎着裙子屈膝行礼等动作的舞曲，显得十分呆板。圆舞曲出现后，它的热情奔放、充满活力的特点，给城市中的舞曲带来了崭新的面貌和活跃的气氛。圆舞曲在18世纪后半叶用于社交舞会，在19世纪便传遍欧洲，成为100多年来最受欢迎的舞曲体裁。

世界名曲《我的太阳》中的"太阳"究竟指什么？

《我的太阳》是意大利著名作曲家卡普阿（1864—1917年）于1898年创作的一首歌曲。这首歌民族风格浓郁、曲调优美，如今已成为一首家喻户晓的世界性民歌。它是各国音乐家在音乐会上经常演唱的曲目，也是世界各地声乐比赛中所演唱的重要曲目之一。

据说，在1952年举行的赫尔辛基奥运会开幕式上，当意大利运动员入场时，乐队没有按照规定演奏意大利国歌，而是突然奏起了《我的太阳》。当时现场的7万名观众先是一片哗然，随后也伴着节奏鼓掌合唱起来。

原来，在奥运会开幕前，意大利驻芬兰使馆没有向大会组织者提供国歌，而组织者也许是出于对意大利原墨索里尼政府的厌恶而没有索取乐谱。当意大利运动员入场时，乐队指挥发现没有意大利国歌乐谱，但他急中生智，马上指挥乐队演奏了《我的太阳》这首歌曲。由此可以看出这首歌的流行程度。

不过，如此流行的歌曲，依然有一个尚未解开的谜，那就是《我的太阳》中的"太阳"究竟指的是什么。

一些人认为《我的太阳》是一首情歌，卡普阿把自己的意中人（也有人说是意中人的笑容）比喻成太阳。

还有人认为它是一首歌颂兄弟情谊的歌曲。据说，有一对亲兄弟相依为命，哥哥为了让弟弟过上好日子而出外打工赚钱。哥哥即将出门远行，弟弟为他送行时唱了这首歌，歌中把哥哥比作自己心中的太阳。

还有一个兼具友情和爱情的传说：兄弟俩爱上同一位姑娘，哥哥为了弟弟的幸福离家出走。弟弟含泪为哥哥送行，并唱了这首歌，同时把哥哥和爱人比喻成心目中的太阳。

由于卡普阿生前没有留下任何有关《我的太阳》的文字说明，因此"太阳"究竟指的是什么，只能由后人去猜测了。

美国的国歌是如何诞生的？

美国在确立法定国歌之前，举行仪式时可以唱《星条旗》，也可以唱《欢呼！哥伦比亚》或《美利坚》。1931年3月，经美国国会通过，并由胡佛总统签署，《星条旗》正式成为美国的国歌。

那么这首《星条旗》是如何创作出来的呢？

1812年，美国第二次独立战争（1812—1815年）打响。此时新生的美国与英国相比处于绝对劣势。1814年8月25日，英军攻占华盛顿，并继续向巴尔的摩推进，形势非常危急。为了保卫巴尔的摩，美军死守位于交通要道的麦克亨利堡。

1814年9月12日夜，一位名为弗朗西斯·斯科特·基的律师带着美国总统的信件，来到英国战俘交换船上，要求释放他的朋友、著名医生威廉·比恩斯。英军当时正在攻打麦克亨利堡，基律师不能回去，不得不留在船上过夜。他目睹了英美两军交战的惨烈场面，忧心如焚，彻夜未眠。破晓时见麦克亨利堡虽遭受到英军炮火的猛烈攻击，但它上空的星条旗仍迎风飘扬，基百感交集，挥笔写下一首名为《保卫麦克亨利堡》的激动人心的诗篇。

这首诗当时被印成传单在军中散发，大大鼓舞了美军的士气。正是由于美军在麦克亨利堡保卫战中的顽强阻击，使英军占领巴尔的摩的企图彻底破灭。不久，英美双方签订协议，英国正式承认美国独立。美国开始走上富强之路。

《保卫麦克亨利堡》后来被配上《安纳克利翁在天国》（本是由英国人约翰·斯坦福·史密斯作曲的一首情歌）的曲谱，从此在美国广为传唱，歌词中的"星条旗"一词也成为这首歌的歌名。

爵士乐为什么会发祥于美国的新奥尔良？

爵士乐作为西非音乐旋律及欧洲音乐和谐因素相结合的产物，在20世纪初的美国黑人居住区广泛流行。那么，这种音乐为什么会产生于美国的新奥尔良呢？

美国一些黑人学者认为，当年，新奥尔良市斯特维尔的"不夜区"，每天晚上有很多乐队和音乐家通宵达旦地进行表演。这类演出在竹器、木鼓、班卓琴和响板等粗制乐器的伴奏下，再配以具有特殊旋律的刚果歌曲，显得非常高亢和豪迈。正是在这种形势下，著名黑人音乐家布迪·波尔登才成功组建了第一个爵士交响乐团。

有些学者从新奥尔良的音乐文化传统中寻找答案。他们认为有两种音乐传统汇聚于新奥尔良，即欧洲音乐传统和黑人音乐传统。两种音乐传统的结合便造就了这种世界上独一无二的音乐。与其他的音乐相比，爵士乐的旋律更快，情绪也更为激昂。除此之外，演员在表演时还不断推陈出新，不断丰富其歌曲的主题。

有的学者认为新奥尔良爵士乐的产生与黑人争取解放和自由的斗争是分不开的。在19世纪末和20世纪初，随着城市黑人在政治、经济和社会地位等方面的相对改善，他们的自我意识与争取自由和解放的要求更加强烈。在这种形势下，新奥尔良的黑人音乐家创造了爵士乐，充分表达了黑人打破不合理的旧传统、挣脱束缚的强烈愿望。这也正是爵士乐为什么对黑人如此重要的原因。

此外，有人认为爵士乐是由于居民生活的需要而产生的。还有人认为新奥尔良多元化种族环境及其不同经历对爵士乐的产生具有决定性的作用。

这些学者所阐述的理由，孰对孰错？如果都是合理的，那么孰主孰次？这仍然是值得学者们去研究和探讨的。

知识链接

爵士乐

爵士乐是一种起源于非洲的音乐形式，由民歌发展而来。从19世纪末开始，节奏明快、能够即兴创作的、带有显著非洲特色的黑人音乐，与新居住地的音乐结合起来，最终诞生了这种全新的音乐表达形式。爵士乐以传统音乐为基础，混合了布鲁斯、拉格泰姆及其他音乐类型，是一种"混血"音乐。它以极具动感的切分节奏、个性十足的爵士音阶和不失章法的即兴演奏（或演唱），赢得了广大听众的喜爱。在不到1个世纪的时间内，爵士乐迅速发展成为美国本土产生的最具分量的音乐形式，甚至在世界的每个角落里都能找到它的影子。

什么是"交响芭蕾"？

20世纪50年代后期，舞蹈编导不得不绞尽脑汁改变原有的艺术形式，来应对越来越挑剔的观众。有人尝试将本来并非为舞剧创作的交响乐进行改编后，将其与舞蹈结合在一起，"交响芭蕾"就这样诞生了。

交响乐是一种大型音乐，它通常能够表现出复杂多变的思想感情，表达人类的生命感受和哲理思索。而舞蹈则长于以虚拟、写意的手法表现日常生活和人物的内心世界，因此舞蹈形象与音乐形象有着类似的特性，同时舞蹈的结构也可以借鉴音乐的结构。二者的特点为舞蹈编导提供了灵感，进而将交响乐和芭蕾融为一体。交响芭蕾将诗意的情感作交响化处理，通过形象对比、造型变化及舞蹈语言的复调性组合，显示出朦胧的意境和深邃的内涵，充分发挥了舞蹈本身的特性。可以说，"交响芭蕾"使古老的芭蕾艺术焕发了新的青春。

交响芭蕾可分为有情节和无情节两种。有情节交响芭蕾代表作有柴可夫斯基的《胡桃夹子》《睡美人》《天鹅湖》等舞剧，它们要求以新的造型、新的舞蹈语汇表现音乐与剧情。无情节交响芭蕾代表作有福金的《肖邦组曲》和古尔特的《呼唤》等，它们虽然没有情节，但内容丰富，构成了一个艺术与生活相结合、音乐与舞蹈相交融的完美整体。

不过，有些艺人对交响芭蕾的理解过于肤浅，往往会进入机械模仿音乐结构、不深入体会音乐内涵和艺术形象的误区。这导致某些"交响舞蹈"仅仅是追求表面形式，毫无内涵和技巧可言，在艺术表现力上很不理想。

知识链接

芭 蕾

"芭蕾"是古典舞剧的统称，起源于意大利，兴盛于法国，其最主要的特征是女演员要穿上特制的鞋，立起脚尖跳舞。

芭蕾是由当时流行在宫廷里的哑剧、幕间剧和假面舞等形式融合演化而成的。1661年，法国"太阳王"路易十四创办了世界上第一所皇家舞蹈学校，对芭蕾进行了严格的规范，使其有了一套标准的动作和完整的体系。1672年，路易十四宣布允许职业舞蹈家演出贵族芭蕾，标志着芭蕾从贵族的自娱活动变成一门艺术。路易十四之后，芭蕾逐渐脱离宫廷，走向社会。

到了18世纪中期，纯粹以舞蹈及音乐来表达故事情节的"动作化舞剧"形式的出现，让芭蕾彻底脱离歌剧而成为一种独立的艺术，也就是目前芭蕾的原貌。

何为钢管舞?

钢管舞是指以钢管为道具，通过攀爬、翻转、倒立等动作来完成舞蹈动作的一种舞蹈，被列为世界十大民间舞蹈之一。

关于钢管舞的起源说法不一。有人认为它是脱胎于12世纪一种与原始生殖崇拜有关的舞蹈。也有人认为钢管舞起源于19世纪末美国昼夜不息的建筑工地，一些建筑工人为了在苦中作乐，缓解身心疲惫，便拿着建筑钢管一边跳舞一边唱歌。

到了20世纪初，随着美国经济泡沫的破灭，钢管舞开始沦为一种艳舞。在当时，哪位社会名流一旦和钢管舞娘扯上关系，立刻就会被登在小报头条。如今，在某些歌舞厅，依然可以看到这样的钢管舞。因此，在很多人的印象里，钢管舞是仅供成人欣赏的一种"娱乐"活动。

然而，到了21世纪初，经过改良的钢管舞在争议中慢慢为人们所接受，因为它能够使人的全身得到锻炼，钢管舞也逐渐演变成一种时尚的健身运动，在欧美女性白领中极受欢迎。

据说钢管舞有以下几种功效：可以减肥、健身、塑身；可以提升女性气质，增强自信；可以减缓工作和生活压力；可以有效治疗产后忧郁症；等等。著名的"英格兰运动"组织的一位发言人说："只要是安全的运动，那些鼓励人们离开沙发的运动都值得提倡。许多女孩每天在舞杆旁边花上2小时，经过6周之后，便获得了新的自信。这说明钢管舞不仅仅是一项健身运动。"

竖琴是哪个国家的象征和标志?

竖琴是一种大型拨弦乐器，是现代管弦乐团的重要乐器之一，也是最古老的乐器之一。最原始的竖琴的来源已很难考证，人们普遍认为它是从弓演变而来的。竖琴的历史可以追溯到公元前4000年，埃及和中东都发明了形似竖琴的乐器。古埃及人将竖琴视为神圣的乐器，将其用于宗教仪式。考古学家在古埃及的文物中，发现了描绘着约有12个竖琴手的乐队在演奏的壁画。中东的一些地方曾发现过各式各样的古老竖琴的实物。在伦敦大英博物馆里，人们还可以看到一些古亚述王国竖琴的残骸及复制的古老竖琴。

竖琴的流传地区甚广，在欧洲、美洲和亚洲等地区也出现过类似竖琴的乐器，古埃及称之为贝尼琴，古希腊和古罗马称之为里拉琴，中国则称之为箜篌。

不仅在历史上，在文学和神话传说中也

有许多关于竖琴的逸事传闻。在《圣经》中，犹太人是一个擅长弹奏竖琴的民族，以色列的第二个君王大卫就是其中的高手之一。在大卫还是个牧羊娃之时，犹太的第一个国王扫罗有头痛病，每次发作时都疼痛难忍，只有大卫的琴声能够安抚他。

然而在大卫王之后，竖琴却几乎销声匿迹了。到了中世纪，竖琴才出现在爱尔兰、苏格兰和威尔士等凯尔特人的土地上，并对这个地区的文化产生了极为重要而又深远的影响。

而今，竖琴早已成为爱尔兰的象征和标志。13世纪初的爱尔兰硬币就铸有竖琴图案，银器上也刻有竖琴的标记。

知识链接

常用的西洋乐器

西洋乐器主要是指18世纪以来，欧洲国家已经定型的弦乐器、管乐器、键盘乐器和打击乐器等。常用的西洋乐器主要有以下几种。

（1）弦乐器

弓拉弦鸣乐器：小提琴、中提琴、大提琴、倍低音提琴。

弹拨弦鸣乐器：竖琴、吉他、电吉他、贝斯。

（2）管乐器

①木管乐器

唇鸣类：长笛、短笛。

簧鸣类：单簧管、双簧管、英国管、大管、萨克斯管。

②铜管乐器

小号、短号、长号、圆号、大号。

（3）键盘乐器

钢琴、管风琴、手风琴、电子琴。

（4）打击乐器

有调打击乐器：定音鼓、木琴、钢片琴、管钟等。

无调打击乐器：小鼓、大鼓、三角铁、铃鼓、响板、砂槌、钹、锣。

卡拉 OK 是怎么产生的？

卡拉 OK 是一种伴奏系统，演唱者可以在预先录制的音乐伴奏下进行歌唱。"卡拉 OK"能通过声音处理使演唱者的声音得到美化与润色，当再与音乐伴奏有机结合时，就变成了浑然一体的立体声歌曲。这种伴奏方式，给歌唱爱好者带来了极大的方便和愉悦。

那么卡拉 OK 是怎么产生的呢？其发明的灵感有两种不同的说法。

第一种说法是，日本有一种风俗，一个男人如果回家太早的话，邻居们会以为他连个应酬都没有，进而看不起他。因此，很多日本男人下班后不得不聚集在酒吧或茶馆里，很晚才回家。后来他们觉得总这样也不是办法，应该找点娱乐项目，以消磨时间，于是就在酒吧里面边喝酒边用电视话筒等简单的工具来唱歌。后来随着科技的发展，就演变成现在的卡拉 OK。

还有一种说法是，制造这种伴唱机的灵感来自活跃于各酒店的"走唱乐团"。这种走唱乐团由2—5人组成，有人弹电子琴，有人唱流行歌曲，为客人助兴。

大约在1970年，日本出现了第一台伴唱机，不过那只是将留声机接上麦克风，让歌唱爱好者随着唱片同时歌唱。1978年，日本某公司正式研制出现在的伴唱机，3个月后开始大量生产，不仅打开了日本国内市场，而且瞬间风行于整个东南亚。

如今，卡拉 OK 已经风靡于世界各地，甚至走入了日常的家庭生活中。

知识链接

麦克风

麦克风是由 Microphone 音译而来，它是一种能够将声音信号转换为电信号的能量转换器件，也称为话筒、微音器。

麦克风的历史可以追溯到19世纪末，包括贝尔在内的几位科学家致力于寻找更好的拾取声音的办法，用来改进当时的最新发明——电话。其间，他们发明了液体麦克风和碳粒麦克风。

20世纪，麦克风由最初通过电阻转换声电逐渐发展为电感、电容式转换，新的麦克风技术层出不穷，其中包括铝带、动圈等麦克风，以及当前广泛使用的电容麦克风和驻极体麦克风。

为什么说拉丁舞是三种文化的融合体？

拉丁舞又称拉丁风情舞，是一种大众民间舞蹈，其特点是随意、激情、放松、富有活力、节奏动感强，有较大的自由发挥空间。拉丁舞深受拉美人民的喜爱，是生活中不可缺少的一部分。

最初，拉丁舞是人们庆祝胜利或丰收的一种表达方式，后来渐渐被年轻人用来表达对心上人的爱慕之情。在其发展的过程中，曾经因为动作过于热情露骨、表达情感过于直率坦白而遭到排斥。然而，拉丁舞令人无法抗拒的魅力最终使其风靡全球。

拉丁舞是在拉丁美洲漫长的历史长河中逐渐形成的具有鲜明特点的艺术表现形式。拉丁舞包括伦巴舞、恰恰舞、牛仔舞、桑巴舞和斗牛舞，其中的每一个舞种都起源于不同的国家，有着不同的历史背景和演变过程。

新航路开辟后，在美洲进行殖民活动的欧洲人为了得到充足的劳动力，把大批黑人从非洲运送到美洲大陆。从此，欧、非、美三大洲的文化在美洲大陆上逐步融合。舞蹈作为各洲人民的主要娱乐方式之一，也在这种背景下相互吸收、借鉴和创新。随着后来欧洲宫廷舞蹈元素的渗入，这些民间舞蹈又有了进一步的规范、发展和完善。

第二次世界大战以后，这些民间舞蹈被美国人传播到世界各地，尤其在欧洲大受欢迎。随后，欧洲人对其进行了规范和改革，终于在1960年将拉丁舞列入了世界性比赛，并将其分为伦巴舞、桑巴舞、恰恰舞、斗牛舞、牛仔舞5种，对它们的舞步、节拍等各方面都作出了严格统一的规定。

歌舞伎的创始人阿国一举成名后为何神秘消失？

歌舞伎、净琉璃和能并称为日本的三大传统戏剧。谈到歌舞伎，就不能不提歌舞伎的创始人阿国。阿国本是出云大社里的巫女，姿色出众，且舞技非凡。她曾组织一些年轻漂亮的女孩子四处"念经"，只不过这种"念经"比较特别，是以跳舞的方式念，而且还加入了简单的故事情节，这就是歌舞伎的早期形式。

相对于创造歌舞伎而言，阿国本人的故事似乎更吸引人。当她的表演获得众人认可的时候，她却忽然消失得无影无踪，这实在让人想不通。在阿国神秘失踪后，人们就再也没有见过她。那么，这位才貌双全的佳人究竟去了哪里？她为什么会在一举成名后便销声匿迹？她的失踪是有人故意设置的迷局还是她自己精心的安排？由于史书中关于阿国的记载很少，因此她的失踪也就成了千古之谜。

关于阿国失踪后的去向，有几种不同的猜测：有人说阿国在失踪后又回到故乡的出云大社做了巫女；有人说她去尼姑庵当了尼姑；还有人说她被当时的德川幕府秘密杀害；等等。说法众多，可每一种都没有确切的证据。毕竟没有人见过阿国的尸身，也没有人在她失踪后再见过她，所以一切都还是谜。但不管真相如何，阿国对歌舞伎所作出的贡献都是不容否认的。日本人也给予了阿国公平的待遇，除了在岛根县建有"阿国塔"和"阿国碑"，每年还要举行大型的民间活动来纪念阿国。在歌舞伎的发展史上，阿国的名字将永远闪烁着璀璨的光辉，她作为歌舞伎创始者的地位也是不可动摇的。

古印度的巫师为什么可以赤着脚在灼热卵石上翩翩起舞？

在哈拉巴文化遗址，考古学家发现了距

今约4000年前的印章,上面刻画着在火上跳舞的人物形象。经过研究表明,印章上描述的就是充满神奇色彩的蹈火舞。

蹈火舞最初是古印度的一种宗教祭礼。每当大难临头时,人们就会在空地上挖一个大坑,坑里铺一些木柴,木柴上摆一些卵石,然后点燃木柴,将卵石加热到很高的温度。巫师便赤脚在滚烫的卵石上翩翩起舞,神态自若,口中念有咒语,请求神灵前来降妖除魔,消灾治病。

令人难以置信的是,赤脚的蹈火者的脚底并不会烫伤。难道真的有神灵在暗中保佑巫师?还是巫师懂得什么法术?其中到底有什么奥秘呢?

有些学者认为,印度巫师在蹈火时运用了一种气功,这种气功可以影响人的神经功能,进而使身体的某一运动器官与其相应的内脏器官协调一致,发挥出超常的力量而不致被烧伤。

还有人认为,蹈火者在跳舞时浑身是汗,在脚底与卵石接触的一瞬间,被汽化的汗水形成一个热气层,由于水蒸气的导热能力一般要比液态水差一些,因而这个热气层能够对脚底起到瞬间的保护作用。

然而这些说法都很难令人信服,印度的大多数巫师都不会气功,即使会气功的人也根本不敢去"赴汤蹈火"。况且蹈火舞持续的时间比较长,最短也在10分钟以上,再强的隔热能力也难使舞蹈持续这么长的时间。

随着岁月的流逝,蹈火舞逐渐流传到其他一些国家和地区。今天,蹈火舞依然在伊朗、巴尔干半岛、斐济群岛、苏里南以及非洲的一些部落流行。

百老汇为什么会成为世界戏剧艺术的代名词呢?

百老汇,原意为"宽阔的街",指的是纽约市以巴特里公园为起点,由南向北纵贯曼哈顿岛,全长25千米的一条大道。如今的百老汇已成为世界戏剧艺术永恒魅力的象征和代表,在41街至53街之间,汇集了众多闻名遐迩的剧院,每年都有几百万世界各地的观众来这里观看演出。

百老汇大街最初只是一条平凡的道路。19世纪初,纽约其他地区的一些剧院从业者来到这里,逐渐改变了这条默默无闻的道路的命运。建立于1810年的公园剧院是最早出现在百老汇大道上的剧院。而真正令百老汇大道声名远扬的百老汇歌剧院的前身"大都会演奏厅",一度因经营不善而先后变成赌场、溜冰场和展览场等场所,直至1887年才改建成现在的百老汇歌剧院。之后,在百老汇大街又出现了几家著名的剧院,如美国剧院、奥林匹亚剧院等。20世纪中叶,百老汇歌剧院达到极盛,成为西方戏剧行业的一个巅峰代表。

然而,随着第二次世界大战的结束,新一代的年轻人有了新的价值观,爱上了摇滚乐,百老汇由于无法跟上时代潮流而逐渐衰落。直到20世纪70年代,一些作家把摇滚乐以及一些流行的概念带进了百老汇,才让百老汇重新崛起,创作出《猫》《剧院魅影》《悲惨世界》《西贡小姐》等著名剧目。

百老汇剧院区上演的剧目分为6种,根据各个剧目所占比例,依次为音乐剧、音乐喜剧、话剧、喜剧、舞蹈音乐会和个人秀。纽约超过100个舞蹈团和近60个音乐团体常驻于百老汇剧院区进行演出。百老汇已然成为世界戏剧艺术的代名词。

为什么金像奖又被称为"奥斯卡"?

从1927年开始,"奥斯卡金像奖"每年都在美国洛杉矶举行,近百年来一直享有很高的声誉。

"奥斯卡金像奖"的正式名称是"电影艺术与科学学院奖"。1927年5月,美国电影界知名人士在好莱坞发起成立了一个非营利组织,定名为电影艺术与科学学院,其宗旨是致力于推动电影制造业向更高层次、更高质量、更高技术方面发展。学院决定对在电影领域作出过杰出贡献的优秀人才授予"学院奖"。1931年后，"学院奖"这个名称逐渐被其通俗称谓"奥斯卡金像奖"所代替，导致其正式的名称逐渐被人遗忘，如今已鲜为人知了。

关于"奥斯卡"这个名称的来历说法不一。

最流行的说法是这样的。1931年，电影艺术与科学学院图书馆的管理员兼执行董事玛格丽特·赫丽克无意中看了那座镀金塑像一眼，觉得很面熟。经过仔细观察后，她惊叫道："这座塑像看上去怎么那么像我的叔叔奥斯卡呀！"正巧，有一位记者在该学院里采访，他在隔壁的房间听到了玛格丽特·赫丽克的惊叫声，便在第二天的报道里介绍镀金塑像时加上一句："电影艺术与科学学院的工作人员亲切地称呼他们的金塑像为'奥斯卡'。"从此，这一称呼不胫而走。

著名演员贝蒂·戴维斯却把"奥斯卡"这一称谓的发明归在自己的名下。她说自己首次领取金像奖时，无意中叫了一声丈夫奥斯卡的名字，被现场采访的记者听到，于是一下子传扬开来。

然而，贝蒂·戴维斯首次获得最佳女主角奖是在1935年，那时"奥斯卡"这一称谓早已家喻户晓了。因此根据分析判断，第一种说法可信度最高。

古代奥运会有哪些竞赛章程和授奖仪式？

公元前561年，古希腊哲学家吕库拉古斯制定了《奥林匹克竞技会竞赛章程》，章程上的有关规定一直是奥运会必须遵守的规则。

（1）赛会的组织由地方官员和宗教领袖人物具体负责，他们有权决定运动员和观众的资格。

（2）赛会的仲裁委员会由宙斯神殿中的专职祭司和经过选举产生的裁判人员共同担任。

（3）凡在比赛中贿赂裁判或行为不检点的人都要处以巨额罚款。

（4）只有个人赛，没有团体赛。

（5）参赛者必须是纯希腊人，在政治、道德、宗教、法律上没有任何污点，其身份必须经过裁判员的证明。

（6）女子不能参加和观看比赛，否则将被扔下悬崖。

古代奥运会的授奖仪式庄严而隆重。授奖台设在宙斯像前，橄榄冠被放在一个特制的三脚台上。授奖时，先由报导官宣布运动员的姓名、比赛成绩以及身世背景等情况。然后由司仪把优胜者领到主持人面前，主持人为优胜者戴上橄榄冠。古代奥运会对优秀运动员的奖励主要是精神奖励，物质奖励也有，但非常微薄。

以橄榄枝作为古代奥运会的精神象征，寓意深刻，影响深远。古希腊人认为，橄榄树是神赐予人类和平与幸福的象征，因此用橄榄枝编织的橄榄冠是最神圣的奖品，能获得它是最高的荣誉。

优胜者还乡后，各城邦还会为他们举行盛大的庆功活动。后来希腊还规定免去优胜运动员对国家的义务，在剧场或节日盛会上有专门为他们设置的荣誉座位，某些城邦还发给优秀运动员终身津贴。

古代奥运会有哪些竞赛项目？

赛跑

（1）短跑：长度为1个跑道长（192米）。

（2）中跑：长度为2个跑道长。

（3）长跑：长度为24个跑道长。

（4）武装赛跑：早期参赛者都顶盔掼甲，手持盾牌，后来演变为赤身裸体手持盾牌参赛。长度为4个跑道长。场面壮观激烈，是古代奥运会的闭幕式。

各项赛跑中，运动员均为"裸奔"，跑姿与今天大体相同。

摔跤

比赛中，只要肩、胸、膝等部位触地，即被判为失去1分，如失去3分便被判为失败。

五项竞技

包括赛跑、跳远、掷铁饼、掷标枪和

掷铁饼者

摔跤。

（1）赛跑：与单独进行的短跑一样。

（2）跳远：分立定跳远和助跑跳远两种。助跑跳远技术与现代大不相同。

（3）掷铁饼：竞技者先在手上沾满沙子或泥土，然后持饼前后摆动，用上一步或上三步法投出。当时铁饼无统一规格。

（4）标枪：有掷准和掷远两种。枪长约1.6米，粗细与食指相同。

（5）摔跤：只进行一局比赛便决出胜负，还禁止一些危险动作。

拳击

不分局数，不分级别，也不受时间限制，直到其中一方被打倒在地，昏迷或举起右手表示认输为止。

混斗

由摔跤和拳击混合而成的一个竞技项目，不像摔跤那样只将对手摔倒即可，而是要在规则允许的范围内攻击对手，直到对方丧失抵抗力或认输为止。

赛战车

比赛分为4马拉车赛和2马拉车赛，在长800米、宽320米的赛马场举行。战车约跑10千米。

赛马

马匹无马鞍、无马镫，全凭竞技者的技艺比赛。

赛车、赛马比较危险，某些奴隶主让奴隶代为驾车和骑马，如果得胜，荣誉归于主人，而真正的竞技者只能得到主人微薄的赏赐。

其他竞技项目

包括少年竞技项目（与成人项目规则不同），著名的学者、艺术家参加的艺术比赛等。

总之，古代奥运会的主要竞技项目多达十余项，比赛对抗性强，竞争激烈，有的项目甚至会出现伤亡事故。但古代奥运会体现了古希腊人坚强、勇敢的品质及其崇高的理想和追求，为后世留下了宝贵的遗产。

知识链接

奥运"圣火"的由来

奥运会期间在主体育场燃烧的火焰即是奥运圣火，它象征着光明、团结、友谊、和平、正义。

在古希腊神话中，普罗米修斯不仅创造了人类，还瞒着天神宙斯，从太阳神阿波罗那里盗取火种带到人间，从而使人类完成了向文明的最后迈进，而他自己却遭到宙斯的严厉惩罚。为了纪念普罗米修斯，在古代奥运会开幕前，人们聚集在奥林匹亚宙斯神庙前，从普罗米修斯的祭坛上取得圣火，之后，运动员们手持火炬奔赴希腊各个城邦。

现代奥林匹克运动恢复后，顾拜旦于1912年提出了点燃奥运圣火的建议，但由于第一次世界大战而耽搁。1928年阿姆斯特丹奥运会恢复了点燃圣火的传统。1936年柏林奥运会首次实行奥运火炬接力传递。

马拉松比赛的距离为什么不是整数呢？

众所周知，马拉松赛是一项长跑比赛项目，其距离为42.195千米。这个比赛项目的距离为什么不像其他赛跑项目一样取整数呢？这要从发生在2500年前的一场战役说起。

马拉松本是希腊的一个地名，在雅典东

北30千米处。公元前490年，波斯国王大流士一世率军入侵希腊，在雅典城东北的马拉松海湾登陆。当时雅典与波斯的兵力之比为1∶10，雅典处境岌岌可危。雅典一面进行全城总动员，加强戒备，一面派长跑健将斐迪庇第斯前往斯巴达求助。

斐迪庇第斯从雅典出发，沿爱琴海海岸，穿过伯罗奔尼撒半岛的山脉，仅仅用了一天时间便跑到斯巴达，全程246千米。然而，斯巴达人却以祖先留下过月不圆不能出兵的规矩为由，不肯发兵援救。斐里庇第斯苦苦哀求却无济于事，只好跑回马拉松复命。

靠人不如靠己，雅典军队团结一心，同仇敌忾，依靠正确的战略战术和勇敢顽强的作战精神，在马拉松平原一举击溃波斯军队，史称马拉松之战。这场战役雅典牺牲192人，而波斯战死6400余人，损失了7艘战舰。

这样一场酣畅淋漓的大胜让雅典人欣喜若狂，于是派遣斐迪庇第斯把胜利消息迅速告诉雅典人，好让全城百姓安心。

兴奋的斐迪庇第斯一口气从马拉松跑到雅典中央广场，全程42.195千米。到达目的地后，他只说了一句"我们胜利了"，便体力衰竭，倒地而亡。斐迪庇第斯从此成为希腊人的民族英雄。

1896年举行首届奥运会时，顾拜旦采纳了历史学家布莱尔的建议，以这一史实为依据，创立了马拉松长跑比赛，比赛沿用当年斐迪庇第斯所跑的路线。1908年伦敦奥运会时，为方便英国王室人员观看马拉松比赛，将起点设在温莎宫的阳台下，终点设在奥林匹克运动场内，总距离为26英里385码，合42.195千米。国际田联后来将该距离确定为马拉松比赛的标准距离。

第六章
传奇名画·神奇艺术

《最后的晚餐》为何以院长的身份来塑造犹大？

《最后的晚餐》是达·芬奇最重要的代表作之一，取材于基督教的一个重要传说。故事情节是耶稣已经得知自己被弟子犹大出卖，便与众弟子在逾越节的晚上聚餐，目的是当众揭露叛徒。当耶稣说"你们中间有一个人出卖了我"时，众弟子一阵骚动，每个人都作出了符合自己个性的反应，有的惊讶，有的困惑，有的恐惧，有的愤怒，整个场面陷于混乱之中。

在达·芬奇之前，这个题材被很多画家描绘过，然而由于画家们不擅于表现人的内心世界，从人物形象上难以区别善恶，便把犹大画在餐桌的对面，使其处在被孤立的位置上，与其他弟子在空间位置上进行明显区分。达·芬奇在这一点上取得了突破，他在日常生活中对各种不同性格的人物形象进行观察，从中获得很多经验和灵感，并将其应用在自己的作品当中。

由于叛变者的形象是很难画的，达·芬奇在描绘犹大的形象时，也颇费脑筋，几天未曾动笔。不懂艺术的修道院院长对达·芬奇非常恼火，以为他是有意怠工，因为当时请达·芬奇作画是按时付酬的。于是，他让总管去催达·芬奇尽快作画。总管向达·芬奇传达了院长的意思。达·芬奇知道这并非总管的本意，便对他说，这幅画马上就要大功告成，只是犹大的模特儿不好找，实在不行，只好拿院长的头像来凑合了。从此以后，院长再也不敢来打搅达·芬奇的工作了。

据说，米兰大公看到《最后的晚餐》中犹大的面孔时笑了起来："犹大简直和修道院院长一模一样，他妨碍你的工作，你巧妙地报复了他，就让他永远留在这张画里吧。正好，他总是把钱袋抓得紧紧的，舍不得在修道院的孩子身上花一分钱，使教士们吃尽了苦头。"可见，达·芬奇这样做并非完全出于个人的报复，而是发现院长和犹大在贪财这一点上是一致的。

《蒙娜丽莎》的原型是谁？

《蒙娜丽莎》中那个神秘微笑的女子的原型到底是谁？500多年来，人们一直为此争论不休。

有人认为蒙娜丽莎的原型可能是一位名叫伊莎贝拉的妙龄少女，据说她相貌娇美、

蒙娜丽莎　达·芬奇

体态丰盈,特别适合当模特儿。美中不足的是她的牙齿不仅黄黑,而且牙缝很宽,所以伊莎贝拉总不敢对着别人咧嘴笑。她万万没想到自己极力控制的笑容,在达·芬奇的笔下成为经典,使无数人为之倾倒。

有人认为蒙娜丽莎的原型是有着"悍妇"之称的意大利传奇女子斯福尔扎。斯福尔扎是米兰公爵的私生女,不仅长得漂亮,而且非常勇敢。据考证,克雷迪所画的25岁的斯福尔扎,其傲然的神态、双手的摆法与神秘的笑容,与达·芬奇画的蒙娜丽莎如出一辙。研究人员在对比画中人物的五官结构后,更确信蒙娜丽莎就是斯福尔扎。

有人认为蒙娜丽莎其实是达·芬奇的一幅自画像。假如在计算机上把蒙娜丽莎的像与达·芬奇的一幅自画像重叠在一起的话,会发现两幅像的面部如出一辙。但反对者表示,这个结果只不过是同一个画家采用同一种画风造成的。

一位名叫吉乌赛普·帕兰蒂的学者对佛罗伦萨市档案进行了长达25年的研究后得出一个结论:蒙娜丽莎的原型名叫丽莎·格拉迪尼,她是佛罗伦萨一位名叫弗兰西斯科·吉奥康杜的丝绸商的妻子,他们共育有5个子女。

吉奥康杜是达·芬奇父亲皮耶罗的好友。蒙娜丽莎的画像完成于格拉迪尼24岁那年。当时达·芬奇正被一场财务纠纷困扰,皮耶罗为了帮助达·芬奇,自己出钱安排达·芬奇为朋友的妻子画了这幅画。帕兰蒂指出,皮耶罗曾不止一次以类似的方式帮助过达·芬奇。

帕兰蒂的观点得到越来越多专家的认可。

知识链接

蒙娜丽莎身后的背景

近年来,加利福尼亚大学教授卡罗·佩德雷蒂在达·芬奇绘画国际研讨会上宣布,在达·芬奇留给后人的杰作《蒙娜丽莎》中,蒙娜丽莎身后的背景是意大利中部阿雷佐市布里阿诺桥附近的景色。

佩德雷蒂表示,达·芬奇的出生地距阿雷佐市约100千米,他还曾经在阿雷佐市生活过,这一地区的原始景色与《蒙娜丽莎》的背景几乎完全一致,因此,达·芬奇采用这一地区的景色作为《蒙娜丽莎》的背景是完全合乎情理的。佩德雷蒂的研究成果得到与会很多专家的认可。同时,专家们表示,确定画像背景所在地将对解开蒙娜丽莎的身世之谜有所帮助。

蒙娜丽莎在笑什么?

《蒙娜丽莎》是达·芬奇艺术成就的最高代表,同时也是一幅在国际上享有盛誉的艺术杰作。500年来,无数人为《蒙娜丽莎》那种神秘莫测的微笑所倾倒。那如丝如梦般的千古一笑,被人们称为"神秘的微笑"。

对于《蒙娜丽莎》的"神秘微笑",不同的人,或者同一个人在不同的时间去看,感觉都会有所不同。有时觉得她笑得温柔腼腆,有时又觉得她的神态略带严肃,有时觉得她的表情暗含哀伤,有时甚至觉得她的笑是一种嘲讽和揶揄。人的笑容主要表现在眼角和嘴角上,而达·芬奇偏偏把这些部位画得模棱两可、若隐若现,让人有一种捉摸不透的感觉。荷兰阿姆斯特丹的一所大学应用一种"情感识别软件",对蒙娜丽莎的表情中所包含的成分及比例进行了分析:高兴占83%,厌恶占9%,恐惧占6%,愤怒占2%。

蒙娜丽莎到底在笑什么?很多解释让人哭笑不得。

有人认为蒙娜丽莎笑不露齿,是因为她牙齿不齐。

有人认为蒙娜丽莎根本没笑,她做那样的表情只是为了掩饰自己没长门牙。

有人认为蒙娜丽莎中风了,所以她半个脸的肌肉是松弛的,脸歪着,所以看起来好像是在微笑。

有人根据蒙娜丽莎嘴角的弧度和她手轻放在腹部的动作,认为她微笑的原因是刚刚饱餐了一顿。

有人认为蒙娜丽莎怀孕了，所以她的脸上流露出满意的表情，皮肤细嫩，双手交叉着放在腹部。

有人认为蒙娜丽莎因爱女夭折，郁郁寡欢，画上的表情不是微笑，而是哀伤。

更有甚者认为蒙娜丽莎是妓女，因而微笑中带着讥嘲和揶揄的味道。

人们的猜想越来越离奇，也使人越来越迷惑，至今没有任何一种观点让人信服。也许艺术天才的思想是难以揣测的。

为什么有人认为达·芬奇的很多发明是抄袭中国文明的成就？

达·芬奇（1452—1519年）是意大利文艺复兴三杰之一，也是整个欧洲文艺复兴时期最完美的代表。他学识渊博，思想深邃，不仅是一位伟大的艺术家，还从事许多种自然科学和技术的探究，成为文艺复兴时期最负盛名的艺术家、哲学家、工程师、机械师和科学巨匠。

达·芬奇在自然科学领域取得了很高的成就。他是第一个正确、全面地描述人体骨骼以及肌肉组织的科学家，并发现了血液功能；在哥白尼提出"日心说"之前，他就有过"太阳不动"的想法，否定了地球中心说，认为月亮只是反射太阳的光辉，并幻想利用太阳能；他设计了望远镜和聚光镜；他提出了连通器原理、惯性原理，发展了杠杆原理，指出了"永动机"作为能源的不可能性，还预示了原子能的威力；他研究过地形的演变和各种岩石的构造以及古生物的痕迹，最早确立了地史学和地质学的概念；他设计过飞行器、降落伞、攻城武器、簧轮枪、子母弹、三管大炮、战车、双层船壳战舰、潜水用具和轻便桥梁等；他设计了机器人、自动机床、纺织机、印刷机、起重机、钟表仪器和抽水机等；他设计过运河、水闸、拦水坝等方面的方案，还发明了室形水闸以及各种构造的扬水机。

然而，达·芬奇的成就却遭到英国历史学家凯文·孟席斯的质疑。孟席斯在自己的书中提出，达·芬奇的许多发明实际上是抄袭了中国几个世纪前就已经取得的文明成就。1430年，中国派出的特使曾经拜访过罗马天主教教皇，并向教皇尤金四世转交了天朝皇帝的大量礼品，礼品中包括一些详细介绍中国古代文明成就的书籍。后来，包括中国书籍在内的梵蒂冈部分秘密档案落入达·芬奇之手。因此，达·芬奇的很多发明创造实际是来源于中国。也就是说，中国的文明成就是文艺复兴的重要源头之一。这一观点还有待进一步研究和论证。

《三个哲学家》中的人物是什么身份？

乔尔乔内（1477—1510年）是第一个真正意义上的意大利威尼斯派画家，他的生平事迹鲜为流传，留存于世的作品也很少。因此，有关他的艺术和作品的研究考证在学术界一直备受争论。现在可以证实确为其真迹的仅有《卡斯特佛兰克的圣母》《暴风雨》《三个哲学家》《国王之礼敬基督》等有限的几幅，虽然数量少，却个个都是稀世精品。乔尔乔内的作品洋溢着一种神秘主义色彩，因此有人称他为"神秘画家"。

《三个哲学家》描绘的是3个人物，分别为一老、一中、一青，其中两人站着交谈论道，年轻人则坐在石阶上沉思不语。三人都被画在画面的右半部，左半部是幽暗山崖的一角，远景则是一片夕照下的山坡村舍。画面上的人物姿态各具特色，而在黝黑岩石和夕照远景的表现方面，其大胆而又和谐的用色技法在文艺复兴绘画史上尚属首次，开创了威尼斯画派以色彩表现为主的画风。

乔尔乔内并没有为这幅画注明标题，也没有说明其主题。据说，《三个哲学家》这个名称是米开朗琪罗起的，但人们对这个名称似乎并不满意，于是又出现了《三个占星术者》《三个数学家》等名称。有人根据人物的服饰造型推测，画面描绘的是《圣经》传说中基督降生后前来朝拜的东方贤人，于是又将其命名为《三位博士》。

1932年，有人用X光透视设备对这幅画进行了检测，发现画中人物的衣服曾经有过变动，右侧老人最初戴的不是头巾，而是类似古希腊的桂冠。中间的中年男子最初穿的不是东方服装，而是摩尔人的打扮。由此推断，画家最初或许是想画3个预言家。总之，关于画中3个人的身份众说纷纭，至今没有任何一种说法能让多数人信服。

《拉·福尔纳里娜》是不是拉斐尔的真迹？

拉斐尔在他37岁时英年早逝，使他的崇拜者、整个艺术界感到震惊。当时的舆论普遍认为，拉斐尔因堕入情网而死，于是人们纷纷谴责拉斐尔的情妇———一位面包师的女儿，认为是她害死了这位伟大的画家。在拉斐尔去世75年后，一幅名为《拉·福尔纳里娜》的肖像画在市场上出现，据说是拉斐尔生前专门为其情妇所画的。几百年来，没有人怀疑这幅名作的真伪。

然而近年来，一位名为切利尼的意大利学者推测，这幅画很可能是由他人伪造的。这一推测一经公布，立即引起了轩然大波。之后，佛罗伦萨的一家研究所对这幅作品进行了研究，发现了4个疑点：

（1）如切利尼所说，该作品分两次绘制而成，因为画中人物左臂的镯子上有"拉斐尔，乌尔比努斯"的字样，而据说最初写的是"拉斐尔，乌尔伯斯"。乌尔比努斯和乌尔伯斯指的都是拉斐尔的家乡，该女子戴有这样"标记"的镯子与拉斐尔敏感多虑的个性格格不入。伪造者很可能为了以假乱真，从而将拉斐尔的名字写在上面。

（2）有人认为那女子看起来一点也不美，根本不是什么窈窕淑女，倒像是一位荡妇。

（3）据分析，该作品的背景与其说是佛罗伦萨，倒不如说它更像意大利的北部。

（4）该肖像画未干时曾留下几个指纹。尽管目前还没有确凿的拉斐尔本人的指纹可以对照，但是，这家研究所正在对拉斐尔更著名的作品进行研究。如果两者的指纹相吻合，就证明《拉·福尔纳里娜》的确出自拉斐尔之手；否则，就说明它是一件伪造品。

然而，更多的学者认为对待这个问题应该采取谨慎态度，毕竟切利尼的观点只是一种猜测，同时这家研究所提供的证据也很不充分。

《伽拉忒亚的凯旋》源于怎样的故事？

拉斐尔（1483—1520年）是意大利最伟大的艺术家之一，被誉为后世古典主义者不可企及的典范，与达·芬奇、米开朗琪罗并称为"文艺复兴美术三杰"。其代表作有油画《西斯廷圣母》、壁画《雅典学园》等。

壁画《伽拉忒亚的凯旋》源自一个凄美的神话爱情故事：独眼巨人波吕斐摩斯爱上了美丽的海中女神伽拉忒亚，然而伽拉忒亚却与英俊的牧人阿喀斯相恋。妒火中烧的巨人投掷石块将阿喀斯杀死，伤心欲绝的伽拉忒亚把自己的血液变成了西西里岛的河水，取名阿喀斯河。拉斐尔取材这个故事中的一小段：波吕斐摩斯爱上了伽拉忒亚，对她唱了一首情歌，粗鄙的声音引起了伽拉忒亚的嘲笑，于是驾起她的"小船"跑掉了。

拉斐尔描绘的就是伽拉忒亚跑掉时，与海中众神、水怪在一起的欢乐场景。海风吹散了伽拉忒亚的头发，掀起了她的衣服，将她的玉体展现出来，她正带着微笑转身去听那古怪的情歌。一群海神簇拥着伽拉忒亚，画面两边的两个海神正在吹海螺，前后各有一对海神在相互调情。画面上方的几个小爱神，张开了爱神之箭，对准伽拉忒亚的心。这幅画场面诙谐、色调鲜明，伽拉忒亚的形象甜美而不轻浮，充分体现了拉斐尔寓主题于轻松的风格特征。

格列柯是艺术天才还是狂暴画家？

埃尔·格列柯（1541—1614年）是16—17世纪的著名画家，其代表作有《圣母升天》《基督被捕》《托莱多风景》《莫里斯的殉教》《奥尔加斯伯爵下葬》等。

1541年，格列柯出生于克里特岛。早年，他在故乡学画。1560年，他来到意大利，投师于提香门下，醉心于米开朗琪罗和拉斐尔等大师的艺术。1577年，他来到西班牙，后来定居于小城托莱多，这成为他创作生涯上的转折点。1600年以后，格列柯性格变得越来越古怪、孤僻、狂躁、易怒。1614年格列柯去世后，他的名声随之衰落，作品也被人们冷落。直到19世纪，他的作品及其绘画风格才重新受到艺术界的重视。

格列柯的绘画风格与当时社会崇尚的现实主义风格大相径庭，他重视光线和色彩的使用，其笔下的事物常常处于激动不安甚至扭曲的状态，激荡而摇曳的光与色，使整个作品笼罩在一种神秘的氛围之中。

他的这种独特的绘画风格备受争议，使本来已经模糊的格列柯形象更加神秘莫测。有人高度评价格列柯，认为他的作品不仅是艺术，而且充满了智慧。有人认为他拥有精湛的技艺，摒弃了平庸的细节，摆脱了矫饰主义。有人认为他的艺术之可贵，更在于它是一种用图像来表达内心感受的语言性艺术。很多人甚至称格列柯为近代印象派等现代画派的鼻祖。

然而，有些人的看法截然不同。他们认为格列柯是一个狂暴的画家、一个天生的疯子，他的性格与现实社会格格不入，他的作品是精神失常的产物。

也有人表示，对格列柯的看法要一分为二，虽然他在绘画风格上有荒唐、扭曲的一面，但他的作品正反映了当时西班牙社会的现实，因而也有其积极的一面。

《琉特琴演奏者》是男还是女？

卡拉瓦乔（1571—1610年）是意大利杰出的现实主义画家，对巴洛克画派的形成产生过重要的影响。

《琉特琴演奏者》是卡拉瓦乔25岁时的风俗画。画中有一位肤色红润的青年，柔嫩的双手抱着一把琉特琴，灿烂的阳光照射在他面前桌子上的小提琴和乐谱上。他身上有种柔性的美，额头的卷发富有魅力，红润的双唇微张着像在唱歌，但他的眼神和嘴角却流露出一种内心的苦涩。琉特琴演奏者为了生计不停地演奏，青春将像桌子上的鲜花和水果一样枯萎、凋零。

意大利画家非常重视美感，但是卡拉瓦乔的作品却与众不同。作为一位现实主义画家，他所要表达的是真实的世界，如果现实本来是丑陋的，那就只能按照其本来的面目来表达，而不能将其美化。同样，我们对这幅画观察得越仔细，就会觉得这张男孩的脸越真实，而不是越美丽。

首次看到这幅画时，人们往往很难分清画上的青年是男还是女。一位评论家在描述这幅画时曾经写道："一名身穿长袍的女子在弹琉特琴，她的面前放着乐谱。"《琉特琴演奏者》里的人物形象不但具有柔媚的特征，一些细节也暗示了作品的主题：画中的乐谱是一首情歌，开头第一句就是"我知道我爱你"。

那么，作者为什么会采用这种描绘手法？有人猜测，卡拉瓦乔本人或是委托他作画的人可能有同性恋倾向。卡拉瓦乔最初的赞助人蒙特主教生活放荡，据说他经常举办舞会，却拒绝女性参加，而是由穿女装的男青年冒充女人。卡拉瓦乔也曾为他作过《被蜥蜴咬的男孩》等具有同性恋倾向的作品。

《军官与微笑的少女》的作者是谁？

《军官与微笑的少女》描绘的是在一间屋子里，一名笑逐颜开的女子正陪着一位穿戴花哨的军人喝酒聊天。窗外苍白的光线透过明净的玻璃射进屋来，洒在人物身上，少女的脸庞、衣服以及她手中的酒杯，都闪烁着斑斑点点的光辉。值得注意的是，这位女郎虽然只与军人隔着一张桌子，但身材却比军人小得多，双方看起来好像距离很远。在20世纪时，这种效果不足为奇，使用广角镜头摄影就可以办得到。为此，有些学者猜测，画家在创作此画时可能使用了暗箱。

人们普遍认为这幅作品是荷兰画家维米尔的早期作品。维米尔在绘画的光线和色彩运用等方面颇有研究，他的作品往往看起来通俗易懂，其中却含有非常深刻的寓意。但也有学者对这种观点表示怀疑，理由是画面里的女郎表情非常丰富，而在维米尔的其他作品中却找不到类似的形象。还有一些学者认为，这幅画是维米尔在另一位荷兰画家霍赫（1629—1684年）的影响下创作出来的，并且把这件作品当成维米尔与霍赫的交情的证明。

此外，关于这幅画中的军官与少女的关系也是众说纷纭。有人认为，二者的关系是妓女与嫖客的关系，因为在当时荷兰的画作中，用男女一起饮酒来暗示双方的妓女与嫖客的关系非常普遍。这种看法不无道理，因为在维米尔的另一幅画作《应酬女郎》中，那位戴宽边帽子的军官的身份就是嫖客。也有人持保守意见，认为仅仅从"饮酒"这个再普通不过的情节上就将二者归为嫖客与妓女未免过于武断，双方可能只是一对普通的恋人。

时至今日，《军官与微笑的少女》的作者，以及画作中两位主人公的关系都没有一个确切的说法。

维米尔的《绘画的寓言》为何让人困惑？

维米尔（1632—1675年）是荷兰最伟大的画家之一。生前，维米尔一直默默无闻，作品无人问津。直到200年后，他的画作才在荷兰以外被人关注。维米尔的艺术风格别具一格，他的绘画布局合理、形体稳重、结构精致、色彩明朗和谐，对室内光线和空间感的把握非常到位。他刻画纺织品的精湛技巧使众多艺术大师叹为观止，一些伪造名画的高手也无法将维米尔成熟期的作品临摹出

来。维米尔的作品大多取材于市民的日常生活，画面温馨、宁静、真实，表现了荷兰市民对洁净环境和优雅舒适生活的向往。

《绘画的寓言》描绘了画家正在对着模特儿写生的情景。画面上的画家就是维米尔，他正在背对着观众写生。女模特儿是一位头上戴着桂冠，一手拿着号角，另一手抱着书本的蓝衣女子。书本显得很厚重，看似一部历史典籍。墙上挂着一张尼德兰地图，屋顶中央悬挂一盏吊灯，地面上铺着黑白相间的地砖。厚重的帷幕使近景处在背光里，显得很阴暗，而窗外透进来的阳光则照亮了大半个画室，使两个人物都处于阳光之下，这一明一暗对比非常强烈。维米尔通过巧妙的透视处理，给整个画面造成极强的空间感，使人观此画如同身临其境一般。

让人困惑的是，这幅作品究竟表达的是什么主题？据说画中的女模特儿的原型就是维米尔的女儿，被认为是九个文艺女神（缪斯）之一的克利俄的象征。有人认为塑像、假面代表雕塑艺术，而帷幕象征建筑设计图，整个画面象征着绘画、雕塑与建筑的竞争。然而，这种观点未免过于牵强。

这幅画被公认为稀世之作，维米尔生前一直将其留在身边。维米尔去世后，他的遗产处理人将此画拍卖。300年后，希特勒将其从一个奥地利人手里夺过来。第二次世界大战结束后，人们在一所监狱里找到了这幅画。

名画《玛哈》的模特是谁？

但凡看过西方绘画册的人，想必都会对两幅油画过目不忘，她们就是《着衣的玛哈》和《裸体的玛哈》。这两幅画实在是太美了，让人回味无穷。两幅画中人物姿态都相同，双掌交叉于头后，身躯斜卧于床上，人物美丽而丰满。这是两幅同一构图的青年女子着衣和裸体画像。《着衣的玛哈》穿一件贴身白衣，束一玫瑰色宽腰带，上身套一件黑色大网格金黄色短外衣，以红褐色为背景，使枕头、衣服和铺在绿色软榻上的浅绿绸子显得

分外热烈。而在《裸体的玛哈》上，背景减弱了，美人的娇躯在软榻上墨绿色天鹅绒的映衬下曲线分明。

两幅画的作者戈雅1746年3月30日出生于萨拉戈萨市附近的福恩特托多司村。父亲是一个手工业者，母亲出身于一个没落贵族家庭。这样的家庭环境不可能给他多少艺术熏陶。传说有一天他在村边的墙壁上乱涂乱画，碰巧一个修士走过，只看了一眼，就认定这个孩子有着神奇的绘画天赋，于是就说服他的父母，把他带到城里的修道院学习绘画。后来他就到欧洲各国游历，凭借他的勤奋和聪明，终于成为全世界著名的画家。

从戈雅的《玛哈》问世那天起，人们就对"玛哈"以谁为模特争论不休，时至今日，依然众说纷纭。

有人说《玛哈》是以和戈雅有特殊关系的阿尔巴公爵夫人为模特的。1792年，马德里很有影响力的阿尔巴公爵夫人的新居落成，为庆祝乔迁之喜，她举办了一个盛大晚宴。不料第二天上午公爵夫人神秘死亡，这个案子当时相当轰动，人们猜测和当晚的客人有密切关系。谁知在调查过程中，戈雅回忆起他与公爵夫人热烈、混乱的关系。另外，有人指出，《玛哈》中的女子在外貌上也和公爵夫人神似，因此，很多人都持此说，并凭空生发出许多艳情故事。作家孚希特万格的长篇小说《戈雅》中，就对此事进行了极度的夸张和渲染。然而许多严谨的学者不以为然。他们认为，"玛哈"绝对不会是阿尔巴公爵夫人。第一，画中的人物外貌与公爵夫人只是有些"相似"而已，而在许多特征上都不一致。第二，这两幅画起初是由当时的宰相戈多伊收藏的，而阿尔巴公爵夫人与戈多伊素来不和，怎么可能把自己的裸体画交给他呢？向来高傲的公爵夫人是绝对不可能忍受这种奇耻大辱的。第三，当时在西班牙，画裸体画是被禁止的，当人体模特更为人所不齿，地位尊贵的公爵夫人又怎么可能让自己的裸体展览呢？此外，还有好事者翻出了公爵夫人生前的健康体检表，发现她的身材和"玛哈"几乎没有共同之处。

还有人说，戈雅画此画的模特是当时宰相戈多伊的一个宠姬。由于戈多伊极为宠爱这位美女，对她百依百顺，而美人知道戈雅的大名，就央求宰相让戈雅给自己画一张画像。戈多伊就把戈雅请到家里。可是戈雅画了《着衣的玛哈》之后，大为这位宠姬的美色所动，就要再画一幅裸体画。可是刚画完，宰相就闯了进来，严词指责了戈雅，认为画裸体是一种亵渎行为。可是事后，戈多伊发现这幅《裸体的玛哈》更为完美，就保存了下来。持这种说法的人认为，只有这样，才能解释这两幅画为什么最初为戈多伊所收藏。

另外还有人说"玛哈"是一位商人的妻子。据说一位商人重金请戈雅为他的妻子画像。可是戈雅见到这位美夫人之后，为她国色天香的娇姿所倾倒，于是说服她画一张裸体画。不料一位仆人无意间看到了此事，就密报了主人。商人闻知后，大为恼怒，气冲冲地跑到戈雅的画室，结果在墙上挂着的，赫然是一幅衣着华丽的贵夫人画像，于是转怒为喜。原来聪明的戈雅在画裸体画之前，先飞快地画了一张着衣的画像。这也就解释了为什么两张画像构图、体态都完全一样。

后来，戈雅的孙子马里亚诺对人说，《玛哈》是以马德里一个普通姑娘为模特的。马里亚诺提到，马德里有一个神父，他的职务是给人送终，但是长期的工作使他厌倦了，他就雇了一个年轻漂亮的马德里姑娘，什么也不需要做，只要每天在他身边走来走去，让他感受到青春和生命的气息。一天戈雅到神父家里做客，也为姑娘的青春魅力所震撼，就情不自禁地画出了这两幅流传百世的名画。可是有人怀疑这种说法，因为戈雅创作《玛哈》时，马里亚诺还没有出生呢，他的话也不过是道听途说罢了。

为什么这个谜如此难解？戈雅的传记作者们认为，一个原因是戈雅一生以风流著称，多情又多艺，身边从来就不乏漂亮女人，所另外还有人说"玛哈"是一位商人的妻子。据说一位商人重金请戈雅为他的妻子画像。可是戈雅见到这位美夫人之后，为她国色天香的娇姿所倾倒，于是说服她画一张裸体画。不料一位仆人无意间看到了此事，就密报了主人。商人闻知后，大为恼怒，气冲冲地跑到戈雅的画室，结果在墙上挂着的，赫然是一幅衣着华丽的贵夫人画像，于是转怒为喜。原来聪明的戈雅在画裸体画之前，先飞快地画了一张着衣的画像。这也就解释了为什么两张画像构图、体态都完全一样。

后来，戈雅的孙子马里亚诺对人说，《玛哈》是以马德里一个普通姑娘为模特的。马里亚诺提到，马德里有一个神父，他的职务是给人送终，但是长期的工作使他厌倦了，他就雇了一个年轻漂亮的马德里姑娘，什么也不需要做，只要每天在他身边走来走去，让他感受到青春和生命的气息。一天戈雅到神父家里做客，也为姑娘的青春魅力所震撼，就情不自禁地画出了这两幅流传百世的名画。可是有人怀疑这种说法，因为戈雅创作《玛哈》时，马里亚诺还没有出生呢，他的话也不过是道听途说罢了。

为什么这个谜如此难解？戈雅的传记作者们认为，一个原因是戈雅一生以风流著称，多情又多艺，身边从来就不乏漂亮女人，所以要找出这个模特来，实在不是一件易事；另外当时裸体画在西班牙还是相当"前卫"，为了不给裸体模特制造麻烦，戈雅肯定对"玛哈"的容貌进行了艺术处理。

《查理四世一家》为什么要将王后置于画面中央？

《查理四世一家》是戈雅的代表作之一。画面上本来是13人，王后站在正中，国王及众王子、公主环列左右，此外还画了几个随从仆役。但为了避开13这个数字的忌讳，戈雅在阴暗处添画了自己的半身像。

这幅作品被认为是完美的肖像画杰作。画面上那些豪华的服饰在一道光束的映照之下，形成了极其绚丽的整体，体现了王室一家的富贵和威严。那么，这幅画到底蕴含着戈雅怎样的思想情绪，他在画面的处理上有什么寓意吗？

有些人认为戈雅的目的是宣扬王室威严。据说查理四世看到这幅画后非常高兴，他认为这幅作品充分表现了西班牙王室的富丽堂皇，以及自己和王后至高无上的权势，于是马上授予戈雅"宫廷第一画师"的殊荣。

不过更多的人从这幅画中看出了相反的寓意。历史上的查理四世是个昏聩无能的君主，王后则是个歹毒狡诈的女人，国家大权被王后和她的情夫戈多伊所掌控。因此，很多人觉得正直的戈雅不会为这样的王室树碑立传。在他们看来，画面上的人物都是衣着华丽的"锦绣垃圾"，查理四世的昏庸傲慢、目光短浅，以及王后的阴险狡诈、飞扬跋扈都被刻画得入木三分。在这幅画中，王后被置于中央。一般认为，戈雅之所以这样做，是为了说明王后才是西班牙的实际统治者，而王室其他人物看起来像一堆没有思想感情的行尸走肉。有人甚至将这幅画命名为"暴发户杂货铺老板的一家"。

然而这种说法也有难以自圆其说的地方。首先，戈雅是否真的具有公开讽刺一位至高无上的专制君主的勇气是值得怀疑的。其次，整个王室以及其他宫廷画师，难道就没有一个人看出戈雅的"画外之意"？

由于我们对戈雅与查理四世的交情知之甚少，不了解戈雅对查理四世一家的态度，所以我们不能轻易得出这幅作品是一幅讽刺画的结论。

《马拉之死》独特的艺术构图是因为马拉患有湿疹吗？

马拉是法国大革命时期雅各宾派的主要领导人之一，后来遭到反对派分子的刺杀。马拉被刺的消息传出后，群情激愤。作为革命者之一的法国新古典主义大师雅克·路易·大卫（1748—1825年），用他的画笔描绘了马拉被刺的情景。

《马拉之死》成功再现了马拉遇刺身亡的惨状。画面上赤裸着上半身的马拉倒在浴缸中，被刺的伤口清晰可见，鲜血正在从伤口中流出，染红了身下的浴巾。右手握着鹅毛管笔无力地垂落在浴缸外，旁边是带血的匕首。左手紧紧地握着凶手递给他的字条，女刺客就是利用马拉对她的同情乘其不备下的毒手。浴缸边的木柜上放置着墨水瓶、鹅毛管笔和一张刚刚写完的信笺，上面写着："请将这5法郎转给一位有着5个孩子的母亲，她丈夫已为祖国献出了生命。"整个画面有力地表现了马拉生活的简朴以及献身于革命的高贵品质，受到人们的称赞。

至于画家为何如此构图说法不一。绝大多数人认为，大卫是以马拉生前常常被迫在浴缸里工作这一真实场景作为创作素材的。法国大革命初期，处境非常危险的马拉，不得不长期躲在地窖里工作。阴暗潮湿的环境使马拉患上了严重的湿疹，因而被迫经常泡在带有药液的浴缸里坚持工作。

也有人认为大卫只是借鉴了他为另一位被暗杀的革命者所作肖像画的手法。在那幅画中，死者赤裸着上身倒在床上，伤口清晰可见，造型简单明快，在艺术处理上获得了很大的成功。大卫决定以同样的手法塑造马拉，所不同的只是死者的地点。

当然，还有人主张从纯艺术的角度来看待这个问题。他们认为大卫既是新古典主义画派的代表人物，又是一位写实派画家，既要注重深刻的内容和严谨的形式，又要强调作品的真实性、典型性，正是这种双重性决定了《马拉之死》的艺术构思。

《死神与樵夫》的寓意是什么？

让·米勒（1814—1875年）是19世纪法国最杰出的现实主义画家之一，以表现农村题材而著称，被誉为"农民画家"。他的画风质朴、凝重，所塑造的形象严谨、崇高，富有纪念性。他主张用新鲜的眼光去观察自然，反对当时某些画家认为高贵的绘画必须表现高贵人物的错误理念。他的作品具有浓郁的农村气息，描绘和歌颂了农民的辛勤劳动和淳朴性格，并揭露和抨击了当时的剥削制度，曾受到资产阶级的诋毁。人们所熟知的《拾穗》便是米勒最重要的代表作，同时也是西方现实主义绘画艺术的代表作之一。

《死神与樵夫》也是米勒的重要作品之一，描绘了一幕令人恐怖的场景。画面上有一名年迈的樵夫，在打完柴回家的路上停了下来，想靠在一个土坡上休息一会儿，不料身穿白色衣服的死神向他来索命。死神背向观众，肩扛一把超大号的镰刀，左手举着象征光阴流逝的沙漏计时器，右手牢牢地扼住老樵夫的脖子，想把他拖走。面对死亡，可怜的樵夫紧紧抱住身旁的柴捆，无助地挣扎着。米勒以描绘农民生活著称，"死神"之类的主题在他的作品里极为罕见，那么，米勒创作这样的作品究竟有什么用意呢？

有人认为，这是一幅政治讽刺画，死神象征着法国的统治阶级，因此，作品的主题是对法国统治阶级对农民残酷的剥削和压榨进行无情的揭露和鞭挞。也有人认为，作品的真正主旨在于歌颂劳动者的坚忍和顽强，因为在当时有许多工作在林区的劳动者被法国当局视为"搞破坏"的激进分子。还有人认为这幅作品只是取材于17世纪一个法国作家的寓言故事，其中并没有多少政治色彩，毕竟米勒为人宽厚温和，他并不像库尔贝、杜米埃那样热衷于政治。上述几种说法中到底哪一种最符合米勒初衷呢？至今难下定论。

马奈的《奥林匹亚》的主题是什么？

马奈（1832—1883年）是法国著名画家，尽管他生前拒绝参加印象派画家的联合展览，却仍被视为印象主义画派的奠基人。

马奈在西方美术史上是一个承上启下的重要人物，他的作品继承了传统绘画坚实的造型风格，同时又受到印象主义在光线和色彩的运用方面的影响。尤其为人称道的是，他的肖像画在对人物的性格和心理的刻画上非常深刻、自然。马奈受到日本浮世绘及西班牙画风的影响，大胆采用鲜明的色彩，摒弃传统的中间色调，将绘画从追求三元次立体空间的传统束缚中解放出来，朝二元次的平面创作迈出关键性的一大步。此外，马奈的画风带有自然主义色彩，他不会刻意去美化某一事物，其作品追求一种和谐、清晰而简约的效果。马奈在绘画艺术上的大胆革新，对莫奈、塞尚、凡·高等新兴画家产生了巨大的影响，进而将绘画艺术带入现代主义的轨道上。

1863年，马奈创作了《奥林匹亚》。画面上有一个躺着的裸女，她旁边还有一个黑人女仆，她手里捧着一束鲜花，画面右部的阴暗处有一只弓着腰的黑猫。朦胧晦涩的画面配上这样的标题，让人们不禁迷惑：作品的主题是什么呢？

多数学者都认为，这是一幅讽刺画，旨在批判学院派僵化的画风，至于裸女形象本身的含义并不重要。然而有些学者却认为，这个裸女其实是一个妓女，画家想借此表达对某种道德或性观念的看法，画面上的很多细节都体现了这一点。比如，裸女头上插着兰花，这种花在当时的欧洲人看来具有催情的作用；裸女只穿一只拖鞋，在古代欧洲这象征着女性失贞；手捧鲜花也有特别的寓意，据说，当时的客人在高级妓女起床后常常送给她一束鲜花；黑猫弓腰的动作则象征着性欲的旺盛；"奥林匹亚"这个名字是当时法国小说里妓女常用的名字；等等。不过，由于画家本人很少对自己的这件作品发表评论，因而，以上的说法是否准确还有待进一步考证。

《无名女郎》究竟画的是谁？

19世纪中叶，随着农奴制的解体，俄国迎来了文化艺术的繁荣。到19世纪70年代，出现了著名的现实主义画派——巡回展览画派，它的创始人是克拉姆斯柯依（1837—1887年）。在他的作品中，非常注重艺术的民族风格、独创性和深刻的思想内容，对俄国画坛产生了非常重要的影响。

《无名女郎》是克拉姆斯柯依的代表作，描绘了一位俄国知识女性的形象。在冬日的早晨，一位容貌可人、穿着大方的青年女郎，侧身端坐在马车上，用一种高傲而又自尊的目光看着观众。她的姿态和表情显示了当时一部分民主主义知识分子与社会格格不入的态度。

那么，画面上这个"无名女郎"的原型是谁呢？100多年来，很多人试图解开这个谜，但至今仍然没有令人信服的答案。

有人认为她是列夫·托尔斯泰的小说《安娜·卡列尼娜》中的主人公，因为19世纪80年代正是这部小说火爆之时，克拉姆斯柯依受到它的感染，决定用画笔描绘出他心目中善良、美丽、独立、自强的"安娜·卡列尼娜"。这一说法不无道理，因为巡回展览画派有到文学作品中寻找创作题材的习惯，而且克拉姆斯柯依与托尔斯泰又是交情深厚的好友。

有人认为她是圣彼得堡亚历山大剧院的一位女演员，理由是在这幅画的背景上可以看到该剧院的建筑物。

有人认为她是克拉姆斯柯依曾经的恋人，由于一切已成过往尘烟，自然不便将该画署上那个女子的真实姓名。

还有人认为她是俄国作家布洛克的小说《陌生的女人》中的女主人公。然而这种说法显然不能成立，因为这部小说出版的时候，克拉姆斯柯依已经去世19年了。

克拉姆斯柯依的学生列宾则认为，《无名女郎》并不是某一个人的肖像画，她只是作者心目中的一个理想女性，是众多现实形象的综合体。

塞尚为何被誉为"现代艺术之父"？

保罗·塞尚（1839—1906年）是一位在西方艺术史上起着关键性作用的法国艺术家，

是后印象派画家的代表人物,深刻影响了整个20世纪的绘画艺术。他是一个很少为人理解的孤独者,一生都是在别人的质疑和唾骂中度过来的,但他一次也没妥协过。为了表现自己的艺术观念,他终生奋斗不息,最后取得了巨大的成功。

塞尚认为:"绘画并不等于盲目地去复制现实,它需要寻求各种关系的和谐。"从塞尚开始,西方画家从追求真实地描绘自然,转向自我个性的表达,并开始出现各种各样的形式主义流派,促成现代绘画潮流的形成。

塞尚强调绘画的纯粹性,重视绘画的形式构成,他将印象派敏锐的色彩感觉和古典主义大师们坚实而稳重的绘画技巧融合起来,创造出色彩感觉与造型风格相结合的艺术表现形式。虽然塞尚曾受到当时处于绘画主流地位的印象派的影响,对光线照射到不同质地表面上的效果有所关注,但他始终强调物体的形式结构和实体感,并于1877年放弃了印象主义。他认为"线条是不存在的,明暗也不存在,只有色彩之间的对比是真实存在的。物象的体积是在色调的层次感中表现出来的"。他的作品体现了他的艺术思想,表现出结实厚重的立体感,以及物体之间的结构关系,忽略了物体的质感及造型的准确性,甚至会放弃个体的独立性和真实感。

塞尚把自己的一生献给了绘画艺术,并建立起自己独特的绘画艺术观念,对西方现代主义美术的诞生和发展产生了极为深远的影响,被誉为"现代艺术之父"。他的代表作品有《埃斯泰克的海湾》《静物苹果篮子》《圣维克多山》《玩牌者》《穿红背心的男孩》等。

《微笑的蜘蛛》的蜘蛛形象出自何处?

奥迪隆·雷东(1840—1916年)是19世纪末法国象征主义画派的代表人物之一。他曾经参加过普法战争,直到1879年,他才决心从事绘画。雷东的美学思想主要来自象征主义诗人和散文家马拉美等人的作品,他主张绘画是想象的结果,而不是视觉印象的再现。因此,他反对印象主义的追求色光的技巧,而致力于表现子虚乌有的鬼魅幽灵和幻觉形象。

《微笑的蜘蛛》是雷东的重要作品之一,画面上描绘的是一只硕大的黑色蜘蛛,其怪异的形象和整个作品的恐怖气氛,让人望而生畏、胆战心惊。我们知道,蜘蛛一共有8条腿,然而,这幅作品中的蜘蛛却多了2条腿,这到底是为什么?更可怕的是,蜘蛛的背部图案好像是一张人的面孔,露出狰狞阴险的微笑,似乎在等待着猎物来自投罗网。雷东创作这幅作品的目的是什么?他的灵感是从何而来的呢?

有人认为,蜘蛛的形象源自一篇名为《颠倒》的小说,在这篇小说中,主人公的卧室里就悬挂着一些奇怪的图画,其中就包括一幅绘有长着人脸的恐怖蜘蛛的画作。有人认为画中的蜘蛛是雷东对自己思想情绪的艺术再现,比如蜘蛛向上翻动的眼睛是画家寻求精神自由的象征。也有人认为,雷东的灵感与19世纪后期的科学与社会思潮有关,当时达尔文的进化论风靡社会各个角落,人们普遍认为各种生物之间没有本质的区别,甚至还有人认为生物的进化依赖于混血物种。同时显微镜的广泛应用使人们进入微观世界。雷东可能受到过这些因素的影响而创造了《微笑的蜘蛛》。

《奇袭》里被袭击的是谁?

亨利·卢梭(1844—1910年)是位自学成才的法国画家,曾经参加过普法战争,40岁以后才开始从事绘画创作。由于他没有经过"专业训练",所以他的作品里还保留了朴素的味道和稚拙的痕迹,也正是这种率真的画风使他在19世纪末的欧洲画坛上占有一席之地,曾经受到毕加索等人的推崇。卢梭想象力丰富,擅长于描绘神秘、奇特的事物,尤其在描绘充满幻想的热带丛林上颇具功力,为原始派的开山祖师,其作品流露出一种神秘主义色彩。

卢梭最早的一幅关于丛林风景的作品是《奇袭》，又名《热带飓风与虎》，描绘的是一只老虎躲在丛林里的情形。据说，画面里的热带植物并不是卢梭到墨西哥写生得来的，而是从近在咫尺的巴黎植物园里观察到的形象，画中老虎的形象是从儿童图画书中借鉴来的。但无论怎样，这幅洋溢着孩童般纯真情感的画面都带给人们异乎寻常的感受。有人批评卢梭根本不懂绘画，而画家兼批评家菲利克斯·瓦洛顿则称赞卢梭"如孩童般的纯真"，并称其作品为"绘画的起点与终点"。

很多人在看过这幅画后都会迷惑，作品名为《奇袭》，那么，这种"奇袭"从哪里表现出来的呢？有人认为，画面描述的是一道从天而降的闪电"奇袭"老虎。也有人认为，画中描述的是躲在丛林中的老虎"奇袭"猎物的情景：它悄悄地接近猎物，细雨打在即将跃起的老虎身上，闪电映照出它的身影。由于虎是临摹而来的，可能卢梭在临摹的时候忘了临摹猎物，所以我们在画面上看不到被袭击的对象。

知识链接

原始派

原始派是20世纪产生于法国的画派，又称稚拙派。原始派在创作中极力主张返璞归真，追求原始艺术的那种浑然天成、自然淳朴、朴实无华的表现形式，认为那些没有基础和三维空间的原始绘画最能体现出人类的纯真无邪和朴素无华的本性。由于很多原始派画家很少或基本没有接受过较为专业的"技术培训"，在画面处理、造型特征和描绘技巧上显得非常稚嫩，一开始曾受到世人的嘲讽和鄙夷。从1908年起，原始派的作品开始引起前卫画家的重视，甚至被很多著名画家所推崇。原始派的开创者为亨利·卢梭，其他代表人物还有维万、博尚、邦不瓦、兰贝特等。

《雅各与天使搏斗》中的什么情节让人迷惑？

保罗·高更（1848—1903年）与塞尚、凡·高均为19世纪的后印象派绘画巨匠。高更的艺术最初属于印象派的范畴，后来又走向反印象派之路。他注重主观感受，其作品深受东方和埃及艺术的影响，充满了原始的野性美和神秘感，色彩对比强烈，同时又富有东方韵味。从1889年开始，他在法国布列塔尼半岛创作了3幅作品，分别是《黄色的基督》《美丽的恩琪拉》和《雅各与天使搏斗》（又名《布道后的幻象》）。这些作品，宣告高更成为与印象派画家背道而驰的一位后象征派画家，受到象征主义诗人马拉美的赞赏。在这3幅作品中，《雅各与天使搏斗》的画面显得比较神秘、晦涩，主题也让人十分迷惑。

在《雅各与天使搏斗》的右上部，隐约可见两个人在搏斗，其中一个是带翅膀的天使，另一个必然是雅各了。而画面的左下部有几个农妇，她们都戴着白色的帽子，从面目表情和身体姿势来看，她们都非常虔诚。在画的左上部还有一头步履蹒跚的牛。画面上的情节让人难以理解：雅各和天使都是基督教传说中的人物，他们怎么会与布列塔尼那些农妇出现在同一幅画面里呢？

其实，这幅作品描绘的是布列塔尼半岛上的农妇在听牧师讲解教义时，眼前所产生的幻象。也就是说，雅各与天使搏斗的场面只是人们脑海中的幻觉，并不是在农妇面前发生的真实情景。也正因为如此，基督教传说中"搏斗"场面，被处理在边缘化的位置，而这些虔诚的布列塔尼农妇却占据了大半个画面。作品的主题被高更神秘化了。画面上黑、白、红、蓝等几种颜色组成的图案以及弯曲起伏的线条，类似拜占庭镶嵌画。高更的这种内容和形式均带有复杂性的艺术风格，被很多学者称为"综合主义"，并对法国的纳比派和野兽派产生了重要影响。

知识链接

后印象派

后印象派形成于19世纪末，是从印象派发展而来的一种西方绘画流派。当时许多曾受到印象主义艺术形式影响的画家开始走向反印象派之路，他们不满足于单纯追求作品的光线和色彩的技巧，更加强调作品对画家自我情绪和感情的表达，于是开始尝试对色彩及形体表现性因素的运用。

在内在表现上，后印象派认为艺术形象既要来源于现实，也要高于现实，用作者的主观思维去改造客观物象，使作品表现出一种"主观化了的客观"。在外在形式上，后印象派在吸取印象派光色成就的同时，更加强调物质的具体性、稳定性和内在结构。后印象派对现代各种艺术流派都有着重大的影响，直接导致了结构主义的诞生。

有人在凡·高的画作中看到了物理公式，这是真的吗？

人们在凡·高的《星空》《麦田上的乌鸦》等作品里，可以发现一些旋涡式的图案，这种现象长期以来一直被人们看成凡·高的一种艺术手法。然而，据近年来的某些科学家称，这些旋涡背后暗藏着湍流理论的影子。

湍流理论是流体力学的重要分支，也是流体力学研究的重要内容和前沿课题，曾被称为"经典物理学最后的疑团"。几个世纪以来，无数科学家试图用精确的数学模型来描述湍流现象，然而这个被认为比量子力学还要深奥的难题，至今依然没有取得突破。如今的现代湍流理论，其中一个重要基础，还是苏联科学家柯尔莫哥洛夫在20世纪40年代提出的"局部迷向湍流近似公式"。

科学家在对凡·高的一些作品进行研究后发现，这些画中光与影的模式，与流体力学中的旋涡，或喷气发动机喷出的气流极为相似，几乎完全符合柯尔莫哥洛夫提出的湍流公式。

值得注意的是，凡·高在创作这些作品时，精神非常不稳定，时而清醒，时而狂乱。而一旦恢复平静，他便失去了这种描绘湍流的能力，比如，他服用过镇静剂之后创作的《包扎着耳朵的自画像》里便没有旋涡的影子。

科学家解释道，精神病人在发病时会产生异常的意识和幻觉，甚至还会有灵魂出窍的经历，正是这种意识和幻觉使凡·高得以洞察旋涡的原理。对于发病产生的幻觉，凡·高曾把它描述成"内心的风暴"，而他的医生则称之为"视觉和听觉的狂热幻想"。

全世界似乎只有凡·高具有这种"特殊能力"，其他画家的某些作品虽然看起来也包含湍流现象，比如爱德华·蒙克的名作《呐喊》中也充满了旋涡，而且他在创作时同样处于精神混乱状态，然而这些旋涡与柯尔莫哥洛夫的理论并不相符。

凡·高的艺术作品为什么到他死后才得到社会的认可？

凡·高被称为"时代中最热情和最抒情的画家"。作为一位超前的艺术家，凡·高的作品中所包含的丰富的内涵、强烈的个性以及在形式上的独特追求，都远远走在时代的前列。他着意于内心真实情感的再现，而不是局限于描绘眼睛所看到的视觉形象，从而促成了表现主义的诞生。法国的"野兽派"、德国的"表现派"以及20世纪初出现的"抒情抽象派"等，都深受他的影响。

正如某些"自我表现"论者认为的"艺术只是一种情感的宣泄"一样，凡·高的作品所采用的大色块堆积的

凡·高自画像
这是凡·高自残一耳后的画像，此时他的精神已极不稳定。

手法、不符合常理的对比色运用以及情绪化的笔触，都使他的作品很难被同一时代的人们所接受。

凡·高所有杰出的作品，都是在他生命的最后6年里完成的。他后期的作品一改过去的沉闷压抑而变得热情明朗，似乎要用欢快的基调和升腾的希望来感染尘世的苦难者。他的代表作有《向日葵》《邮递员鲁兰》《包扎着耳朵的自画像》《星光灿烂》《凡·高的卧室》等。

凡·高生前只卖出一幅油画——1890年，比利时一位画家以400法郎的价格买下他的《红色葡萄园》。死后，他的名气越来越大，其作品成了亿万富翁炫耀的资本。

1987年，凡·高的一幅《向日葵》以3950万美元的高价卖出。同年，《鸢尾花》以5390万美元的天价售出，引起了全世界的轰动。1998年，凡·高的一幅自画像以7150万美元售出。1990年，《加歇医生》以8250万美元的价格拍出。7年以后，《加歇医生》又以9000万美元的价格被拍走。此外，凡·高还有许多售价在千万美元以上的作品。

《扑粉的女人》画的是谁？

法国画家乔治·修拉（1859—1891年）被认为是新印象画派（点彩派）的创始人。他把古典主义大师的技巧结构和印象主义的色彩运用融合起来，把最新的绘画空间概念、传统的幻象透视空间原理，以及色彩和光线的视觉方面的最新科学理论有机地结合在一起，并运用到自己的艺术实践当中，其艺术理念对20世纪几何抽象艺术有着深远的影响。在实际创作中，修拉将不同的纯色以点状并列在画面上，呈现出镶嵌般的色彩效果。

《扑粉的女人》是修拉点彩主义的重要作品之一，整个画面充满了朦胧色彩，描绘的是一个给自己扑粉的体态丰腴的女子。那么，这个女人的原型是谁呢？修拉在生前从未向别人透露过他是以谁为模特儿来创作这幅作品的。天妒英才，修拉32岁那年便匆匆地离开了人世。后来，有个叫玛德莱纳·克劳波劳兹的女子突然宣称她就是《扑粉的女人》中的主人公，而且披露她就是修拉的固定情人。这个消息轰动了整个法国艺术界，人们把克劳波劳兹与画面进行了对照，发现二者的确有某些相似之处。

不过，很多人对克劳波劳兹的说法表示怀疑。由于修拉性格内向，对自己的私生活一直保密，尽管他和玛德莱纳·克劳波劳兹生下一个男孩，但他很少向别人透露自己的感情生活，甚至对自己的父母也采取这样的态度，因此很难断定画面上的女子就是克劳波劳兹；而且从画面形象来看，修拉几乎是用丑化的方式来描绘这个女人的，修拉为什么要丑化自己的情人呢？看来要想解开这个谜团，还是非常困难的。

《吻》是一幅表现色情的绘画作品吗？

奥地利画家克里姆特（1862—1918年）是19世纪后期象征主义绘画中"维也纳分离派"的杰出代表。他的作品既有象征主义的哲理性，同时又吸收了东方艺术的装饰风格，注重空间的比例分割和线的表现力，对绘画艺术和招贴设计产生了极为深远的影响。

《吻》是克里姆特的代表作之一，描绘的是一对热恋中的青年男女。由于作品在制作过程中使用了大量的金属、螺钿等材料，因此画面呈现出金碧辉煌的效果，美不胜收。

《吻》引起了很多争议。有人认为《吻》就像克里姆特很多其他的作品一样，是一幅表达色情内容的图画。克里姆特在画中采用了可视的表示性爱的形象符号，即暗示画中二人在接吻之后就要发生性关系。比如，男人的衣饰有大量的长方形图案，这些图案大小不同，呈黑、白、黄三种颜色，象征了男人的棱角分明和坚硬；在腰部系着一条流动状图案的腰带，犹如精子一般，暗示了他体内的冲动。而女人衣服上则有很多圆形图案，主要分布在乳房、心脏、小腹、臀部和膝盖上,象征了女人的温柔、圆润和可塑性。

但也有不少学者反对这一说法,他们表示,虽然关于女性及性爱的内容在克里姆特的作品中占有特殊的地位,但这并不意味着《吻》就是一部色情之作。尽管画里出现了原始人使用的性爱符号,但在19世纪末的欧洲,这类符号是否还具有"性"的含义是值得商榷的;而且克里姆特的装饰风格在很大程度上来自东方艺术,而在东方艺术中,这些符号并没有性爱的含义。也许对画家本人来说,这些符号只是一种装饰而已,并无特殊意义。

知识链接

维也纳分离派代表人物

1897年,在奥地利首都维也纳,有一批画家、建筑师和设计师声称要与传统的美学观念划清界限,反对当时相对保守的维也纳学院派,并与之分道扬镳,故而自称分离派。分离派涵盖绘画、设计、建筑、装饰等领域,没有明确的纲领,其参与人物艺术风格多种多样,从广义上讲,是指思想和类型比较接近的艺术家群体。其代表人物有画家克里姆特,建筑家和设计师瓦格纳、霍夫曼、欧尔布里希、莫塞尔等人,其中以克里姆特和霍夫曼最负盛名。瓦格纳是霍夫曼等人的老师,其设计理念与建筑风格在19世纪80年代已体现出基本的分离派思想,因而被认为是"分离派之父"。

蒙克的《圣母玛利亚》有什么样的象征意义?

爱德华·蒙克(1863—1944年)是挪威表现主义画家。《圣母玛利亚》是蒙克的重要作品之一,描述的是一个上身赤裸、丑陋猥琐的女子,她正扭动自己的身体。蒙克笔下的圣母玛利亚怎么会是这个样子?这个充满朦胧、压抑气氛的作品究竟有什么象征意义?

有人认为,尽管与庄严、圣洁的传统圣母形象大不相同,但画面上的女子仍然有着传统圣母的平静、自信的神情。虽然她双眼闭合,没有正视来自上方的光源,但身体扭动的方向是面对光线的,这是对圣母升天情境的描绘。

也有人认为画面中的女子根本不像神殿上的圣母,倒像是蒙克已经过世的姐姐,或者是他想象中的被爱情折磨得死去活来的女性。

蒙克出生在一个不幸的家庭,他幼年丧母,青年丧父。一个兄弟和一个姐姐也都早早就过世了,他的妹妹从小就患有精神病,他自己也体弱多病。身边亲人的不断死去,给蒙克的精神造成了极大的打击,死亡的阴影一直萦绕在他年轻而又敏感的灵魂深处。我们从这幅《圣母玛利亚》就可以洞悉到他内心的压抑和痛苦。

知识链接

表现主义

表现主义是指为强调艺术家的自我感受和情绪,而对客观事物进行夸张、变形乃至怪诞处理的一种艺术思潮。从广义上讲,表现主义可用于所有强调以艺术技巧进行"自我表现"的画家;从狭义来讲,则是指20世纪初德国的三大艺术运动,即"桥社""青骑士派"和"新客观派"。德国之所以成为表现主义的主要基地,是与尼采的主观唯心主义哲学、弗洛伊德的精神分析学说和斯泰纳的神秘主义在德国社会的风行分不开的。表现主义者否定现实世界的客观性,认为主观世界才是唯一真实的,并进而否定艺术的目的性。表现主义是社会文化危机和精神混乱的反映,在社会动荡的年代发展尤为迅猛。

《手拿烟斗的男孩》画的是谁?

2004年5月5日,在伦敦举行的苏富比拍卖会上,毕加索的《手拿烟斗的男孩》以1.04亿美元的天价成交,创造了当时世界名画拍卖史的新纪录。那么,这幅被誉为"具有达·芬奇《蒙娜丽莎》的神秘和凡·高《加歇医生》的忧郁的唯美之作",到底是怎样一幅作品呢?

1905年,23岁的毕加索搬到巴黎一栋被称为"洗衣船"的破旧公寓里居住。这栋公寓之所以被称为"洗衣船",是因为只要风一吹,它就会像塞纳河上的洗衣船一样摇摆。毕加索就是在这种生活环境里创作了《手拿烟斗的男孩》。

这幅被认为是毕加索最有诗意的作品,描绘的是一位神情有些忧郁的青春期男孩,他身着蓝色衣服,头戴花冠,手里拿着一支烟斗,显示出一种颓废的神态。画面的背景是两大束色彩艳丽的花。画面上的少年是谁?他是真人的肖像,还是虚构的人物?

有些人认为,这个少年的形象是虚构的,毕加索的创作灵感受到法国象征派诗人魏尔伦的影响。魏尔伦曾在诗中提到:在一座宫殿里有一群"年轻撒旦",他们中最英俊的"恶魔天使",是一个头戴花冠、爱做梦的16岁男孩,眼中充满了火焰和泪水。

不过,也有人认为画中的少年是真人的肖像,他就是居住在"洗衣船"附近的一个绰号为"小路易"的男孩。毕加索的原意是创作一幅写实作品,但画到一半就因为失去了兴致而停笔。有一天,毕加索听到有人朗诵魏尔伦的诗句,突发灵感,回去在"小路易"的头上画了一个花环,这幅杰作就这样诞生了。

不过,这两种说法哪种更为准确,至今仍然无法确定。

《亚威农少女》是怎样的一幅作品?

1907年,26岁的毕加索时创作了《亚威农少女》。作品采用了蓝色背景,画面上5个裸体女人的肉体色调非常突出。画面左边的3个裸女形象,显然是古典型人体的生硬变形。毕加索没有采用传统的明暗法和透视法,而是简单地勾勒出她们的形状,头部、上身和下肢的不同位置排列明确,突出了她们前后的空间关系,给人以很强的立体感。

右边两个裸女那异常可怕的面容及体态,则充满了原始艺术的野性特质。上面那个女人的一只特大的鼻子占据了大半张脸,整个头部几乎都是用绿色线条画出了浓重的阴影。在下面那个女人的面部结构中,画家用弯曲的线条描绘了那只极其夸张的鼻子,把赤褐色的脸颊与鼻子一边深蓝色的阴影区分开来,呈现出立体感。

这幅作品的手法简练、线条明朗,仅在关键之处加以渲染,不加任何修饰。在整个画面结构布局上,画家通过很小的水果来反衬人物的巨大。立体的身形以及夸张的脸部,给观者以强烈的视觉冲击。

《亚威农少女》遭到社会各界的嘲讽和指责,甚至连毕加索的朋友也难以接受这样的作品。有人说毕加索想创造四度空间;有人说毕加索企图嘲笑现代艺术,并发誓要让毕加索"沉下去";有人说毕加索是"用石蜡来代替我们吃惯的东西";等等。

直到1937年,《亚威农少女》的价值才为人们所认识。这一年,它的转让价是240万美元。《亚威农少女》标志着毕加索与传统艺术方法的彻底诀别,同时也宣告了立体主义绘画艺术的正式诞生。

知识链接

立体主义

立体主义是西方的一种现代艺术形式和流派,1908年始于法国。立体主义主要追求一种几何形体的美,它摒弃了从一个视点观察和表现事物的传统绘画方式,把三维空间的画面在二维的平面之上表现出来。传统的明暗、光线等重要的表现手段让位于由线条所构成的几何形体、块面排列与交错的艺术情趣。立体主义在20世纪有两个派别,一个是以毕加索为代表的洗衣船派,另一个派别是蜂窝派。立体主义可以分为3个时期:一是初期发展阶段,主要追求单纯的几何形态;二是分析立体主义阶段,颜色依然比较单一;三是综合立体主义,开始关注画面的整体效果，色彩逐渐丰富起来，事物的外观形态重新得到重视。

名画《格尔尼卡》有什么象征意义？

20世纪30年代，西班牙陷入内战。1937年，德军疯狂轰炸西班牙小镇格尔尼卡，将其夷为平地，导致2000多名无辜平民丧生。作为一位有强烈正义感的艺术家，毕加索仅仅用了几个星期便完成一幅达27平方米的巨画《格尔尼卡》，以表达对法西斯兽行的强烈谴责和愤慨。

在这幅巨作里没有飞机和炸弹的形象，却聚集了残暴、恐怖、痛苦、绝望、屠戮、死亡、惊慌、逃亡、呻吟和呐喊。

位于画面中心的是一匹正在回首嘶鸣的濒死的马，它被一根由上而下的长矛刺中，象征受难的西班牙。它的上方有一盏耀眼的电灯，好像一只惊恐、孤独的眼睛。

马的左边是一头表情茫然的公牛，似乎对身边发生的事件漠然置之。对于牛的象征意义一直是有争论的，有人认为公牛象征强暴，代表的是凶残的德国法西斯；也有人认为牛也是这场战争的受害者。

在公牛头部的下方，一位悲恸欲绝的母亲正抱着死去的孩子号啕大哭。地上躺着一具战士的尸体，他手握一柄断剑，剑旁是一朵正在生长着的白花，表示对人民英雄的哀悼。

画面最右边的一位妇女正从坍塌的楼房上跌落下来，是空炸受难者的真实写照，她那高举的双手显示出突如其来的灾难给她造成的无限惊恐，其绝望的姿态让人难忘。下方一位俯身奔逃的女子是那样的仓皇。在最显眼的地方，有一位妇女手持油灯从窗口探头出来，把这部惨剧展示在光明之下，象征着揭露黑暗。

毕加索以半抽象的立体主义手法，以及超时空的形象组合，成就了其一生中最成功、最重要的作品。在支离破碎的黑、白、灰色块中，散发着强烈的紧张感和恐怖气氛，展现出一幕震撼人心的历史悲剧，表现了画家对战争暴行的深刻控诉和对人类苦难的强烈悲悯。70多年过去了，这幅巨作已经成为警示战争灾难的文化符号之一，也使格尔尼卡的伤痛永远留在了人类的记忆之中。

杜尚为什么要为蒙娜丽莎涂上胡须？

杜尚（1887—1968年）是达达主义及超现实主义的代表人物之一，被誉为"现代艺术的守护神"。可以说，西方现代艺术，尤其是第二次世界大战以后的西方艺术，主要是沿着杜尚的思想轨迹而发展的。因此，了解杜尚是了解西方现代艺术的关键。

杜尚早期曾受过印象主义、野兽主义、立体主义的影响。从1911年起他突然改变了画风，创作了表现机器的《咖啡研磨机》，以及表现形体运动的《走下楼梯的裸体者》等作品，遭到很多人的批评，但也博得了一些先锋派艺术家的支持。他用粉末、金属丝、油漆等非传统材料甚至是现成品进行创作。1913年，杜尚创作了一件史无前例的、离经叛道的作品，他将一个废弃的带轮子的自行车前叉倒置固定在一个垫凳之上，取名为《自行车轮》，标志着现成品艺术的诞生。1917年，他把一个男人的小便器署上"R.Mutt"的签名，取名为《泉》，送到纽约独立艺术家协会展览遭到拒绝。从此，杜尚成为达达主义的代表人物，其反美学主张以及"现成品"的概念对后现代画家产生了深远的影响。

1919年，杜尚在巴黎买来一幅《蒙娜丽莎》印制品，他用铅笔在蒙娜丽莎的上唇加画了两撇翘胡子，在下巴上添了一撮山羊胡，并题上"L.H.O.O.Q"，暗喻画面形象是淫荡污浊的。这样，蒙娜丽莎那征服了几个世纪人心的"神秘的微笑"瞬间消失殆尽。这幅作品展示了杜尚蔑视传统、反对约束的个性。

尽管达达主义运动在1923年便宣告结束，但杜尚对现代西方艺术的影响使他成为当代西方艺坛最受关注的人物之一。

知识链接

达达主义

达达主义艺术运动是1916—1923年出现于欧洲的一种艺术风格，最先出现于瑞士的苏黎世，盛行于法国。达达主义运动属于一种无政府主义的艺术运动，由一群年轻的艺术家和反战人士领导，通过反美学的艺术形式来表达他们对资产阶级价值观的失望和对第一次世界大战的憎恶。

达达主义者带有浓厚的虚无主义情绪，他们反理性、反规律、反传统、反经典、反对偶像崇拜。达达主义者的艺术观念反映了他们对传统艺术理念的重新审视和批判，力图从主流艺术形式中解放出来。达达主义运动对当代艺术的影响很大，成为20世纪艺术的热点论题之一。

《记忆的永恒》寓意何在？

达利（1904—1989年）是超现实主义绘画代表人物之一，被誉为"当代艺术魔法大师"。他能在不同领域、不同年龄、不同阶级、不同品位的人群中，拥有历久不衰的美誉。

达利具有非凡的才能和丰富的想象力，他通常把具体的事物进行任意夸张变形，使其变得怪诞离奇，再结合象征手法，把本来没有关系的诸多事物放置在同一个画面之中，创造出一种如梦如幻的"超现实境界"，表现出强烈的视觉冲击感。他的作品不仅能够开启人们的想象力，诱发人们的幻觉，更是以探索潜意识的意象著称。

《记忆的永恒》是达利早年的作品，典型地体现了达利的超现实主义画风。画面上有一片海滩，海滩上躺着一只身形看起来似马非马的怪物，它的头部是一个由睫毛、鼻子、舌头组合在一起的怪诞形象，很多人将其视为达利面部的变形。怪物的旁边有一个平台，平台上长着一棵枯树。最令人费解的是，出现在这幅画中的所有钟表都像柔软的面饼一样，或挂在树枝上，或搭在平台上，或披在怪物的背上。

画家创造这些怪诞的形象寓意何在？有人认为，作品表达了因时间的流逝而带来的紧迫感，也有人认为作品表现了画家"对阳痿的恐惧"。

据达利自己讲，他创作这幅作品是受到了弗洛伊德思想的影响，整个画面是他尽可能精确地记下自己的每一个意念和梦境的结果。达利认为，精神病人的言论和行为往往是人的潜意识的最单纯、最真实的反映，所以为了创作这幅作品，他曾亲自去精神病院与病人接触，以了解他们超现实的意识。这幅作品让观者看到了一个正常人在现实生活中根本无法看到的怪诞景象，体验了一下精神病人式的对现实世界秩序的解脱，也许这正是作品的寓意所在。

知识链接

超现实主义画派

第一次世界大战结束后，整个西方世界弥漫着浓烈的悲观、厌世的情绪。身处乱世的艺术家开始对传统的艺术表现形式和审美观念失去兴趣，并最终与之分道扬镳。其中一些艺术家受到弗洛伊德的精神分析的影响，逐渐走上超现实主义之路，以一种全新的艺术形式来发泄对现实的不满，寻求一种精神上的解脱。

超现实主义画家常常把毫不相干的事物放在同一幅画面上，热衷于没有任何逻辑联系和理性约束的表现手法。力图把生与死、梦境与现实、过去与未来统一起来，其作品呈现出一种神秘、恐怖、荒诞的色彩，给人以梦中之感。代表画家有恩斯特、米罗、达利、马格里特等。

第七章
建筑雕塑·解疑释谜

被誉为古代"世界七大奇迹"之冠的埃及金字塔出自何人之手？

埃及金字塔是古代高度文明的见证，也是无数不解之谜的源头。那么，规模如此宏大的金字塔到底是谁建造的？在古埃及文明中，虽然留下了大量的金字塔铭文、壁画和纸草文书等文献，但至今没有发现有关金字塔如何修建的设计图纸或文字记载，因而各种推测和猜想就出现了。

1968年，瑞士人埃里克·冯·丹尼肯出版了《上帝的战车》一书，他认为大金字塔不可能由一代人建成，胡夫可能虚构了铭文，标榜自己建造了金字塔。埃里克·冯·丹尼肯说，在英国的一座图书馆里，有一份古埃及的科普特人留下的手稿，里面讲到大金字塔是埃及王苏里特叫人建造的，而这位国王是在大洪水前统治埃及的，因此，大金字塔应该在1万多年前就已经建成了。他在书中列举了许多理由和例子，极力证明古人乃至今人都不可能建成这样的建筑，只有上帝或外星人才是可能的建造者。

这类说法到1976年人类探索了火星之后有了进一步的发展，有些人认为建造大金字塔的外星人就是火星人。理由是：火星与地球的大气状况和地质构造极为类似，在火星岩层里有生命存在的迹象；在亿万年前，火星曾遭到毁灭性的打击，如果火星文明已经高度发达，他们当中很可能有人来地球避难；从卫星发回的照片上看，火星上某个地点的地貌与吉萨的金字塔建筑群很相似，金字塔可能是火星人在地球上留下的永恒纪念。

还有一种说法是金字塔由"大西洲人"所建。西方学者曼利·胡尔在《各时代潜在的知识》一书中认为，在"大西洲"沉陷之前，一些居民提前离开"大西洲"，从而逃过了这场劫难。其中一部分"大西洲人"移民到埃及，并参照故土上的建筑物建造了大金字塔，把他们高度发达的文明隐藏于塔的规格、几何图形和内部结构中。

但是，直到今天，多数学者还是相信金字塔为古埃及人所建，因为"外星人"或"大西洲人"建造金字塔的说法有很多无法自圆其说之处。首先，从各个金字塔中发现的物品和随葬品都是埃及人的日常生产和生活用品，没有任何特别奇异之处。其次，从现在所知的埃及墓葬来看，埃及金字塔经历了一个从坑葬、马斯塔巴墓、层级金字塔到真正金字塔的逐步演化的过程，而不是突然出现的。另外，在金字塔的铭文中，还有"工匠队""层级金字塔队""船队"等建筑队伍名称的记载，在金字塔附近也发现了当年工匠的工棚遗迹。这些都可以说明金字塔出自古埃及人自己的双手。

古埃及人是如何开采和运输石料的？

对于古埃及人来说，建造金字塔最大的难题是开采和运输石料。

建造金字塔的主要石料是石灰岩和花岗岩，而这两种石材在尼罗河附近的山脉中储量十分丰富。为了便于运输，古埃及大部分采石场都建于尼罗河沿岸。

古埃及人采石的工具比较原始，主要是铜凿、木槌、玄武岩制的敲击球、木楔等，这是因为当时埃及人还处于铜、石并用时代，尚未使用铁制工具。有人认为，古埃及人可能使用过一种使铜变硬的技术，这样他们使用的铜凿就可以开凿石头，只是这种技术已经失传。

古埃及人在开采质地较软的石灰岩时，先在宽阔的峭壁上挖出一条走廊，使要被开采的石块孤立出来，然后用木槌和铜凿在底部凿出缝隙，将木楔塞进去，再向缝隙中不断地浇水，等木楔膨胀后，巨石自动地离开石床，从沟隙处水平下降，这样便得到了所需要的石灰石。

当开采花岗岩等质地较硬的石头时，人们先用玄武岩石球敲打铜凿在石头四周凿槽，沿槽打洞，然后塞进木楔和长木桩，再向里面浇水，使木头膨胀，借助张力使岩石沿槽裂开。用这种方法开采出来的石块比较齐整，能按照事先计划好的尺寸开采，但耗时较长。还有一种方法：先在被选中的石头上架柴烧火，使石头升温到开始碎裂，然后向上面浇冷水，此时石块会成片地剥落下来，反复进行这样的操作，直到有合适的石块为止。

古埃及人将开采下来的石块加工成形，用打磨石将石块进行修整，特别是要将石块下面磨平，以便拖运。因为采石场和金字塔基本上都在尼罗河附近，所以要等到尼罗河涨水时，用船只将加工成形的石头运到靠近工地的河岸。

在陆地上运输巨石，古埃及人使用的主要工具是木橇。使用时，在它前面绑上长长的拉绳，用人或牛拖曳。19世纪时曾有人试过此方法，但因地面摩擦力太大，几乎寸步难行，只有在其下面垫上滚木或滚石，才能极其缓慢地向前移动。19世纪末，考古学家在一座墓室中发现了一幅壁画，终于解开了古埃及人运输巨石之谜。在这幅彩色画面中，一尊巨大的石像被绳子固定在木橇上。木橇前面有4股绳子，每股绳子有40多人拖曳。在石像的膝盖上站着一个人，正在指挥大家齐心协力向前拖。在木橇前面还站着一个人，他手捧一个容器，正在向前面倾倒某种液体。原来，古埃及人为减少木橇与地面的摩擦力，在其前面抛洒尼罗河中的湿泥或某种油脂，以起到润滑作用。

古埃及人建造金字塔想象示意图

古埃及的法老们为什么要修建巨大的坟墓,并且将其修成角锥体?

在埃及现已查勘到的金字塔有90多座,但是因为种种自然和人为的因素,大多数金字塔都已经坍塌破碎,尚且完整的有30多座。它们都位于尼罗河西岸,跨度100多千米,而金字塔的这种布局与古埃及人的生死观有关。因为在古埃及人心目中,尼罗河的东岸是太阳升起的地方,是生命开始的象征,而太阳降落的西岸则是亡灵的世界。

古埃及国王之所以不惜一切代价修建坟墓,也与这种生死观有关。古埃及人认为人的生死,不过是其灵魂与肉体的暂时分离,不过是从一个世界走进另一个世界。对于法老来说,他希望在另一个世界里也能吃喝玩乐,也有华美壮丽的宫殿居住,所以,在世时就把自己未来的别墅——坟墓修好。

古埃及法老的坟墓经历了一个不断发展的过程,规模逐渐扩大,结构越来越复杂,并最终演化成后来的金字塔。那么,古埃及的法老们为什么要将坟墓修成角锥体的形状,即呈汉字的"金"字形呢?人们对此众说纷纭、莫衷一是。

有的学者认为,这是古代埃及王陵自然发展的结果。古王国时期,埃及国力强盛,法老为了神化和抬高自己,有意使自己的陵墓高于过去的王墓。

也有人认为,这是从沙漠里一堆堆的角锥形沙丘那里得到的启示,当时的建筑师们认为这种形状能有效缓解风沙的冲击,可以对陵墓起到一定的保护作用。

不过,更多的学者认为,这与古王国时期的宗教崇拜有关。金字塔铭文里有这样一句话:"为他建造登天的梯子,以便他可由此进入天堂。"暗示建造金字塔可以帮助法老上天,因为法老是神派到人世间的代表,死后还是要上天的。之所以把坟墓建成角锥体,表示的是对太阳神的崇拜,金字塔象征的就是刺破云雾的太阳光束。

知识链接

埃及金字塔的发展过程

古埃及法老的坟墓最初并不是金字塔的形状。

在前王朝后期,国王们的墓地只是一个墓室,在地下用土坯建成,没有地上建筑。

到早王朝时期,王墓发展成长方形的平顶砖墓,被称为"马斯塔巴"。

到第三王朝的初期,设计师伊姆荷太普为法老乔塞尔别出心裁地建造了一种"层级金字塔"墓,此墓是世界上第一座大型石造建筑,在设计思想上真正趋向于金字塔。

第四王朝法老斯尼弗鲁先后为自己修建了3座金字塔,先建成了层级金字塔,然后又用石头将其填平,成为一个角锥体的金字塔。后来他又建造了一个弯曲形金字塔,但仍不满意,又建造了第三个呈角锥体的金字塔,高99米。这个金字塔成了以后10个王朝的法老们修建自己陵墓的典范,被学术界公认为真正金字塔的开端。

金字塔墓碑上的咒语真的灵验吗?

20世纪初,人们在发掘图坦卡蒙陵墓时发现了几处咒语,有一处写道:"谁扰乱了法老的安眠,展翅的死神将降临在他的头上。"还有一处写着:"任何目的不纯者进入坟墓时,死神之灵会像扼一只鸟儿一样扭断他的脖子。"

当这个最年轻的法老的墓门被开启之后,奇异的死亡事件接踵而来。先是负责此次发掘的考古学家霍华德·卡特宠爱的金丝雀被一只眼镜蛇吞掉了。随后,卡尔纳冯伯爵死于由蚊子叮咬而传染的不知名疾病,而被叮咬的部位与图坦卡蒙脸上那块伤疤的位置几乎相同。

类似的事还可以举出很多。近年来,埃及文物最高委员会主席哈瓦斯在图坦卡蒙陵墓给木乃伊做CT检查时,也发生了一系列不可思议的事情。据报道，当时帝王谷狂风大作，刚从美国买来的先进仪器竟无故失灵了一个半小时。哈瓦斯是不信"法老的诅咒"的，他还安慰工作人员说："不要怕，不会是法老的诅咒。"这时，他的手机响了，是他妹妹打来的："我丈夫突然去世了！"

半个多世纪以来，"法老的诅咒"以一种神秘的方式广为流传。《福尔摩斯》一书的作者柯南道尔称他绝对相信这古老诅咒的存在。那么，法老诅咒真的灵验吗？

不少科学家从病理学、心理学、物理学等角度提出了一个又一个观点，试图证明"法老的诅咒"的荒唐。有人认为，古代埃及人可能使用病毒来对付盗墓者。有人曾为经常同古埃及纸草文书打交道的人进行身体检查，发现很多人感染了一种能引起呼吸道发炎的病菌，进入法老墓穴的人正是感染了这种病菌，引起肺炎而死的。也有人认为，有些不常与陵墓打交道的人，可能是因为受不了塔内闷热而又令人窒息的空气，再加上爬上爬下的疲劳和对神秘的金字塔心存已久的惧怕心理，而导致眩晕，甚至引发其他疾病而死。还有人认为，塔内存在放射性物质，干扰先进的仪器正常工作，甚至导致人们的死亡。

然而，迄今为止，没有任何一种解释能让大家信服。不过值得一提的是，近年来澳大利亚科学家马克·尼尔森在经过长期的整理研究后发现，在图坦卡蒙陵墓最初开启时在场的25人的平均寿命大约为70岁，只有6人在10年内相继死亡。而主要负责人霍华德·卡特活到了65岁，他生前是"法老诅咒"的坚定否定者。

"金字塔能"真的存在吗？

20世纪40年代，一个名叫鲍维斯的法国人到胡夫大金字塔参观游览，他发现在塔高1/3处叫作"王室"的厅堂内，有一只垃圾桶，桶内有一些小动物的尸体。这些已经死去很久的小动物居然没有腐烂，反而脱水和木乃伊化了。鲍维斯脑中忽然闪出可能是金字塔结构使小动物变成木乃伊的念头，于是，他回去按比例做了一个金字塔模型，把一只死猫放在模型1/3高处的平台上，结果死猫变成了木乃伊。用其他有机物质做同样的试验，也能得到类似的结果。

此后，许多人做了进一步的实验，证明在金字塔的该位置能够增强认知能力、阻碍自然进程（如有机物体本应腐烂变质但反而脱水干化、钝化的金属刀锋重新恢复锋利）、促使空气离子化等。由此，人们猜测在金字塔形构造物内有一种能量，从而构成了"金字塔能"。

此后，各国的学者和爱好者进行了更为广泛的实验和研究，探究有这种金字塔外形构造的装置所形成的特殊能量场的作用，并出版了上百种相关的著作，发表了无数的文章，吸引了越来越多的人参与对"金字塔能"的研究工作。

那么，所谓的"金字塔能"真的存在吗？

很多人认为，"金字塔能"是"客观存在着的一种自然现象"。在这个前提下，有的人认为金字塔形状相当于一个大镜头或电容器，里面积聚着某种未名的能源；有的人猜测金字塔形能在其内部聚集宇宙射线、磁性震荡和某些未名的射线；有的人设想这种能源是某种宇宙的力量和地球引力相结合的产物；有的人推测金字塔形内部能够产生一种高频震荡，影响着人体的细胞和肌肉，使之处于最佳状态；有的人解释说，不仅是金字塔形状，各种形状和大小的构造物都会在其内部产生一种力场、一种能源。这种特殊的力场或者与自然力场相互抵消，也有可能增强或减弱自然力场。

然而，有相当多的人对"金字塔能"的存在持否定态度，甚至将有关"金字塔能"的猜想斥为"伪科学"。到底是否存在"金字塔能"，还有待于研究人员的进一步发现。

新王国时期的埃及法老为什么选择葬于"王陵谷"而不再为自己修建金字塔？

从古王国后期开始，埃及民间的盗墓之风愈演愈烈，甚至出现了盗墓专业村。因此，为了死后的"安全"起见，新王国时期的法老们便不再为自己修建金字塔，而是在尼罗河西岸地段的山谷中开凿石窟墓，用于安放自己的遗体。于是，这个山谷便成了新王国时期法老们墓葬的集中地，成为举世闻名的"王陵谷"。

第一个在王陵谷建造陵墓的法老是图特摩斯一世（公元前1525—约公元前1512年在位）。他命人在山谷的石灰岩壁上开凿了一条很陡的隧道作为墓穴，此举标志着延续了1000多年的金字塔式墓穴的建造正式终结。在此后的500年间，各代法老都是沿用这种方式建造自己的墓穴。石窟墓深入山腰，墓内结构复杂，装饰富丽堂皇，虽然比不上金字塔的雄伟壮观，但至少不像金字塔那样"树大招风"，让法老们有一种"安全感"。

不过法老们的心里依然不是很踏实，他们尽量使墓道修得复杂隐蔽，有些墓口还故意用沙子掩埋起来，以掩人耳目。此外，他们还在王陵谷安置了一大批专门的修建和保卫人员。保卫陵园的军队驻扎在营房之内，负责修建的工人则在简易的房屋里栖身。修建人员包括石匠、画工、木乃伊制作师和其他手工艺者。他们来自全国各地，需要经常补充，因为当一座墓窟建成后，那些最后参与此事的建筑工人往往会被秘密处死，以防泄露墓中的机密。

然而，这些防护措施依然无法制止猖獗的盗墓活动，类似金字塔附近的盗墓专业村又在王陵谷附近出现。盗墓者为生活所迫或在巨大利益的驱使下，铤而走险，千方百计地找到墓穴的入口，将里面的金银财宝洗劫一空。到了埃及古文明行将结束的公元前4世纪，王陵谷已经破败不堪，许多洞穴的入口大敞四开，王陵谷成了法老们的"阴魂"、野兽和盗墓者的共居地。

知识链接

埃及著名的金字塔

埃及共发现金字塔90多座，最大的是开罗郊区吉萨的3座金字塔。大金字塔是第四王朝第二个法老胡夫的陵墓，高约146米，建于公元前2690年前后。

第二座金字塔是胡夫的儿子哈夫拉法老的陵墓，建于公元前2650年，比大金字塔矮3米，但建筑形式更加完美壮观，塔前建有庙宇等附属建筑和著名的狮身人面像。

第三座金字塔是胡夫的孙子门卡乌拉法老的陵墓，建于公元前2600年前后。当时正是第四王朝衰落时期，金字塔的建筑也开始衰落，门卡乌拉金字塔的高度降低到66米，内部混乱。

萨卡拉金字塔位于开罗南郊30千米，由多个金字塔组成。其中最著名的是阶梯金字塔，为古埃及第三王朝法老乔塞尔的陵墓，约建于公元前2700年。该金字塔呈6层阶梯塔状，高约60米。在金字塔附近还分布着一些贵族和大臣的陵墓。

狮身人面像是按照妖魔斯芬克斯的形象雕刻的吗？

狮身人面像又被称为"斯芬克斯"，位于哈夫拉金字塔东北处。"斯芬克斯"一词源自希腊语，指的是希腊神话传说中一个可怕的怪物，它长着女人的头、狮子的身躯，身上还有两只翅膀。传说它经常守在路口，让过路的人猜谜语，如果路人猜不出，就会被其当场杀死。

不知从何时开始，在西方流传着埃及的狮身人面像是按照希腊"斯芬克斯"的形象雕刻的说法。这种说法极为荒谬，因为埃及的狮身人面像大约诞生于公元前2600年，当时希腊民族还没有形成。约在公元前1500年，"希腊人出现在历史黎明前的微光之中",而南欧的希腊文明则出现在公元前7世纪。因此,埃及的狮身人面像不可能源自希腊的神话传说。相反,希腊神话传说中的"斯芬克斯"形象源自埃及的狮身人面像倒是很有可能。

那么,狮身人面像的形象是从何而来的呢?相传在公元前2600年前后,法老哈夫拉巡视自己未来的陵墓时,发现金字塔前有一块巨石。由于这块巨石里含有贝壳之类的杂质,所以没有被用来建造金字塔,从而被保留了下来。哈夫拉觉得它很碍眼,于是要求建筑师把它处理掉。建筑师可能是从古埃及神话和石头的外形中找到灵感,别出心裁地将其设计成哈夫拉头像和狮子身躯的结合体。一件闻名遐迩的艺术杰作就这样诞生了。

狮身人面像高20米,体长57米,如果算上石块砌成的两个前爪,全长72米。它的脸部宽4米,鼻子原长1.75米,嘴宽2.30米,耳长1.925米,有一双深邃的大眼睛。它头戴王冠,上面雕刻着圣蛇,两耳旁有扇状的头巾,下颌垂着长须,脖子上围着项圈。它的狮身之上刻有鹰的羽毛图案,前面是硕大的双爪。

狮身人面像最初的名字现在已经无从知晓。到新王国时期,它被称为霍尔·艾姆·艾赫特,意思是"日出时的荷拉斯神"。到公元前4世纪,大批希腊人来到埃及,有人一见到这座奇怪的石像,便脱口喊出了"斯芬克斯"的名字,这个名称后来成了狮身人面像的流行称谓。

知识链接

神话中的斯芬克斯

斯芬克斯最初源于古埃及的神话,它被描述为长有翅膀的怪物,通常为雄性,是"仁慈"和"高贵"的象征。当时的传说中有3种斯芬克斯——人面狮身的、羊头狮身的、鹰头狮身的。亚述人和波斯人则把斯芬克斯描述为一只长有翅膀的公牛,长着人面、络腮胡子,戴着皇冠。

到了希腊神话里,斯芬克斯变成了一个雌性的邪恶之物。据阿波罗多洛斯记载,斯芬克斯是半人半蛇的怪物厄喀德那同她的儿子双头犬奥特休斯所生。传说天后赫拉派斯芬克斯坐在忒拜城附近的悬崖上,拦住过往的行人,用缪斯传授的谜语考他们,猜不中者就会被它吃掉。这个谜语是:"什么动物早晨用四条腿走路,中午用两条腿走路,晚上用三条腿走路?腿最多的时候,也正是他走路最慢、体力最弱的时候。"俄狄浦斯猜中了正确答案"人"。斯芬克斯羞愧难当,跳崖而死。

是拿破仑炸掉了狮身人面像的鼻子吗?

如今的狮身人面像已伤痕累累,时间与风沙在其身上留下了斑驳的痕迹,昔日外层的红色胶泥大部分已脱落,王冠、圣蛇、长须也都不翼而飞,只剩下头顶上一个四方形固定王冠的深洞,尤其是眼睛以下、嘴唇以上的部位破损严重,整个鼻子荡然无存。狮身人面像怎么会落到如此悲惨的境地?

近200年,民间广泛流传着这样一种说法:当年拿破仑入侵埃及时,为了找到进入大金字塔的秘密通道,他命令士兵炮轰狮身人面像,结果把它的鼻子轰掉了。

那么,狮身人面像丢掉的鼻子果真与拿破仑有关吗?

从拿破仑本人留下的日记、回忆录,以及同时代人所写的与拿破仑有关的文章来看,从未发现拿破仑及其部队有破坏金字塔和狮身人面像的任何字样。

拿破仑并非只是一介武夫,他从小爱好历史文化,他还有一句"让驴和学者走在队伍中间"的名言。当年他率兵远征埃及时,带了一支近200人的科学艺术考察团,其中包括一些历史学家和考古学家,从而促使法国成为现代埃及学的发源地。从这点来讲,拿破仑下令轰击狮身人面像恐怕不合情理。

事实上,由于雕刻狮身人面像的石料是

质地松软的石灰石，而且里面的杂质较多，因此很难经得起长年累月的日晒雨淋，尤其是埃及西部强劲的沙暴的侵袭。据记载，到托勒密统治时期，狮身人面像的身上就已出现了石块脱落的现象，当时人们曾用小石块修补了它的两侧、前肢和尾部。此外，石像所处的地势较低，狮身人面像在历史上曾数次被沙漠完全吞没，人们又数次将其挖出来。在挖掘的过程中，石像本身难免会受到伤害。

总之，狮身人面像遭到破坏，不管是因为天灾还是人祸，只要我们无法找到有力的证据，就不能随便把罪名加到拿破仑的头上。

希罗多德曾对金字塔做过详细的描述，却为何对近在咫尺的狮身人面像只字不提？

公元前5世纪，古希腊著名历史学家希罗多德游历埃及时，记下了最早关于金字塔的文字：

"胡夫国王采纳祭司们的建议，强迫全埃及的人民去修建金字塔，并以10万人每隔3个月交替一次的方式劳作。仅仅建设为拖拉石头的道路这一项，就花费了10年的时间，而建造一座金字塔则需要20年。整个国家的民众都处于水深火热之中。"

"建造金字塔用的是阶梯式的建筑方法：先造好阶梯后，再用木制的起重机举起巨大的石头，或许是用与阶梯数量相同的起重机，也或许只用一台易于移动的起重机，一块一块地往上运送。"

……

然而，花了大量笔墨描写金字塔的希罗多德，为什么对近在咫尺的狮身人面像"视而不见"、只字不提呢？是希罗多德认为狮身人面像如此渺小，不值一提吗？

原来，狮身人面像所处的地势较低，它原来是一个小山包，但在修建哈夫拉金字塔时，其上部和四周的好石头都挖走了，这里就成为吉萨高地的一块低洼地区。所以，狮身人面像在历史上曾经数次被沙漠完全吞没。在其前爪间的一块记梦碑上，曾记载着第十八王朝法老图特摩斯四世（公元前1425—前1414年在位）为其"现身"的故事。

当时，石像已经被沙子埋到了脖颈。一次，法老阿蒙霍特普二世年轻的王子图特摩斯来此狩猎，在其头部阴影下休息。他在睡梦中忽然听到石像开口对他说："我是伟大的霍尔·艾姆·艾赫特，沙石憋得我透不出气来。假如你能帮我除去身上的沙土，我将封你为上下埃及的国王。"王子当即答应了它的要求。后来，王子兑现了这个诺言，将石像挖了出来，并在其东、西、北三面筑起一道土坯墙，以防沙土再次堆积，他本人也当上了法老。

然而，土坯墙并不能阻止沙暴对石像的侵袭，到公元前5世纪希罗多德造访埃及时，石像可能再次被沙土完全吞噬，所以希罗多德对它只字未提。

阿布辛拜勒神庙为什么被称为"埃及古迹大搬迁"行动的"纪念碑"？

阿布辛拜勒神庙位于埃及南部阿斯旺省以南300千米处。神庙是从山崖石壁中雕凿出来的，建于公元前1290—公元前1224年埃及法老拉美西斯二世在位期间。整个神庙高约33米，宽37米，伸进山崖达55米。

神庙最初供奉的是阿蒙等三大神，后来却成了拉美西斯二世的神庙。神庙正面的4座拉美西斯二世坐像神情安详，他的脚旁站立着他的女儿们和两座他的妻子尼菲拉丽的雕像。神庙内壁刻满了精美的图案，尤其是北墙最是令人叹为观止。

阿布辛拜勒神庙可以称为世界上最伟大的奇迹之一，令人惊叹的不仅在于它是埃及神庙中最壮观的一座，也不仅在于如此宏伟的建筑是在没有任何机械帮助的情况下开凿而成的，而且在于20世纪它的搬迁过程。

阿布辛拜勒神庙被称为20世纪60年代的"埃及古迹大搬迁"行动的"纪念碑"。因为建造阿斯旺水坝而形成的纳赛尔湖将会淹没一些古迹，人们不得不对努比亚地区的

14座神庙进行大搬迁。阿布辛拜勒神庙于1965—1969年被搬迁。人们将石体建筑的神庙编号分割成1000多块，然后小心翼翼地将它们搬运到更高的地方。在那里，这些石块按原样重新拼装起来，就像拼接巨大的七巧板一样。

阿布辛拜勒神庙的搬迁是整个埃及神庙搬迁中花费最大的一个，其中大部分的费用由美国承担。不管是埃及还是西方国家，都把阿布辛拜勒神庙视为是世界遗产，世界上很多国家都对神庙的发掘和保护作出过重要的贡献。

埃及和玛雅的金字塔都源于亚特兰蒂斯吗？

亚特兰蒂斯是一个引人入胜的历史之谜。这个传奇文明消失的故事已经流传了几千年，最早的记载出现在2000多年前的希腊哲学家柏拉图的著作中。由于柏拉图在古希腊受到尊崇，而他在描绘亚特兰蒂斯文明时，记述的都是现实的社会生活，而不是荒诞离奇的神话故事，所以很多人对他的描述深信不疑。人们认为神秘的亚特兰蒂斯不仅真实存在过，而且拥有非常先进的科技和文化。

1882年，美国人康纳利的研究成果《亚特兰蒂斯》出版，他坚信亚特兰蒂斯的确存在，并提出了金字塔现象。在非洲，公元前2700—前2500年埃及人建造了金字塔。在墨西哥，玛雅人在公元前1500年前后建造了金字塔。在亚洲柬埔寨的吴哥窟，也发现了建造于公元12世纪初的类似金字塔的建筑。虽然这些建筑物建造的时间相差几千年，但风格却非常相似。更令人惊讶的是，这些建筑都与星座相对应：吴哥窟对应天龙星座，埃及的狮身人面像对应狮子星座、金字塔对应猎户星座。这种与天象对应的方式说明，它们都是按某一时期内恒星的排列格局来建造的。

柏拉图曾提到亚特兰蒂斯有许多高大的尖锥体建筑，由此，康纳利认为，世界各地的金字塔都起源于亚特兰蒂斯。康纳利推测，

公元前10500年是亚特兰蒂斯最辉煌的时期，埃及金字塔、玛雅金字塔以及吴哥窟，不过是亚特兰蒂斯沉没后，那些幸免于难的散落到各地的亚特兰蒂斯人对故土的纪念。

有很多考古学家支持康纳利的观点，近年来的一些考古发现也在为康纳利的观点提供佐证。1979年，美国科学家在百慕大海底发现了类似金字塔的建筑。塔边长300米，高约200米，塔尖离洋面仅100米，比埃及金字塔大得多。塔下部有两个巨大的洞穴，海水以惊人的速度从洞底流过。人们无从考证这个建筑是什么人修建的，又是在什么时候沉没的。

也许，这个类似金字塔的建筑真的会与亚特兰蒂斯有关。

玛雅金字塔与埃及金字塔有什么不同？

玛雅金字塔数量繁多，有人说仅在墨西哥境内就有10万座大大小小的金字塔。就目前所发现的玛雅金字塔来看，大致可以分为4种类型——平顶金字塔、尖顶金字塔、壁龛式金字塔、陵墓型金字塔，其中以平顶金字塔最为常见。

玛雅金字塔规模之宏伟，构造之精巧，乃至于情景之神秘，完全可以与名闻天下的埃及金字塔相媲美。不过，玛雅金字塔与埃及金字塔也有很多不同之处。

首先，从外观来看，埃及金字塔几乎都是方基尖顶的方锥形，而玛雅金字塔的每个侧面不是三角形，而是梯形，它的下部为阶梯，上部是平台，平台上通常还建有庙宇。埃及所有金字塔的形状几乎完全相同，玛雅人却把他们的金字塔建成各种风格的变体，有的甚至还有60°左右的坡度。从金字塔脚下向上望去，塔身高耸入云，十分庄严神圣。玛雅祭司和献祭者就沿着几百级甚至上千级的台阶，一步一步登上金字塔顶，这给金字塔下的观众造成了一种通天的感觉。

其次，从功用来看，与埃及金字塔主要用于墓葬不同，玛雅金字塔的主要功能是让

祭司登顶进行各种仪式活动或观测天象。玛雅人观测天象的精确度很大程度上取决于这些高耸的金字塔。在没有望远镜之类的现代科学仪器的情况下，要想进行精确的观察就必须站在一个足够高的位置上，从而使自己的视线能够越过各种障碍，投射到遥远的地平线上。关于金字塔观测天象的这一功用，并不是考古学家仰望玛雅金字塔时的推论。事实上，在玛雅图谱中经常发现这样的画面。

库库尔坎金字塔为什么会在每年的春分和秋分出现神秘的蛇影？

古代玛雅人居住在今天的墨西哥南部、危地马拉和洪都拉斯地区。在漫长的远古岁月里，玛雅人以他们的聪明才智和辛勤劳作，创造了辉煌灿烂的玛雅文化。"库库尔坎"蛇影之谜，使神秘的玛雅文化显得更加瑰丽和神奇。

在墨西哥尤卡坦半岛，有一处名为奇切恩伊特萨的玛雅文化遗址，那里有一座名为"库库尔坎"的金字塔。库库尔坎在玛雅语中就是"羽蛇神"的意思。羽蛇神是玛雅人心目中能够带来雨季，与播种、收获、五谷丰登有关的神祇，因此受到玛雅人的热情崇拜。

库库尔坎金字塔堪称天文学和建筑学的完美结合。这座金字塔高30米，呈长方形，上下共9层，最上面的一层是神庙。金字塔四方各有91级的石阶，台阶总数加上一个顶层恰好是365，代表一年的天数。台阶两侧有1米多宽的边墙，北面边墙下端刻着一个高1.43米、长1.8米、宽1.07米的带羽毛的蛇头，蛇嘴里吐出一条长1.6米的大舌头。每年春分和秋分这两天的下午，库库尔坎蛇影就会在塔上出现。当太阳开始西斜，阳光投到北坡西边墙上时，就会映出7个等腰三角形，从上到下直到蛇头，呈波浪状，好像一条巨蛇在爬行。直到太阳落山，这条巨蛇才渐渐消失。每一次，这个幻象都会持续整整3小时22分，分秒不差。每当库库尔坎金字塔出现蛇影奇观的时候，古代玛雅人就会欢聚在一起，欢歌热舞，庆祝羽蛇神的降临。

库库尔坎金字塔蛇影奇观令人叹为观止的同时，更使人迷惑不解：古代的玛雅人在建筑这一金字塔之前，是如何进行规划、计算，从而产生这一奇观的？

知识链接

玛雅神话中的神灵

在现实生活中，玛雅人有着各种各样的欢乐与苦恼，他们试图寻求某种超自然的力量来帮助自己。玛雅的神灵多如牛毛，几乎每一个事物都有自己的神灵。在这庞大的神族里，最常被人祈求的神灵并不太多，只有十来个神灵参与大多数崇拜仪式，而一般的神灵只会在特殊的场合或为特殊的需要才会被提到。

玛雅神话中的主要神灵有：创世神胡纳伯·库，造人的天神伊扎姆纳，发明了历法、文字的太阳神扎姆纳（他有时也会以药神的面目出现），雨神恰克，森林、玉米神吁姆·卡虚，作为第九层地狱主宰的死神阿·普切，被视为商旅指南的北极星神夏曼·艾克，黑战神艾克·曲瓦，最被玛雅人崇拜的风神（羽蛇神）库库尔坎，水灾、纺织、怀孕、月亮女神伊希切尔，自杀女神伊希塔布等。

美洲金字塔与非洲金字塔有联系吗？

宏大而又神秘的玛雅金字塔让一些人对其建造者的身份产生了怀疑。他们认为，美洲金字塔曾受到过非洲金字塔的深刻影响；甚至还有人认为，美洲金字塔的建造者就是埃及人。理由有3点：

（1）被称为"铭记的神庙"的帕伦克金字塔是一座埋葬帕伦克统治者巴卡尔的墓穴，墓穴结构及其随葬品反映了美洲金字塔和非洲金字塔在文化上有共同之处，也说明二者都有一个发达的经济结构，存在等级森严的

蒂卡尔一号神庙遗址

早在公元前9世纪蒂卡尔已经形成村落，公元前6世纪开始建立城邦，直到公元前3世纪，这里一直是玛雅人重要的祭祀中心。

社会群体和一个以神权为中心的政权，同时也表现了双方有相似的宗教信仰。

（2）两种金字塔都是立体四棱形，外观上有相似之处。埃及早期的金字塔，以位于萨卡拉的"乔塞尔金字塔"最为典型，也有从下到上的阶梯。

（3）根据实验可以推断，数千年前埃及人有可能横渡大洋到达美洲，并且将古老大陆的文明传到新大陆。伊凡·范瑟提玛在其《哥伦布以前到来的人们》一书中指出，埃及人曾于公元前800—前680年同美洲人有过来往，美洲金字塔是在埃及人到达美洲之后出现的。

而很多人反对这种观点，因为两种金字塔不仅外形不同，从功能来看也有根本区别：非洲金字塔是作为古埃及法老的陵墓用的，而美洲金字塔是僧侣、贵族用来进行宗教祭祀和举行仪式的场所。也正因为如此，埃及金字塔是空心的，而美洲金字塔是实心的。

他们认为，美洲金字塔是在古代印第安人的祭神活动中逐步发展起来的，他们登上高山之巅进行祭祀活动，以便靠近神灵，而生活在平原、河谷地带的印第安人则在平地建起土丘，在土丘顶端筑造庙宇。随着筑坛祭神活动的盛行和发展，神坛的规模也越来越大，逐渐发展成金字塔，而且金字塔的建筑艺术也越来越精巧。

不仅如此，美洲金字塔和塔顶庙宇与神坛中的神像、石碑，以及其他石雕艺术品，集中反映出不同时代和地区古印第安人的政治、经济和文化情况，这些与埃及金字塔并无相同之处。可以说，美洲金字塔是印第安人用自己勤劳的双手、高度的智慧和高超的技艺创造出来的古老文明的杰出象征，它不是外来文化的延伸，也不是外来文化的翻版，说美洲金字塔受过非洲金字塔的影响是毫无根据的。

为什么说太阳门是一本记录古代珍禽异兽的"图画书"？

太阳门是蒂亚瓦纳科文明的杰出代表，被誉为"世界考古最伟大的发现之一"。它不但是一件极为精美的艺术珍品、一套非常复杂精确的历法，而且也是一本记录古代珍禽异兽的"图画书"。

在太阳门上雕刻着一只类似大象的动物，这个发现让人惊诧不已，因为美洲地区不产大象。不过，后来的考古证明，在史前时代，美洲尤其是在南美洲安第斯山脉南端，确实曾经有过类似大象的哺乳动物，它的学名为"居维象亚科"，外形酷似今天的大象，长着长牙和长鼻，直到公元前1万年前后才突然灭绝。

在太阳门上的一群风格独特的动物图像中，考古学家还发现了其他一些已经灭绝的动物，其中一种生物名为"剑齿兽"。剑齿兽是一种三趾两栖的哺乳动物，身长约3米，肩高1.5米，看起来就像是犀牛与河马杂交生下的一种体形矮胖粗短的动物。剑齿兽与"居维象亚科"大约灭绝于同一时期。

值得一提的是，雕刻在太阳门上的剑齿兽图像有数十处之多，而且这种动物的图像不仅仅出现在太阳门上，在蒂亚瓦纳科古城出土的陶器碎片上也随处可见。此外，在蒂亚瓦纳科发现的古生物图形中，还包括一种已经灭绝的在昼间活动的四足兽，以及一种体形略比马大、足部有明显三趾的名为"后弓兽"的古代哺乳动物。

根据太阳门上雕刻的珍禽异兽所生活的年代，一些考古学家认为蒂亚瓦纳科的建城年代属于更新世末期。这种观点对蒂亚瓦纳科只有1500余年历史的传统观点提出了挑战。

库斯科神庙中的"黄金花园"是什么样的？

印加人非常崇拜太阳神，据说，他们发现黄金发出的光泽与太阳的光芒同样璀璨耀眼，因此对黄金钟爱有加。他们千方百计地聚敛黄金，甚至还用金箔镶贴在印加的每一座太阳神庙和王宫的墙壁上作为装饰。

库斯科城内最大的宗教中心是科里坎查太阳神庙，该庙长70米，宽60米，是一座长方形建筑物，附属有王宫和祭司的府邸。整座庙宇用巨大而平坦的石板精心砌筑，大殿四周的墙壁从上到下全部镶着很厚的纯金片，所以这座神庙得名"金宫"。

神庙的西南部有一座献给太阳神的"黄金花园"。花园的整块地皮都以金子制成，园中的花草树木、飞禽走兽以及人像都是用黄金和白银制成的。据记载："植物从其发芽到开花结果，全部的生长过程都经过精密的仿照。小鸟站在枝上啼叫，蝴蝶和蜜蜂在花丛中采蜜……各种动植物形象栩栩如生，搭配得当，相得益彰，使人难辨真假。"相传西班牙人进入花园后，就有人情不自禁地伸手采摘，直到摸到实物时才发觉全是黄金和白银，可见这些制品的逼真形态和诱人程度。

印加的工匠们之所以不遗余力地制造这些以假乱真的金银制品，完全是为了满足上层贵族的喜好，这种喜好反映了印加贵族对现实世界的迷恋和热衷。用黄金白银这些在印加人看来具有神性的金属来描述现实的世界，似乎也在表达他们的祈祷——所有随时间生死荣枯的事物可以在雕塑中得到永恒。

然而，印加的黄金天堂并没有得到永恒。贪婪的西班牙人到来之后，所有的金银制品被掠夺一空，这座价值连城的"金宫"和"黄金花园"自然没能逃出被摧毁的厄运。

阿兹特克的"死亡之庙"为何令人恐惧？

1325年，阿兹特克人在特诺奇蒂特兰用芦苇、稻草及干草建成一座神殿，也就是后来被称为"死亡之庙"（大庙）的坦布勒·梅尔神殿的雏形。之后，随着帝国势力的不断扩张，神殿也一次又一次被扩建。随着考古发掘的深入，至少有6座重建的神殿被发现。

大庙是一个40多米高的金字塔圣殿，通向塔顶的台阶有100多级。在大庙遗址上，再没有比惠茨罗卜底里神殿更令人恐惧的了。这个神殿的对面是一块黑色的石头，就是在这块石头上面，没有人性的祭司们死死拽住祭祀人牲的四肢并活活挖出他的心脏。在泰拉洛克神殿附近，考古学家发现了一座雕像，据推断它是神与祭司之间的使者，可能是来接受鲜血淋漓的心脏的。

大庙至少有80个储藏贡品的地窖，从祭祀婴儿的头骨到贝壳，贡品种类超过7000种。这些贡品仅有一小部分是阿兹特克人自己的，大部分来自臣服邻邦的进贡。这也是阿兹特克帝国版图广阔和国势强盛的有力证明。

大约在1500年，阿兹特克人十分迫切地想要维持他们对整个帝国的牢固统治，就算来自战争和统治上的困难也阻挡不了大寺庙的又一次扩建。

然而，具有讽刺意味的是，扩建工作还没有彻底完成，大庙就已经失去了存在的必要：大庙被西班牙人毁于一旦，成了名副其实的"死亡之庙"，它的秘密也长久地埋藏在地下不为人知。直到1978年，一块刻着被肢解的月亮女神柯约莎克的浮雕被发现，才带领考古学家找到了大庙，从而拉开了大庙挖掘工作的序幕。

在墨西哥原始森林中发现的 11 颗石刻头像是拉文塔人的杰作吗？

1938 年，有人在墨西哥的原始森林里，意外地发现 11 颗全由整块玄武岩雕刻而成的石刻头像。这些石刻头像大小不一，最大的约 16 米，最小的约 6 米，最重的约 20 吨以上。这些石刻头像都是戴着头盔的军士，双目深邃、鼻子宽大、嘴唇很厚。其雕刻之细腻、技巧之娴熟、神态之逼真，堪称古代美洲雕刻工艺的精华，其风格与当地其他年代的艺术风格迥然不同。

其中一颗石刻头像上刻着许多奇怪的象形文字，至今没有人能够完全解读。有些学者根据这些象形文字判断，这些硕大的石刻头像很可能出自传说中处于奥尔梅克文化时期的拉文塔族人之手，而这个远古的人群在公元前 400 年就已经神秘消失了。

墨西哥有确切文献资料可考的历史是从公元前 2300 年前后开始的。到公元前 2000 年前后，墨西哥进入原始公社的繁荣时期，出现了管理组织和宗教团体，社会经济以农业为主。人们种植玉米、豆类和棉花等农作物，懂得纺纱织布，能够制作石杵和石臼等石器，大量制作陶器、泥俑等。公元前 1250—公元 200 年，墨西哥人创造了象形文字、计数法和历法，常用重达几十吨甚至数百吨的整块巨石雕凿面带笑容的石刻头像。因此，很多专家认为，这 11 颗石刻头像乃是墨西哥古典文化的先驱——奥尔梅克文化时期的产物。

人们不禁要问，古人雕刻这 11 颗硕大的石刻头像究竟有何目的？其脸形究竟以当时什么种族的人为"模特儿"？为何不雕刻身体和四肢？在当时整个美洲都还没有车轮，也不能利用牛、马、骆驼等畜力，只能靠人力的技术条件下，他们是用什么方法把重达数吨、数十吨的石刻头像，从 300 千米以外的采石场搬进原始森林的呢？这一切疑问都有待于进一步调查研究。

玛雅人为何要在各个城市的重要位置放置大量的石碑？

人们在玛雅遗址上发现了很多石碑。考古学家对这些石碑进行了研究，发现了一些有趣的现象。陆续出土的石碑已经有几百块，它们散布于各个城市遗址，其数量之多、放置位置之重要都值得深入探讨。

石碑上面刻着象形文字、人物浮雕或花纹。与其他民族遗留下的石碑以戒律、经文或对英雄人物的颂词为主不同，这些象形文字的内容主要是纪年记事的。因此，这些石碑被学者们称为"纪年碑"，或者以其外形称为"纪年柱"。

玛雅人十分重视历史，每隔 20 年（有时是 5 年或 10 年）就在一些城市的重要位置竖立石碑。玛雅人立碑记史的传统绵延 1200 多年，后因西班牙征服者的入侵而中断。由于有了纪年碑，玛雅文明成了美洲古代历史上唯一有明确纪年的文明。到目前为止，在科潘城出土的最古老的石碑是标号为 63 的石碑，其正面雕刻的数字为 9 万，正是第 9 个巴克顿（指每 400 年出现的一个周期）开始的时期，科潘王朝的创立者雅库莫显然是想用它来纪念新科潘王朝的诞生。

这些纪年碑体现了玛雅人的高超工艺。科潘 1 号碑的正面雕刻着一位披挂整齐、盛装华服的国王形象，整个纪年碑高达 3.5 米，国王的头部、手足都要比常人大得多。其服装头饰虽然繁杂，但线条与变化多端的图样却很清晰流畅，而且那些夹杂其间的羽蛇神等神灵的雕像也非常鲜活生动，所以整个纪年碑看起来宏伟精美，细微之处也不乏生动丰富。

高大的石碑上雕刻着精细的图案，而且石碑的上色方法也很特别，这说明玛雅人有着高超的采石、雕刻、树碑等工艺。直到今天，我们仍无法想象当年玛雅人是如何完成数量如此之多的石碑雕刻工程的，更不知道他们为什么要在石头上记录下他们的历史。

知识链接

玛雅最大的古城遗址

科潘玛雅遗址是公元前 7 世纪到前 1 世纪洪都拉斯玛雅古城的遗址，位于洪都拉斯首都特古西加尔巴西北部的科潘省，靠近危地马拉边境。科潘玛雅遗址坐落于 13 千米长、2.5 千米宽的峡谷地带，面积约 0.15 平方千米，海拔为 600 米。

科潘是玛雅王国的首都，也是当时玛雅的科学文化和宗教活动中心。在科潘玛雅遗址中有金字塔、广场、庙宇、雕刻、石碑和象形文字石阶等重要建筑，是玛雅文明中年代最古老、规模最大的古城遗址。1576 年，西班牙人迭戈·加西亚在从危地马拉去洪都拉斯的途中发现了该遗址，从此吸引了许多外国学者到此进行考古研究，如今已成为洪都拉斯境内最热门的旅游景点之一。

前古典时期的玛雅是一个蛮荒的世界吗？

1978 年，考古学家在距离危地马拉城约 360 千米的地方，发现了建于公元前 200 年以前的米拉多古城遗址。

米拉多遗址面积大约有 16 平方千米，据推测，该城鼎盛时期人口达 10 万。遗址中有两座规模庞大的金字塔。其中一座名为虎塔，共 18 层，高达 55 米，占地 5.8 万平方米。另一座在虎塔北边，名为猴塔，高 40 米，占地 1.7 万平方米。

虎塔以东 2 千米处是遗址中最大的建筑群，名为鹿塔，由两层 300 多米宽的台地组成，好像两个庞大的台阶，在其上面耸立着一座 10 层楼高的两层金字塔。虎塔和鹿塔遥相呼应。虎塔在东南边迎日出，鹿塔在西边送日落，玛雅人常常在日出和日落之际举行宗教仪式。不仅如此，在一定年份春分时节前后，从虎塔顶上观察，木星、火星、水星和土星仿佛是从鹿塔顶部冉冉升起的。

在虎塔和鹿塔之间，是米拉多城最大的广场，广场上有一座高台，这里是米拉多城的集会中心。当时的最高祭司就是在这座高台之上举行继承人诞生仪式的。

从种种迹象来看，当时米拉多城拥有非常发达的贸易经济，进入米拉多的通道有 20 条之多。在米拉多城发现的海螺和珊瑚，来自太平洋、加勒比海和墨西哥湾；火山灰来自 300 千米以外的危地马拉高地；花岗岩和大理石则来自附近的伯利兹。

学术界将公元 250—900 年称为"古典玛雅"时期，而将公元 250 年之前称为"前古典玛雅"时期。过去很多学者认为前古典时期的玛雅是一个蛮荒的世界，既没有复杂的社会结构，文化也比较原始落后。然而米拉多古城的发现，使考古学家们认识到，前古典时期的玛雅文明远比先前想象的要复杂得多。

"世界的中心"特诺奇蒂特兰城比当时的罗马城还要壮观吗？

特诺奇蒂特兰是阿兹特克的首都。16 世纪，特诺奇蒂特兰被西班牙人洗劫后变成一片废墟。当时，西班牙人对这座城市大加赞赏，认为特诺奇蒂特兰比欧洲大多数城市壮观和宏伟得多，甚至就连罗马和君士坦丁堡也无法与其相提并论。当时只有伦敦、罗马和威尼斯才有资格吹嘘自己有近 10 万的居民。在西班牙的所有城市中，只有塞维利亚的占地面积与特诺奇蒂特兰相仿，前者大约有 6 万居民，而后者却养育了近 20 万的人口。

阿兹特克人是天才的建筑师，只会使用石器工具的他们建造了很多富丽堂皇的建筑。他们凭借丰富的想象和高超的技艺在石头上雕刻出精美的图案。阿兹特克人在城市布局方面也有独到之处。整个特诺奇蒂特兰被两条纵横交错的主街整齐地分割成四个部分，正中是宽阔平整的中央广场。城中宏伟壮观的神殿和豪宅、整齐的棋盘式街巷以及河道里穿梭往来的小船，都让西班牙人叹为观止。

摩台克祖玛二世的皇宫更是极尽奢华之能事，随处可见绚丽精美的地毯和布帘，四壁都用浮雕装饰着，据说连雪松木制成的柱子上都雕满了花鸟虫鱼。皇宫里还有一座庞大的皇家园林，在那里可以观赏到几乎所有中南美洲的野生动物。

阿兹特克人认为他们的首都不仅是帝国的中心，而且也是全世界的中心。坐落于特诺奇蒂特兰核心位置的便是他们的宗教圣地——金字塔状大庙。

然而，就是这样一个宏伟的"世界的中心"却因西班牙人的入侵而迅速灭亡，从而被人们彻底遗忘。当出土的文物唤醒了今人对帝国的回忆之时，全世界都为特诺奇蒂特兰这个伟大辉煌的城市而感到震撼。

特奥蒂瓦坎为什么又被称为"众神之城"？

特奥蒂瓦坎古城，是印第安文明的重要遗址，它以规则工整的城市规划以及宏伟庞大的建筑规模而闻名于世。如今人们所能看到的遗迹，也仅仅是特奥蒂瓦坎古城原貌的一小部分。其实，整个城市的90%仍然埋在地下。通过电脑复原图来看，特奥蒂瓦坎即使与当代最先进的大都市设计图相比也毫不逊色。

特奥蒂瓦坎古城最初的名字已经无从考证。公元12世纪，阿兹特克人来到这里时，发现这座城已经被废弃，空无一人。他们把这片广阔的废墟称为特奥蒂瓦坎。在印第安语中，意思是"众神信徒得道之地"，也可以翻译成"众神之城"。

阿兹特克人把特奥蒂瓦坎的建造者称为"伟大的工匠"。阿兹特克人认为这些"伟大的工匠"建立这座宏伟的"众神之城"，是为了纪念"第五个太阳"，或者说是纪念世界的第五次复兴。阿兹特克人说，这个太阳从特奥蒂瓦坎城中升起，徐徐升到宇宙的中心。而屹立于城中心的那座太阳金字塔，就是通往新世界的天路标识。

令人迷惑的是，在公元650—750年，特奥蒂瓦坎的文明突然中断，这座当时世界上首屈一指的大城市突然被废弃。不知是由于什么原因，"众神之城"的居民及其高度发达的文化好像一下子消失得无影无踪。在特奥蒂瓦坎人神秘消失800年之后的16世纪，西班牙殖民者来到这里时，"迎接"他们的是仍然生活在石器时代的阿兹特克人。

特奥蒂瓦坎建筑的宏伟远远超出了人们的想象，而它莫名其妙地衰亡更是让人无法理解。这座神秘的"众神之城"给后世留下了一个又一个难以解开的谜题。

蒂亚瓦纳科古城的石墙上为什么会有各种各样的人脸？

蒂亚瓦纳科文明有很多难解之谜，比如，太阳门的两侧分三排雕刻着48幅图案，簇拥着一个像是穿着潜水服的奇怪"鸟人"（或宇航员）的太阳神像。蒂亚瓦纳科人为什么把太阳神雕刻成这种形象呢？这一形象是凭空设想的，还是有所参照的？

至于太阳神周围的48幅图案，有人认为，这些图案表现的是1.2万年前的星空，那时地球的一年只有260天。后来，由于地球自转轴的变化，一年才变成365天。如果真是这样，那么在距今1.2万年前的太古时代，来自其他星球的"外星人"也许可能造访南美大陆，并且在当地建立了蒂亚瓦纳科文明；也可能是早在太古时代，地球上存在着一些拥有高度智慧的人类，建立了蒂亚瓦纳科文明，并且以南美大陆为中心向世界各地传播，建立了包括埃及、两河流域等在内的古代文明。当然，这种观点只是凭空设想，缺乏证据。

更加让人惊诧的是，太阳门附近有一面长24米的石墙，上面雕刻着各种各样人脸的图案，其中包括黑种人、白种人、黄种人等人种的面目形象，分上下两排，共有180个之多。每个图像的眼形、鼻形和脸形都各不相同，比如脸形就有四方脸、圆形脸或菱形脸等，简直就是地球人种的陈列馆。由此来看，在太古时代，蒂亚瓦纳科似乎就居住着世界上所有的人种。按照常理，以1万多年前的科技条件，亚洲人、欧洲人、非洲人根本无法到达南美大陆,然而,墙上怎么会刻有世界各地的人种面目的图案呢?这些人脸图案是谁雕刻的呢?雕刻这些人脸图案的目的是什么呢?至今没有人能够作出令人信服的解释。

知识链接

人种的划分

人种,也称种族,指在体质形态上具有某些共同遗传特性的人群。根据体质特征的差异,世界人种曾被分为3大类,即蒙古人种(黄色人种)、高加索人种(白色人种)、尼格罗人种(黑色人种)。有人还主张再分出澳大利亚人种(棕色人种)来。在这些主要人种之间还有若干过渡人种。

随着社会的发展,人类交往日益频繁,世界上几乎没有一个绝对的纯种。过去的划分方案已经不是很科学了。于是有些学者主张在外表形态特征的基础上,加上血型、遗传病等的差异,再考虑地理等因素,把世界人种划分为9个地理人种:亚洲地理人种、欧洲地理人种、非洲地理人种、美洲印第安地理人种、印度地理人种、澳大利亚地理人种、美拉尼西亚地理人种、密克罗尼西亚地理人种、波利尼西亚地理人种。

冥街是模仿太阳系建造的吗?

拥有"众神之城"美誉的特奥蒂瓦坎古城,还隐藏着一个更为惊人的秘密。

1974年,国际美洲人大会在墨西哥召开,一位名为休·哈列斯顿的学者发表了一篇报告,引起了学术界的震动。他在特奥蒂瓦坎发现了一个适用于所有建筑的长度单位,并将其命名为"胡那普"(玛雅语,意为"单位")。1胡那普等于1.059米。胡那普适用于该城所有的建筑和街道。例如,魁扎尔科亚特尔神金字塔、太阳神金字塔和月亮神金字塔分别高21胡那普、42胡那普、63胡那普,比例为1∶2∶3。

在城堡周围的金字塔遗址中,哈列斯顿发现了水星、金星、地球和火星的平均轨道数据和太阳的平均距离为96胡那普。城堡背后有一条运河,穿过冥街,长520胡那普,正好是火星和木星之间小行星带的距离。运河里有多少块石头,小行星带中就有多少颗星星。距离城堡中轴线945胡那普处有一座神庙的废墟,这相当于和木星的距离。再走945胡那普又是一座神庙,相当于和土星的距离。再走1845胡那普,便到了冥街的尽头——月亮金字塔的中心,恰好是天王星的轨道数据。

如果直线延长冥街,就到了塞罗戈多山山顶,那里同样有一座神庙和塔的遗址,周长分别是2880胡那普和3780胡那普,是海王星和冥王星的平均距离。

从以上的数据可以看到,特奥蒂瓦坎的设计者肯定自冥街建造之初就将太阳系模型考虑进去了。然而这些天文数据是从何而来的呢?难道是外星人留下了什么标志?抑或是某位拥有高度智慧的人为后人在地上画了一个太阳系模型,让他们在准确的位置上建造房屋?

总之,特奥蒂瓦坎的冥街就像它的名字一样充满了神秘色彩。

卡拉萨萨雅广场上竖立的石柱是用来观测天象的吗?

卡拉萨萨雅广场是蒂亚瓦纳科古城遗址中的重要组成部分,当地人把它称为"石头竖立的地方"。同太阳门相比,这个广场或许还不够夺目,但它与太阳门都是蒂亚瓦纳科文明高度发达的历史见证,同样具有极高的研究价值。

从表面上看,卡拉萨萨雅广场似乎并没有什么特别之处,只是多了很多石柱。在广场一旁,有一座用不等边四边形巨石砌成的墙,每隔一段相等的距离,就竖立一根形状有如短剑、高3米多的石柱,尖端朝天。众多石柱围成一个巨大的石栅栏,其面积可达50平方米,高出沉陷在地下的神庙有两倍之多。

如此建筑很容易让人将其与军事防御联系在一起，难道卡拉萨萨雅是一座堡垒吗？现在的学者一般都认为，它的功能不在于防御敌人，而是用来观测天象的。那么，这些竖立的石柱是如何预测天象的呢？

原来，这座围墙是应合天上的某些星座而设计的。通过这些石柱，可以方便地测量出太阳出没的方位角，从而制定春分、秋分、夏至、冬至的日期，精确预测一年的四季。此外，与其交相辉映的太阳门，不但是一件世界级的艺术精品，而且也被专家们看成是雕刻在石头上的一套既繁复又精确的历法。

印加王奢华的宫殿为何没有屋顶？

印加宫殿在建筑技艺上别具一格，甚至在几个世纪后，印加时代的建筑方法依然被后人继续使用。这种经久不衰的建筑方法就是"叠石法"。

印加的"叠石法"关键之处在于巧妙地利用几何原理。为了使巨大的石墙以及用巨大的石板建造的大门长久屹立不倒，印加工匠们使用了类似搭积木的办法，在建造墙和门框时，从下往上逐渐缩小，坚实宽阔的墙基能够承受无数巨石的重压，而门楣比门槛要狭窄许多。埃及人也曾使用过类似的建筑方法。这个简单的方法几乎令人难以置信，却又实实在在地保障了建筑物的牢固。

印加人有时也会借助"黏合剂"的作用。印加人使用的"黏合剂"不会在石头上留下痕迹，给当代人制造了印加人不用黏合物的假象。考古学家认为，这种黏合剂可能包含着黏土、沥青等多种成分。为了使王宫、神庙显得庄严神圣，在建造这类建筑物时，印加工匠则在石块间浇灌熔化的铅、银或金等来代替黏合物接合石缝。

时间证明，印加人所掌握的建筑技术可能是在当时、当地环境中最为理想的建筑方式。那些距今年代较近的西班牙建筑，有许多已经在无数次的地震中化为尘埃瓦砾，而印加时代的建筑至今还在原地巍然屹立。如果不是西班牙征服者出于对财富的贪欲，对许多印加宫殿进行了大肆的破坏，当代人仍然能有机会领略5个世纪前金碧辉煌的建筑风采。

有趣的是，如此坚固华丽的印加宫殿却缺少一样重要部分——屋顶。事实上，在哥伦布到达美洲之前，没有一个美洲文明发明过拱形屋顶。因而，印加的华丽宫殿只能使用极其"寒酸"的屋顶：用茅草覆盖而成，一般堆成人字形、尖锥形，有点类似于茅草屋的样式。甚至有的建筑似乎从来就没有搭建过屋顶，因为这些建筑遗存下来的墙顶很光滑，没有覆盖过茅草的痕迹。

哥斯达黎加的丛林大石球从何而来？

20世纪30年代末，美国人乔治·奇坦在哥斯达黎加人迹罕至的三角洲热带丛林以及山谷和山坡上，发现了约200个石球。这些石球大小不等，大的直径有几十米，最小的直径也在两米以上，制作技艺精湛，有的排列成直线，有的略成弧线。

这些石球引起了人们极大的兴趣，有人戏称它们为"巨人玩的石球"。对石球做过精密测量的考古学家们确认，这些石球的直径误差小于1/100，准确度接近于球体的真圆度。也就是说，制作这些石球的人必须具备非常丰富的几何学知识和极其高超的加工技艺，同时还要有坚硬无比的工具以及精密的测量设备。虽然远古时期的印第安人不乏能工巧匠，但是制作如此巨大的石球，从采石、切割到打磨，每一道工序都要求不断地转动石块，要知道这些石球重达几十吨，仅凭一些简陋的原始工具能够做到吗？

不仅如此，这些石球几乎都是用花岗岩制作而成的，而石球所在地附近并没有花岗岩石料，在其他地方也找不到有关石球的任何线索。人们不禁要问，是什么人制作了这些巨大的石球？制作这些石球的目的又是什么呢？

在哥斯达黎加的印第安人中间，流传着宇宙人曾经乘坐球形太空船降临地球的故事。于是，有些人在对上述奇迹百思不得其解的情况下，便把思路转向了遥远的太空，猜想这些大石球与天外来客有着直接联系。他们认为，这些天外来客降临这里后，在很短的时间内制作了这些巨大的石球，并将它们按照一定的位置和距离进行排列，布置成模拟某种空间天象的"星球模型"。这些大石球象征着天空中不同的星球，它们彼此之间相隔的距离，表示星球间的相对位置。据说，天外来客试图利用这个"星球模型"向地球上的人类传递某种信息。但是，今天有谁能理解这个"星球模型"的真正含义呢？

远隔重洋的亚洲和太平洋诸岛为何都有"有段石锛"的踪影？

"有段石锛"是远古的造船工具，一般为长方扁形，刃口斜削，呈刨刀状，可以装柄使用。它与普通石锛的不同之处在于背面，即刃口斜上所向的一面不像正面那样平，而是中间隆出一条横脊，把背面分成前后两部分，后部较薄，看起来像有两个阶段，所以叫"有段石锛"。

从19世纪20年代开始，考古学家在太平洋诸岛，甚至在新西兰、复活节岛乃至南美的厄瓜多尔等地陆续发现了"有段石锛"的踪影。由于"有段石锛"不容易制造，因而不可能在世界各地同步制造成功。因此，考古学家苦苦寻找"有段石锛"的发源地。

1929年，浙江良渚也发现了"有段石锛"，从此这种远古造船工具在中国的福建、广东、广西、台湾等沿海地区以及内地的江西、云南等地多次被发现。在中国发现的"有段石锛"一般是初中级的，高级的很少；而在菲律宾和波利尼西亚各岛所发现的大多是高级的，制作时间也比中国的晚。因此，很多学者猜测，中国的先民早在远古时代就漂洋过海，带着先进的工具到过太平洋诸岛和拉丁美洲西岸。

一些专家认为，河姆渡人是最早的航海家，至少在距今7 000年前就已经开始了漂洋过海的实践，并将自己的文明远播到海外。河姆渡人借助北太平洋暖流漂向太平洋的深处，途经夏威夷群岛北端，而后到达墨西哥北部的瓜达卢佩岛附近；还有人顺着赤道洋流，与西风漂流汇合，向东到达南美的秘鲁。

也有学者认为"殷人东渡"是中国海上丝绸之路的发端。周武王伐纣灭商后，殷商遗民由西向东逃亡，其中一部分殷人随着海风和洋流漂移，到达美洲，并在墨西哥和秘鲁等地定居下来。美洲太平洋沿岸陆续发现的与商代风格酷似的文物，似乎也在印证这一观点。

"殷人东渡"本是一个备受争议的论题，"有段石锛"之谜又使这个谜团更加神秘。

新巴比伦王国真的修建过通天塔吗？

《圣经·旧约》上说，人类一开始生活在底格里斯河和幼发拉底河之间，说的是同一种语言。后来，人们开始修建一座可以通到天上去的高塔。直到有一天，高高的塔顶已冲入云霄，马上就要大功告成了。上帝知道此事后，大吃一惊。于是，上帝让人类的语言发生混乱，使人们无法相互沟通，结果工程不得不中止，人们从此分散到世界各地。

关于《圣经》中的这段记述，学术界意见不一。有人认为通天塔的原型就是巴比伦城内马都克神庙大寺塔。这座塔建于新巴比伦国王那波帕拉沙尔及其子尼布甲尼撒在位时。尼布甲尼撒曾下令：一定要将塔顶提升，以与天公比高。

大寺塔共有7层，塔顶上修有供奉马都克神的小庙。考古证明，修建大寺塔所用的材料是砖和沥青，与《圣经》中对通天塔的记述相符。这座高达90米的大塔，在古代确实能给人以通天的感觉。被尼布甲尼撒俘虏到巴比伦城内的犹太人曾目睹过这座大塔，甚至很可能亲自参与过此塔的修建。《圣经》中提到的上帝为阻止人类修塔，从而使人类语言发生混乱的说法，可能包含着参与建塔的犹太人对尼布甲尼撒的不满情绪，同时也反映了当时巴比伦城内居民种族众多、语言复杂的情况。

有的学者不同意这种观点，他们认为早在新巴比伦时代之前，巴比伦城中就曾有两座神庙，萨哥—埃尔（意为"通到云中"）和米堤—犹拉哥（意为"上与天平"），它们可能就是有关通天塔传说的素材。然而，有关这两座神庙的资料实在太少。

还有的学者认为，传说中的通天塔是古代闪族人从乌尔迁到迦南时建造的乌尔大寺塔。因为在巴比伦所有的寺塔中，乌尔塔的工程最大，修建时间最早，而且该地是冲积地，拥有取之不尽的建筑原料，是建造高塔的最佳场所。

《圣经》中记述的通天塔是真实存在还是子虚乌有？如果确有其塔，那么它是何人何时在何地建造的？这是一个无人能够解答的千古之谜。

什么是方尖碑？

方尖碑是古埃及除金字塔外最富有特色的象征。方尖碑外形呈尖顶方柱状，由下而上逐渐变窄，顶端很像金字塔尖。以金、铜或金银合金包裹，每当太阳光线照到碑尖时，它就会闪闪发光。

方尖碑一般由整块的花岗岩雕成，重达几百吨，它的四面均刻有象形文字。古埃及人制作方尖碑主要出于3种目的：宗教性（常用以奉献太阳神阿蒙）、纪念性（常用以纪念法老在位若干年）和装饰性。同时，方尖碑也是古埃及帝国权威的象征。

在3000多年前，古埃及人要把这种重达几百吨的花岗岩石雕凿成石碑，并把它竖立起来，可以想象，这是多么浩大繁重的工程。

据史学家考证，古埃及人在发现可供雕凿石碑的岩石后，先将岩石冲刷干净，察看石质情况，然后用特别坚硬的石块刮磨岩石表面，直到平滑为止。接着在岩石周围挖好深坑，并按一定的距离在岩石周围打上许多洞，洞里打入巨大的木楔，用水浇湿，木楔受潮后膨胀，岩石按木楔排列的方向破裂，方尖碑的雏形就这样出来了。成千上万的奴隶，再用工具和绳子把方尖碑从坑里抬出来，放在装有轮子的铺板上，运到港口再装上长长的驳船，运到目的地。

那么，在当时没有起重器的条件下，这些石碑是怎样竖立起来的呢？原来，古埃及人在方尖碑的顶端添砖加土，不断加高，使其逐渐直立起来，最后再把它稳稳地竖在底座上。

克娄巴特拉石碑是谁建的？

在英国泰晤士河畔，矗立着一座方尖碑，这座石碑高21米，底座宽约2.3米，重达200吨，碑身四周雕有精美的图案。这座石碑名为"克娄巴特拉方尖碑"。

克娄巴特拉是埃及历史上的一位女王，她魅力十足又工于心计，为了巩固自己的地位，她利用她那绰约的风姿和不凡的胆略，使古罗马的两位叱咤风云的人物凯撒和安东尼，先后拜倒在她的石榴裙下。

据考证，"克娄巴特拉方尖碑"是埃及法老图特摩斯三世于公元前1460年建造的，与克娄巴特拉扯不上关系。那么，为何将这座石碑以克娄巴特拉的名字命名呢？有人猜测，可能是由于这位埃及女王在历史上实在太有名了，而尖细的石碑又与这位狡诈、尖刻的女王的性格有着某种共同之处。

这座方尖碑是1819年埃及总督赠送给英国的，可是直到1878年才运到伦敦。运输船在途中遭到风暴的袭击，方尖碑差点沉入海底。1878年9月，这座石碑被绞盘吊起，立在泰晤士河岸上。

知识链接
世界上著名的方尖碑

法国的方尖碑：法国协和广场中央矗立着一座有3 300年历史的埃及方尖碑，那是由埃及总督赠送给查理五世的。方尖碑高23米，重230吨，是由整块的粉红色花岗岩雕刻而成的，塔身上刻满了埃及象形文字。

莫斯科的方尖碑：莫斯科胜利女神纪念碑犹如一把利剑直插云霄，显示出正义的力量与不可侵犯的庄严。碑高141.8米，方尖碑上方是古希腊胜利女神像，她手持橄榄枝，送来和平的福音。

阿根廷的方尖碑：1936年，为了庆祝布宜诺斯艾利斯建立400周年而修建的阿根廷方尖碑，碑高67.5米，如今已成为布宜诺斯艾利斯不可替代的标志性建筑。

华盛顿的方尖碑：此座方尖碑位于华盛顿市中心的中央大草坪，高169米，是为纪念美国首任总统乔治·华盛顿而建造的。华盛顿特区有明文规定，特区内任何建筑都不得超过它的高度。

非洲著名的石头城是谁建的？

在津巴布韦共和国境内，有石头城遗址200多处，最大的一处在首都哈拉雷以南320千米的地方，占地面积达到7.25平方千米，人们通常称其为"大津巴布韦遗址"。

津巴布韦是"石头城"的意思。大津巴布韦遗址位于丘陵地带，三面环山，背面是风景优美的凯尔湖。所有建筑都使用长30厘米、厚10厘米的花岗岩石板垒成，虽不用胶泥、石灰之类的黏合物，却十分严整牢固，浑然一体。石头城由三部分组成：椭圆形的大围场、山顶堡垒状的卫城和平民区。大围场依山而建，城墙长达420米，高10米，城内面积4 600平方米。城墙的东、西、北各开一个小城门，东南墙外又加筑一个与城墙平行的石墙，形成长100米、宽1米的通道。在通道的终端有一座圆锥形实心塔，塔旁长有两棵参天的古树，据说是王室祭祀使用的"圣塔"。城中心有个半圆形内城，周长为90米左右，可能是王室最高统治者的居住场所。内外城之间有一组组建筑群，有小围墙相连，门、柱、墙、窗都装饰有精美的浮雕图案，可能是后妃、王室人员起居的地方。城门和石柱顶端大多雕刻着一只似鸽又像燕的鸟，当地人称为"津巴布韦鸟"，现在已经被立为"国鸟"。

出城门，沿着石阶可走向高度达100米的卫城，这是整个遗址的制高点。城堡高7.5米，底厚6米，正面有大门通向大围场，背面是绝壁。堡内有小围墙，将建筑物分割成许多块，其间通道多得像走迷宫，建筑与雕饰之精美，并不在王城之下。

大围场和卫城周围还没有发现大型的建筑物遗址，但是墙基纵横交错，并且留有作坊、商店、货栈、炼铁炉、住宅、水井、梯田等遗迹，还发掘出中国明代的瓷器、阿拉伯的金器、印度的念珠等珍宝，这里显然是庞大复杂的平民生活区了。早在16世纪初，葡萄牙人侵占莫桑比克时，就已经风闻西边有座石头城，但是始终不能证实。1868年，探险家亚当·论德斯进入津巴布韦狩猎，因为追杀一只狮子，偶然见到了一座巨大的城堡。他持枪大胆闯进城内，发现原来是一个空荡荡的废墟。

1872年，德国地质学家卡尔·毛赫闻讯潜入现场，被当地人捉住，无功而回。1877年，他再度潜入，绘制地图，搜刮大量文物，回国后向全世界宣布他的"伟大发现"，说什么石头城就是《圣经·旧约》所示的所罗门国王开采金矿的所在地。

20世纪，统治津巴布韦的英国殖民当局采取了保护性的措施，同时组织多批考察队进行系统研究，终于使神秘的石头城日渐明朗化。

在公元前2000年到公元初，位于地中海东岸的腓尼基人穿过撒哈拉大沙漠，定居在津巴布韦，创建了一系列的石头城。15世纪，欧洲人开始进入非洲南部，劫掠财富，掠夺

大津巴布韦遗址俯瞰
这座遗址是非洲南部最具特色的民族建筑之一，它的发现证明了南部非洲确有较为先进的古代文明。

黑人，致使石头城荒废。另外的说法排除了"腓尼基人创造说"，他们认为石头城是由欧洲人创建的，或是由另外的"优秀"民族来指导非洲人建造的。这外来民族可能是"天外来客"，即来自地球以外的外星人。

现代以来，运用放射性碳元素法测定石头城及其出土物，以及其他一系列的考古论证，已经基本否定了某些西方学者的偏见。石头城最晚至公元5世纪时才有人类定居，公元10—11世纪时成为铁器时代一个部落的大聚合点，13世纪时发展为一个强大的国家中心。最有说服力的证据是"津巴布韦鸟"石雕，因为这鸟是津巴布韦一个部落世代崇拜的图腾，并且至今仍被许多居民所信奉。此外，王城与卫城分离，政权与宗教分离，是非洲中部黑人的典型习俗，并没有什么外来的影响包含在内。特别是在津巴布韦全国7个省的调查显示，当地民间口头传说中确有一个擅长片石砌墙的部族。11

世纪，这个部族创建了马卡兰加王国，定都于大津巴布韦遗址，开始营建都城。后来这里又被莫诺莫塔帕王国取代了，该国继续扩大都城，15世纪进入极盛期。那么，石头城是"土产"的事实，到这里就已经是肯定的了。

复活节岛上的600多尊人面石雕像从何而来？

复活节岛是南太平洋中的一个岛屿，位于智利以西外海3 600—3 700千米处，它是荷兰航海家雅各布·罗格文于1722年4月5日发现的，由于这一天正好是复活节，于是罗格文就命名此岛为"复活节岛"。

在复活节岛上，有数以百计的巨石雕像。据统计，目前岛上有巨石雕像670座，全部是用整块火山岩雕刻而成的。石像高7—10米，重90吨左右，有人估算最大的石像有7层楼高，重约数百吨。这些石像大都长脸短额，长耳高鼻，浓眉突嘴，身躯笔直，双臂下垂。这些石像有的一字排开，面朝大海，神色茫然；有的横七竖八地翻倒在地，仰望苍天，似有所思；还有的被抛弃在荒野山坡上，身首异处，凄惨悲凉。

那么，这些巨石雕像究竟出自何人之手呢？

多数学者认为，岛上的巨石雕像是土著居民波利尼西亚人的祖先留下的遗迹。波利尼西亚人源于东南亚，公元初年逐步向太平洋东部海域扩展，最后散居在南太平洋海域诸岛屿上。在公元12—14世纪，有一支波利尼西亚人移居到复活节岛，成为该岛上最早的居民。为纪念始祖所开创的基业，他们在岛上建造了石雕像，并将其作为偶像加以崇拜。

有些学者对这种观点持否定意见。人们在复活节岛上发现了刻有表意文字的硬木书板，而在岛上一些巨石人像的后颈部位也刻有表意文字。然而，学术界一致认为，波利尼西亚人从未有过文字。

有人认为，巨石的雕刻者是印加帝国统治以前的秘鲁印第安人，他们在3世纪时漂流到这里，成为复活节岛上最初的居民，大约从12世纪起开始建造巨石人像。在秘鲁维拉科查发现的石刻人像，其外貌特征与复活节岛上的石刻人像有惊人的相似之处。

也有人认为，几千年前这片海域曾出现过高度发达的文明，后来同玛雅文化的命运一样神秘地消失了。巨石人像是这种文化的残留。

至于事实真相，至今都是一个谜。

知识链接

复活节的时间和由来

按《圣经·马太福音》的说法，为纪念耶稣基督被钉死在十字架上后第三天复活，设立复活节。历史学家根据《圣经》和以色列人逾越节的日期，推算出在春分日之后月满的第一个星期天就是《圣经》中讲到耶稣复活的日子。但由于每年的春分日都不固定，所以每年的复活节的具体日期也是不确定的，大致在3月22日至4月25日之间。

在基督教中，复活节具有极为重要的意义。基督徒认为，复活节象征着重生与希望。

第八章
社会大观·奇闻趣事

起源于印度的数字为什么被称为阿拉伯数字？

公元500年前后，印度的旁遮普地区的数学成就在世界上处于领先地位，尤其在简化数字方面有了重大的突破。印度学者把数字记在一个个格子里，如果第一格里有一个符号，比如是一个代表1的圆点，那么第二格里同样的圆点就表示10，而第三格里的圆点就代表100。这样，整个数字就是由数字符号及其所在的位置次序共同来表示。之后，印度的学者又创造了零的符号。这些数字符号和表示方法就是今天阿拉伯数字的最初形式。

大约公元700年，阿拉伯人征服了旁遮普地区。他们吃惊地发现，印度人的数学成就比自己先进得多。为了吸收印度的数学成就，公元771年，阿拉伯人把印度北部的数学家抓到了巴格达，迫使他们传授印度数字及其计数法。从此，印度数字和印度计数法以其简单而又方便的优点，在阿拉伯地区广泛流行起来。就连阿拉伯的商人们去世界各地做生意也采用这种方法。

后来，这种数字被阿拉伯人传入西班牙，公元10世纪时又由教皇兼学者热尔贝传到欧洲其他国家。1200年前后，阿拉伯数字被欧洲的学者正式采用，之后逐渐走进了普通欧洲人的世界。到15世纪时，欧洲已经普遍使用阿拉伯数字。不过，那时阿拉伯数字的书写方式与现代的阿拉伯数字尚不完全相同，后来经过许多学者的努力，才使它们变成今天的样子。

在13—14世纪，阿拉伯数字传入中国，由于中国古代有一种数字叫"筹码"，写起来比较方便，所以阿拉伯数字在当时没有受到重视。20世纪初，随着中国对外国数学成就的引进和吸收，阿拉伯数字在中国才开始正式使用。尽管阿拉伯数字在中国推广时间较晚，但它很快就成为中国最常用的数字了。

阿拉伯数字虽然起源于印度，但却是经由阿拉伯人的传播后才为世界各地所广泛接受的，因此人们将其称为阿拉伯数字。

古印度人会因为长相丑陋被判死刑吗？

据古希腊人记载，古印度人对人的相貌非常重视，据说印度河上游的卡泰奥伊人就选择相貌最好的人当国王。在那里还有一个令人难以置信的规定，婴儿满两个月后要由公众裁判，以断定他的相貌是否符合法律的标准，并由此来决定其是否应该继续活下去。如果这个孩子被公认为丑陋，法官就会判其死刑。

古印度人爱美主要体现在衣装打扮上。很多古印度人穿一种由棉布做成的、长度至膝的紧身衣，肩上还披着一块布。某些讲究的印度人夏天还会打遮阳伞，穿时髦的白色皮拖鞋。一些贵族姑娘穿着用亚麻布或黄色、红色丝织品做成的华丽服装，佩戴有铃铛的脚镯。贵妇们喜欢佩戴镶有宝石的项链。此外，手镯、发卡、耳环、金星等也都是贵妇们重要的首饰。

中国有句俗语，叫"一白遮百丑"。古印度人也崇尚美白。据考证，在公元前3000年，古印度人就已经开始使用铅粉。后来，这种化妆品的配方传到了中国、希腊和罗马等地，受到当地妇女的欢迎。

在古印度，不仅女子化妆，一些大城市的男子也化妆。他们每天沐浴以后，都要在身体上敷一层香油，在衣服上洒一些香料。他们的眼睛用药膏点染，嘴唇用颜色染红，再涂上薄薄的一层蜡以防止褪色。他们还把胡须染成很多种颜色，如白色、黑色、红色、紫色、草绿色等等。

古印度人为什么认为人身上最神圣的部位是口？

印度的种姓制度已有几千年的历史，早在原始社会末期就开始萌芽。雅利安人征服印度次大陆时，以"瓦尔纳"（即品质、颜色）为标准，以区别白皮肤的雅利安人和黑皮肤的土著人。他们自命为高贵者，将土著人称为"达萨"（即奴隶）或"首陀罗"。后来雅利安人内部出现了阶级分化，祭司演变成婆罗门，掌握神权；包括国王以下的武士阶层成了刹帝利，掌握除神权之外的一切权力；农民、手工业者和商人为吠舍，他们须向国家缴纳赋税；而被征服的土著民族部落，被列为首陀罗，地位最为卑贱。种姓是世袭的，代代相传。为了维护种姓制度，统治阶级还制定了很多法律，确立了各个种姓的权利、义务和法律地位，并对各种姓的职业、饮食、婚姻进行了严格的规定，其中最著名的是《摩奴法典》。

此外，统治阶级还堂而皇之地编造出一神话，来说明种姓制度的天经地义。在著名的史诗《梨俱吠陀》中讲到，婆罗门是从梵天的口里出生的，刹帝利是从他的双臂出生的，吠舍是从他的双腿出生的，首陀罗是从他的两脚出生的。由于出生的部位不同，所以四个瓦尔纳的地位有尊卑之别。在一个人的身上，最洁净、最神圣的部位是口，它是食物的入口，同时也是赞歌的出口，因此生于神口的婆罗门也是至高无上的；而生于臂的刹帝利位置比婆罗门低，属于第二种姓；生于腿的吠舍必须终身辛勤劳作，以养活婆罗门和刹帝利，是第三种姓；至于首陀罗，由于生于肮脏的脚，因而是最不干净、最为低下的，应恭顺地为其他种姓服务，是第四种姓。

种姓制度对古代印度的政治、经济乃至社会生活的方方面面都产生了极为深远的影响。印度独立以后，虽然规定不允许种姓歧视，但是由于几千年来种姓制度根深蒂固，种姓歧视至今仍未消除，给印度的社会发展带来了极为严重的负面影响。

知识链接
《摩奴法典》

古代印度的法律经典名目繁多，其中影响最大、最深远、最重要的一部是婆罗门教的《摩奴法典》。该法典共12章，其核心目的是维护种姓制度。它宣扬种姓起源的神话，规定了各种姓的权利、义务及法律地位，并制定了违反种姓制度的刑罚，同时以"来世"的虚幻描述来麻醉下层种姓。因此，《摩奴法典》作为维护高等种姓利益的剥削工具，其发挥的作用是纯粹的法典所无法相比的。这部法典涉及面广，内容丰富繁杂，为研究古代印度历史提供了珍贵的资料。其影响远及缅甸、泰国、爪哇和巴厘岛等地，甚至某些地区今天仍在使用这部法典。

古埃及人为什么要接受"天平"的审判？

在古埃及人的来世审判中，一个重要的特点是审判的准绳不是人，而是物——天平。面对天平，除了法老外，人人都是平等的，不管他生前是高贵还是贫穷，都要接受天平的检验。

古埃及人认为，心脏记录了一个人一生中的所有善行和恶行，在死后审判中的一种死亡仪式上，它将作为资料接受分析。

这种称量心脏的仪式在审判厅中进行，死者被冥界和亡者之神阿努比斯引入这个大厅，冥王奥西里斯和生育女神伊希斯等神祇注视着审判。

死者的心脏（法老的除外）被放在天平上，与代表公正、真理的玛特女神的羽毛作对比。接着阿努比斯调整天平的铅垂，智慧之神图特记录下裁决的结果。如果天平两边平衡，就证明死者是清白的，他就可以进入来世，得到永生；否则，守在一旁的，有着鳄鱼头和狮子、河马身体的恶魔阿米特，将会把死者连同他的心脏一起吃掉，使其"第二次死亡"。

印加人的"基普"，即采用结绳记事的方法，他们记事的绳一般采用羊驼或马毛编织，再在主绳上用细绳打结表示别的意思。

在秘鲁一带出土的刻有符号和图像的陶罐。在这些陶罐上也有一些表意的符号，可能是印加人创造的文字。

在古埃及，"天平"审判是评判死者能否进入来世的重要依据。只有通过天平审判的人才能够进入来世，如果未能通过天平审判，就无法复活了。

向印加臣服的部落首领为何会将印加王赏赐的衣物看成莫大的恩宠?

在印加时代，入选库斯科贞女宫的贞女必须具有印加王族的血统，她们都是献给太阳神做妻子的。而入选库斯科以外贞女宫的贞女，既有王室血统的女性，也有混血的女性，她们都是国王的妻子或嫔妃。

贞女的日常工作主要是织布做衣。库斯科的太阳贞女们所制作的服饰，必须严格控制在王族之内。国王可以将其赐给王族内部的成员，而那些非王室血统的臣民，无论他们做出多么巨大的功绩，也不可能得到这种奖赏。不过，他们有机会得到一种与其类似的奖赏——库斯科以外贞女们缝制的衣服。

尽管贞女们缝制的衣服可能是一模一样的，但在印加人看来，这两种由不同贞女缝制的衣服之间有着"质"的差别。因此，印加王在对库斯科以外贞女们缝制的衣服的处置上也相对比较随意，既可以将其赐给王室内部的成员，也可以将其赐给非王室血统的臣民。这种赏赐看起来平淡无奇，而实际的意义却非同小可。试想，印加王把自己的妻子、嫔妃们所缝制的衣服馈赠他人，岂不是象征着对此人有着一种格外的恩宠？所以，那些有幸得到这项恩赐的人，也将这种赏赐视为莫大的荣幸。

也正因为如此，在印加征服史中，经常提到印加王把衣服赏赐给刚刚臣服的部落首领。正所谓"礼轻情意重"，比起贵重的金银珠宝来，一件价值有限的衣服此时无疑是最为合适的礼物。它暗中向投诚的首领传递了一个重要的信息：从此以后，我们不再是对手，而是一家人了。

"斯拉夫"本义为"奴隶"，可为什么俄罗斯人却视其为光荣?

斯拉夫人是东欧人数最多、分布最广的民族，属印欧语系。据考证，斯拉夫人在史前时期生活在亚洲西北部草原地带，后来，逐步迁移到波罗的海南部地区，与日耳曼民族毗邻而居。自公元1世纪起，日耳曼人开始与南方的古罗马帝国交往。最初是日耳曼人充当古罗马人的雇佣兵和仆役，后来，他们又将自己俘获的大批斯拉夫人卖给罗马人做奴隶。久而久之，"斯拉夫"（奴隶）这个名称便反过来成为欧洲人对诸斯拉夫民族的称谓。斯拉夫民族包括东斯拉夫人（主要是俄罗斯人、乌克兰人、白俄罗斯人）、西斯拉夫人（主要是波兰人、捷克人、斯洛伐克人)、南斯拉夫人（主要是塞尔维亚人、克罗地亚人、斯洛文尼亚人、马其顿人、黑山人和保加利亚人）几个支系。

尽管在西方拉丁语中，"斯拉夫"这个称谓带有侮辱、轻蔑的意味，但在斯拉夫语言里，"斯拉夫"一词却是"光荣""荣誉"的意思。正因为俄罗斯人将"斯拉夫"一词视为光荣，所以很多俄罗斯男人名字中都有"斯拉夫"。

导致中世纪欧洲瘟疫流行的罪魁祸首是星宿还是垃圾？

中世纪的欧洲，城市的街道狭窄，坑洼不平，没有铺路石，空气浑浊，而且常年处于阴暗之中。大多数街区没有公共厕所，人们随地大小便，到处都是人畜的粪便和尘土混成的烂泥浆。由于城市排水系统不完善，下水道经常堵塞，污水长期滞留，一旦遇到雨天，平时繁华的街道都变成了满是腐臭垃圾的臭水坑，交通也常常因此出现中断。在法国巴黎，下水道都通往塞纳河，而塞纳河同时又是居民饮用水的重要来源。

中世纪，各种可怕的传染病在整个欧洲疯狂肆虐。1346—1353年，黑死病造成了几百万欧洲人死亡。1580年，成千上万的巴黎市民被传染病夺去了生命。当时医院人满为患，为了解决这个问题，在市郊的蒙马特高地和圣马尔索建起了接待病人的帐篷。经过调查研究，人们终于认识到，传染病的蔓延和传播与城市的排水系统不通畅，以及垃圾处理不当有一定的关系。一些有见识的医生认为，携带着腐烂气体的海风的侵袭导致了鼠疫的大面积蔓延。同时，垃圾所产生的恶臭气体也是暴发黑死病的重要原因之一。

为了从根本上杜绝传染病的暴发和流行，当时城市权力机构曾下令清除"产生和传播有害气体的污泥和垃圾"。路易十四曾经颁布敕令"禁止饮用水质有问题的河水"。然而，很少有人遵守这一规定，依然我行我素。因为当时的舆论认为，城市里堆满垃圾比较吉祥，而星宿的影响才是导致传染病流行的罪魁祸首。比如，一位名叫弗朗索瓦·德·库塞尔的医生宣称，是火星、土星和木星连成一线导致了瘟疫的传播。而另一位名叫克洛德·法布里的医生则进一步分析道："还必须考虑到天空中尾巴向东的炽热的彗星的影响。"显然，这些说法是不科学的。

知识链接

黑死病给欧洲造成的严重影响

对于欧洲人来说，14世纪中叶是一个极为悲惨而又恐怖的时期。从1347至1353年，席卷整个欧洲的被称为"黑死病"的大瘟疫，夺走了2500万欧洲人的生命，占当时欧洲总人口的1/3。

黑死病引起了欧洲社会、经济和政治的巨大变化，天主教的威信受到沉重的打击，一些少数种族受到一波又一波的迫害。当时很多欧洲人认为流动的犹太人是瘟疫的传播者，于是各地都出现了残害犹太人的情况。在美因茨有1.2万犹太人被活活烧死，而在斯特拉斯堡也有1.6万犹太人被杀。

有一些历史学家把"黑死病"视为欧洲历史的转折点，劳动力的稀缺使得农民的权利大增，而劳动力的昂贵促进了科技的变革。从"黑死病"中恢复过来的欧洲，经济、科技发展极为迅速，并最终爆发了工业革命。

为什么说茶叶改变了世界？

也许没有人能预料到，茶叶这种看似微不足道的东西，却成为导致两场影响深远的战争的"祸根"。这两场战争都与英国有关，战争的结果是一个新兴的西方大国呼之欲出，而另一个古老的东方帝国却走向衰落。

在美洲大陆，为了倾销东印度公司的积存茶叶，1773年，英国政府通过一项条例，给予东印度公司到北美殖民地倾销积压茶叶的专利权，不仅税费极低，同时还明令禁止殖民地贩卖"私茶"。东印度公司的茶叶贸易垄断行为,引起北美殖民地人民的极大不满。1773年12月16日晚,一些反英群众乔装成印第安人,将停泊在波士顿港的3艘东印度公司茶船上的342箱茶叶全部倾入大海。这一举动使英国政府与北美殖民地之间的矛盾激化,并最终导致1775年美国独立战争的爆发。

在亚欧大陆,18世纪的中国是一个以自然经济占统治地位的封建帝国,发达的农业、手工业和国内市场使中国在经济上高度自给自足,对外国商品的需求量非常有限。100多年后,主持中国海关总税务司的英国人赫德在其书中写道:"中国有世界上最好的粮食——大米;最好的饮料——茶叶;最好的衣物——棉、丝和皮毛,他们无须从别处购买一文钱的东西。"因此,当时欧洲的产品在中国几乎找不到销售市场,同时欧洲人却又不得不花费大量的白银来购买中国的茶叶。到19世纪30年代初,中国贸易出口额每年高达200万—300万两白银。英国人跟中国人做买卖,无疑是想要赚钱,这种贸易格局自然是他们无法容忍的。为了扭转在对华贸易中的不利地位,东印度公司专门成立鸦片事务局,开始大规模向中国输入鸦片。不久以后,鸦片战争爆发了。

两片大陆,两场战争,导致两种截然不同的结局。茶叶就这样改变了世界,改变了历史。

英国贵妇饮茶之后为什么要喝白兰地"解毒"?

据说,18世纪的一天,在斯德哥尔摩的一座皇宫里,愁眉苦脸的瑞典国王坐在龙椅上发呆。一位大臣前来禀报说:从遥远的东方传过来一种神奇的树叶,在宫外引起了很多人的议论,有人担心喝了这些东西会被毒死。为了验证这种东西是否真的有毒,国王叫人把一对被判死刑的孪生兄弟押进了皇宫,命令他们:"你们俩一个每天喝咖啡,一个每天饮茶,就可以免去死罪。"60年后,兄弟二人中喝咖啡者因病去世,又过了10多年,饮茶者无疾而终。

这是西方关于茶叶最富喜剧色彩的故事之一。事实上,茶叶进入西方世界以后,在相当长的一段时间内,一直被欧洲人疑为有毒之物。1664年,东印度公司向英国王室进贡一批茶叶,追求时髦的贵妇们既忍不住仿照王室试饮,又担心茶叶有毒,于是饮茶之后一定要喝白兰地"解毒"。

大量的证据证明,中国是茶叶的发源地,世界上其他地方饮茶、种茶的习惯都是直接或间接地从中国传过去的。最迟在汉朝时,中国人就已经开始种植茶树,但直到16世纪它才为西方人所知。1559年,一位威尼斯商人在他出版的《航海记》中首次提到了茶叶。1606年,茶叶首次进入欧洲。

从18世纪开始,茶叶逐渐成为中英贸易的重要商品,两艘英国船只从广州运回3 000担茶叶,价值约占船上所有货物总价值的80%。18世纪20年代后,茶叶贸易成为所有欧洲东方贸易公司最重要的项目。事实上,一直到20世纪,只有茶叶始终在中西贸易中居于支配地位。

茶叶为西方商人带来了巨额利润。一位活跃在广州的法国商人坦言:"茶叶是驱使我们前往中国的主要动力,其他的商品只是为了点缀商品种类。"历史学家普里查德甚至宣称:"茶叶是上帝,其他商品在茶叶面前都一文不值。"

人的心脏有记忆的功能吗?

众所周知,大脑是记忆的器官。然而,美国科学家通过研究发现,人类的心脏也许有某种"记忆功能"。正因为如此,一些患者在接受心脏移植手术后与过去判若两人,反而与心脏捐赠者的性情非常相似。

据报道,有一位货车司机,他以前并不是一个多愁善感的人,从未给妻子写过情书,他的文笔也确实差得要命。而当他接受心脏移植手术后,却开始给妻子写情诗了,文笔还相当不错。他确信自己写诗的天赋来自那颗移植的心脏，因为捐赠者全家都爱写诗。

2006年，澳大利亚一位17岁男孩在车祸中丧生，他的父母将其身体器官捐赠了出去。2年后，他们找到了儿子心脏的接受者，惊奇地发现他"继承"了儿子爱吃汉堡圈的嗜好，而接受者在心脏移植前对汉堡圈一点都不感兴趣。

一名接受心脏移植手术的患者，在身体康复后爱上了捐赠者的遗孀，并娶她为妻。12年后他饮弹自尽，令人吃惊的是，为他捐赠心脏的人也死于同一方式。

一名8岁的小女孩接受了一名遇害身亡的小女孩的心脏，从此以后，这个小女孩经常做同一个噩梦，梦见一位男子杀害她的捐赠人。警方根据她所叙述的线索最终将凶手捉拿归案。

据统计，每10例接受换心手术的病人中，就有1人会出现性格改变现象，这让很多科学家相信，心脏细胞有记忆功能，心脏移植到另一个人身上后，储存在心脏中的某些记忆也会转移到那个人的身上。我们都有过这样的经历，遇到不高兴的事情时，除了有时会感到"头疼"外，还会觉得"心里难过"。由此看来，心脏细胞有记忆功能这一说法未必是无稽之谈。换心人的奇迹会促使科学家对传统观念进行反思。也许，大脑和心脏都是思维的器官，只不过分工有所不同罢了。

路易十四时期的"铁面人"究竟是谁？

1789年7月14日，愤怒的巴黎市民攻占了象征着法国专制制度的巴士底狱，标志着法国大革命的爆发。起义军在巴士底狱的入口处发现了一行字：囚犯号码64389000，铁面人。

神秘的"铁面人"究竟是谁呢？据说路易十五、路易十六两位国王都曾下令调查过此事，但调查的结果却严格保密，这为"铁面人"的身份增加了更多神秘的色彩。

有人认为"铁面人"是路易十四的生父。路易十三和王后婚后不和，长期分居。尽管经过首相黎塞留的调解后重归于好，但此时的王后已身怀六甲，不久便生下了路易十四。为了避免露出马脚，王后的情人，也就是路易十四的生父只得流落他方。路易十四登基后，其生父偷偷返回巴黎来见路易十四。路易十四既怕丑闻泄露，又不忍加害生父，只好为其戴上面罩，终身囚禁。然而据记载，1703年"铁面人"去世时是一个45岁左右的中年人，而此时的路易十四已经65岁，从年龄上来看这种说法不符合逻辑。

有人认为"铁面人"是法官拉雷尼。据说，拉雷尼的叔叔科齐涅曾经担任过法国宫廷医生，路易十三死后科齐涅对其尸体进行解剖，发现死者并不是路易十四的生父。科齐涅将这一秘密告诉了拉雷尼。后来宫廷为了防止丑闻外泄，就将拉雷尼长期囚禁起来。事实上，科齐涅进入宫廷时路易十三已经死去一年了，科齐涅不可能对其尸体进行解剖。另外，有资料显示拉雷尼死于1680年，是在家里善终的。

有人认为"铁面人"是财政大臣富凯。

愤怒的巴黎市民在摧毁巴士底狱后，在监狱入口发现了一行字：囚犯号码64389000，铁面人。从此，历史又给后人留下一个难题：铁面人到底是谁？他是路易十四？还是路易十四的长兄？路易十四的生父？英王查理一世？……这实在是个难解之谜。

富凯曾以侵吞公款罪被捕入狱。路易十四主张将他处死，但法院却判他终身流放。后来法国当局宣布，富凯于1680年暴亡，他的尸体立刻被当局秘密处理了。再加上关于"铁面人"的传闻恰好是在富凯"死"时开始的，因此有人猜测死者并不是富凯，而是他的仆人，富凯则活在面罩之下。然而，如果富凯活到1703年，应该是个老头了，可"铁面人"是个中年人。

有人认为"铁面人"是英国国王查理一世。查理一世并没有死在断头台上，有人代他受了刑。后来查理来到法国，被路易十四囚禁起来。可问题是，路易十四为什么要囚禁查理一世？而且查理一世如果活到1703年，已经103岁了，他能那么长寿吗？

总之，以上各种说法均有无法自圆其说之处。时至今日，"铁面人"的身份依然是一个难以解开的谜。

知识链接
黎塞留

黎塞留（1585—1642年）被后人称为法国历史上最伟大、最老谋深算、最冷酷无情的政治家。他在担任宰相期间，对内恢复和强化日益衰落的专制王权，对外谋求法国在欧洲的霸主地位。他在中央设立各部大臣，直接归他领导，削弱了贵族的权力；剥夺了巴黎高等法院的谏诤权；向各地派遣监察官，加强中央对地方行政、财政和司法的控制；设立书报检查制度，加强对思想文化领域的控制。他多次平息贵族的叛乱，即使公爵和亲王也严惩不贷。1628年，他率兵攻陷了胡格诺教派的主要根据地拉罗谢尔城，剥夺了胡格诺教派的政治权利。1637—1639年先后镇压了乡巴佬起义和"赤足汉"农民起义。为了抗衡哈布斯堡王朝，他促成了法英联盟，支持丹麦、瑞典以及德意志新教诸侯与神圣罗马帝国交战，并支持法国参加1635年的三十年战争，使法国成为战争的最大受益者，称霸欧洲大陆。

美国真有"蜥蜴人"吗？

在当今世界之谜中，有关野人的传说一直备受人们的关注。许多目击者都将野人描绘成高大强壮、似人非人的形象，其行踪时隐时现、捉摸不定。不过，近些年来在美国出现的"蜥蜴人"，似乎又为"野人"家族增添了新的成员。

1988年，一位名叫克里斯托弗·戴维斯的17岁小伙子正蹲在沼泽地边，为汽车更换漏气的轮胎，忽然听到身后有响动。他回头一看时，不禁大吃一惊，离他约25米处有一个高大的怪物正朝他冲过来。

这只怪物有一双红得冒火的眼睛，它的手只有3个指头，又黑又粗又长，皮肤是绿色的，看起来非常粗糙。

大惊失色的戴维斯赶紧跳进车里，并关上车门。然而，赶到的怪物紧紧抓住了方向镜。戴维斯试着猛地关上门，想把它的爪子震开，但没有成功。于是他又加速发动，希望吓退怪物，不料怪物纵身跳上车顶。由于路面颠簸不平，那个可怕的怪物终于从车上掉了下去。惊魂未定的戴维斯根本不敢在路上停车。到家之后，他才发现汽车的侧视镜已经严重损坏，车顶上还有清晰的划痕。

除戴维斯外，还有一些人声称看到过"蜥蜴人"，而且他们对"蜥蜴人"的描述基本一致。那么，美国真的有"蜥蜴人"吗？

大多数学者认为"蜥蜴人"是子虚乌有的，因为根据最基本的生物学原理，一个动物种群要想在自然界中持续生存下去，必须拥有一个适合的生存环境和最基本的个体数量。如果这个基数不足，或者由于过于分散而不互相接触，那么这个种群就要灭绝。戴维斯等人看见的都是单个的"蜥蜴人"，从未见过群体的"蜥蜴人"，所以这个物种无法传宗接代，不可能在地球上生存下去。

"蜥蜴人"究竟为何物？美国某些地区和媒体已经开出高额赏金，以激励人们俘获"蜥蜴人"。世人正注目着这一悬案的进展。

"奥卡姆剃刀"说的是什么？

"奥卡姆剃刀"是英国著名唯名论哲学家威廉（约1285—1349年）提出的"经济原则"。威廉出生在英格兰萨里郡的奥卡姆镇，曾在巴黎大学和牛津大学学习，学识渊博，能言善辩，被时人称为"驳不倒的博士"。

威廉对当时学术界关于"共相""本质"之类的无休止的论辩感到非常厌倦，于是著书立说，宣传唯名论。他认为只有个体是真实存在的，那些所谓的共相都是虚无缥缈、毫无用处的累赘，它不可能在个体事物之前出现，也不存在于个体事物之中，它只是人们想象的产物。于是，他提出了一个著名的"经济原则"："如无必要，勿增实体。"亦即大自然不做任何多余的事情，如果能用较简单的东西来说明问题，那么用较复杂的就成为无益之事。他主张用"经济原则"这把剃刀，把所有多余的东西统统剃掉。这一近乎偏激独断的思维方式，被后人称为"奥卡姆剃刀"。

"奥卡姆剃刀"出鞘后，剃秃了几百年间一直占统治地位的经院哲学和基督教神学，使科学、哲学从神学中分离出来，进而引发了欧洲的文艺复兴和宗教改革，开辟了世界近代史的新纪元。当时，这把"剃刀"曾使某些人感到恐慌，被认为是异端邪说，威廉本人被罗马教皇作为异教徒关进了监狱，在狱中生活了四五年。然而，禁锢和迫害无法从根本上阻挡这把"剃刀"前进的脚步。几百年来，这把所向披靡的"剃刀"越来越锋利，并早已超越了最初狭窄的范畴，具有更广泛、更丰富、更深刻的意义。

什么是"因信称义"？

中世纪晚期的欧洲，阶级、宗教、民族矛盾异常尖锐，教会威信明显下降。德国宗教改革运动的领袖马丁·路德（1483—1546年）在青年时代对神学、哲学理论进行了系统的学习和钻研。1511年，他奉命来到罗马教廷，目睹了天主教会的腐朽糜烂，使他对教会的说教产生了怀疑。后来，他潜心研读《圣经》，终于悟出了"信仰耶稣即可得救"的道理，进而提出了"因信称义"这一大胆的主张，为他后来的宗教改革提供了重要的理论基础。

"因信称义"又称为"因信得救"。马丁·路德认为，一个人的灵魂能否得到拯救，不在于遵守教会的规条，也不在于生前积累的善业功德。只要虔诚地信仰上帝，通过研读《圣经》，领会教义，人的灵魂就可以得到拯救。马丁·路德把《圣经》作为唯一的神圣权威，主张任何一个基督徒都有权阅读《圣经》，并完全可以对《圣经》作出个人的价值判断和理解。在上帝和《圣经》面前，人人平等，根本不需要教士和教会作为中介，任何人都无权把自己对《圣经》的理解强加给别人。简单一句话：个人信仰高于一切，任何人都无权干涉。

"因信称义"是对天主教会所宣扬的"行为称义"的否定，它把人们从教会繁文缛节的束缚中解放出来，给人以精神的自由。因此，这一理论蕴含着一种积极的人生态度，反映了新兴资产阶级追求自由、平等的思想。这种宗教信仰上的个人主义，与文艺复兴中理性的个人主义有机地融为一体，成为早期资本主义发展的精神动力。

培根提出的"四假象"都指什么？

为了从理论上对中世纪经院哲学所宣传和灌输给人们的种种迷信、谬论、偏见和诡辩进行清算，揭示和批判导致人们认识中产生主观主义片面性缺陷的种种根源，英国著名哲学家、思想家培根（1561—1626年）提出了著名的"四假象"说，即"种族假象""洞穴假象""市场假象"和"剧场假象"。

"种族假象"是存在于人的天性中的一种假象，为全人类所共有。由于人的意识难免会掺杂各种主观因素，如偏见、虚构、欲望等，因此也就具有了虚幻的成分。就像一面凹凸不平的镜子一样，由于不规则地接受光线而使事物的形象受到了歪曲，人的理智也同样不可靠。

"洞穴假象"是由于各个人的特性而产生的假象。由于每个人的心理素质、健康状况、教育水平、知识结构和周遭环境等都大不相同，因此，在看待和理解事物时，难免会产生一些成见和偏差。

"市场假象"是由于人们在交往的过程中，使用的词语不恰当，从而导致理解上的偏差而造成的假象。这种假象有两种，一是有其名而无其实的语词，二是表意不准确的语词，这些都会造成错误的观念，从而形成假象。

"剧场假象"是由于各种哲学体系和论证法则给人们的思辨方式带来了潜移默化的影响而造成的假象。培根认为，每种哲学体系都如同一出舞台剧，根据一种虚构的布景方式来表现它们所创造的世界。就像我们看戏一样，虽然只是为了娱乐，但总会不知不觉地受到剧中故事的感染，而使剧中所流露出的思想感情和价值观念被我们吸纳。

知识链接

经院哲学

经院哲学属于欧洲中世纪特有的哲学形态，是一种与宗教神学相结合的唯心主义哲学。由于这种理论被天主教教会在其所设的经院中用来教授神职人员，因此被称为经院哲学。经院哲学最重要的代表人物是安瑟伦和托马斯·阿奎那。

经院哲学的研究对象并不是现实世界的万事万物，而是上帝、神灵、天使、天国等虚幻的事物，其主要任务是对天主教教义、教条进行论证。当然，在神学允许的范围内也讨论了一些哲学问题，其中最著名的就是关于一般和个别（共相）的关系问题。随着近代科学技术和社会生产力的迅猛发展，长期统治欧洲的中世纪经院哲学彻底瓦解。

"第一性的质"和"第二性的质"各指什么？

"第一性的质"和"第二性的质"的理论是流行于17世纪的机械唯物主义自然观，发端于以德谟克利特为代表人物的古代原子论唯物主义，同时也为17世纪的伽利略、笛卡尔以及微粒论的代表人物波义耳等著名学者所提出。然而，正是由于洛克对这个理论进行了哲学证明，才使它成为近代哲学中有着重大意义的论题。

根据洛克的观点，第一性的质是与物体不可分的性质，如物体的大小、体积、形状、结构、数量、密度、运动等；第二性的质并不是对象本身中的性质，而是第一性的质在我们身上产生颜色、声音、滋味、气味等各种感觉的能力。从更广泛的意义上来说，第二性的质也是一个事物改变另一事物活动的能力。第一性的质是物体的原始和最基本的性质，并决定事物的其他性质。第二性的质是第一性的质的外在表现，因此它是依附于第一性的质并被其所决定的次级性质。从认识上看，这两种性质都作用于我们的感官，但第一性的质与其所产生的感觉相同，第二性的质则与其所产生的感觉完全不同。与第二性的质相比，第一性的质提供了某种可以测量的东西，因而被认为是科学说明的可靠基础。

"第一性的质"和"第二性的质"的学说不仅体现了洛克的机械唯物主义自然观，同时也为洛克的经验主义认识论提供了理论基础。后来，洛克的"第二性的质"的理论被巴克莱吸收和发挥，不过，二人关于"第二性的质"的理论有着本质的不同。洛克认为"第二性的质"在物体中有物理基础，而巴克莱则认为"第二性的质"是不能离开人类的知觉而独自存在的。洛克区别的是可被感知的性质和能力，而巴克莱将这种区别变成了可被感知的性质和不依赖于感觉的性质之间的区别，从而走向了主观唯心主义。

知识链接

机械唯物主义

机械唯物主义最主要的特征是：尽管承认世界的物质性，但却用孤立、静止、片面的观点解释世界，看不到宇宙之中万事万物的普遍联系和变化发展，或者只是承认机械的联系和机械的运动，认为运动只有数量的增减或场所的变更，事物变化的原因在于外力的推动，因而表现出机械主义的特征。机械唯物主义还有一个重要特征：在自然观方面是唯物主义的，而在社会历史观方面却是唯心主义的。近代机械唯物主义的产生，与当时自然科学发展的状况密切相关。当然，除了力学已经发展到比较完整的形态外，其他自然科学还处于分门别类地收集、整理、分析经验材料的阶段。

"笛卡尔式怀疑"是一种什么样的怀疑方式？

笛卡尔是解析几何的创始人，同时也是欧洲近代哲学的奠基人之一，被黑格尔誉为"现代哲学之父"。他的思想自成体系，熔唯物主义与唯心主义于一炉，在西方哲学史上产生了重大而又深远的影响。

在17世纪前期的欧洲，教会势力严重阻碍着欧洲资本主义的发展。当时的经院哲学以《圣经》和神学的教条为理论出发点，以亚里士多德的三段论法为推导方式，从而得出符合教会利益的结论。而批判经院哲学，建立为科学撑腰的新哲学，成为当时先进思想家的历史使命。

笛卡尔将经院哲学视为无益的空谈，认为其只能将人们引入思想上的陷阱，不会带来真知灼见。笛卡尔指出，我们现有的很多观念和论断都是值得怀疑的。这些观念有的来自我们的感官，而感官有时会欺骗我们。有些来自我们的幻想，而幻想是虚无缥缈的。至于那些推导出来的结论，也并非无懈可击。为了追求真理，我们必须以怀疑的态度来对待一切，这样才能破旧立新，获得真知。这就是著名的"笛卡尔式怀疑"。

"笛卡尔式怀疑"又可称为"方法论的怀疑"，是笛卡尔在建立自己的哲学体系中所阐述的一种认识方法。笛卡尔的哲学理论基础是"我思故我在"，他把理性作为公正的裁判员，要把一切放在理性的天平上加以检验。他认为怀疑是一种积极的理性运动，只要不违背逻辑，任何事物都是值得怀疑的。不过，笛卡尔认为"我"可以怀疑一切，但有一件事是无可置疑的，那就是"我怀疑"，因为此时"我"唯一可以确定的事就是自己思想的存在。

需要指出的是，笛卡尔的怀疑不是对某些具体事物、具体原理的怀疑，而是对整个人类、整个世界乃至上帝的绝对的怀疑。这种怀疑不同于否定一切知识的不可知论，而是以怀疑为手段，达到去伪存真的目的。

"人体哲学"是有关人体的哲学吗？

拉美特利（1709—1751年）是法国哲学家。他最初学习神学，后来抛弃神学，师从波尔哈维开始学医，深受波尔哈维的机械主义医学思想的影响。拉美特利在1734—1745年担任军医期间曾经染病，他根据对自己病情的观察和分析，得出这样一个结论：人的精神决定于人的肉体，思想只不过是人脑中机械活动的产物。这一主张引起了教会和政府的震怒和恐慌，拉美特利的著作因此被毁，本人也不得不流亡在外。1747年，拉美特利匿名发表了他的最重要的著作《人是机器》。

拉美特利认为，在18世纪研究精神与肉体的关系问题，存在着两种体系，即以莱布尼茨、笛卡尔为代表的唯灵论，以及以洛克为代表的机械唯物论。拉美特利批判了把心灵实体化、物质产自心灵的唯灵论，同时批评洛克"问物质是否具有思维能力，除了把物质当作纯粹的物质本身以外，不作任何别的考虑"，并公开表明自己的唯物主义立场。

拉美特利运用当时医学、生理学和解剖

学的最新研究成果,论证人的精神对人的肉体尤其是对人脑的依赖关系,提出了生理决定论的观点。他还探讨了从感觉到思想的产生过程,即首先要获得感觉,依靠记忆又把各种感觉积累起来,最后由大脑把各种观念进行排列组合,作出推理、判断。人的大脑一旦出现了毛病,大脑和感官之间的通道被堵塞,精神上的一切活动就会停止。最后,他得出一个结论:"人脑是感觉和思维的发源地,人体是一架机器。"

拉美特利的思想清晰地闪耀着辩证思想的光辉,成为18世纪法国唯物主义哲学的重要代表。

商博良为什么说自己要设法买一个大桶栖身?

法国著名历史学家、语言学家商博良,是第一位识破古埃及象形文字结构并破译罗塞塔石碑的学者,他也因此被誉为"埃及学之父"。

1907年,年仅17岁的商博良离开学校前往巴黎,投身于罗塞塔石碑的破译工作。由于太年轻,他竟然一时找不到工作来糊口,不得不住在一间非常破旧的小屋里,月租18法郎。但就连这么一点钱他也拿不出来,于是不得不经常写信向哥哥求助。

1809年,19岁的商博良受聘为大学历史教授,听他讲课的学生有很多是他曾经的同窗学友,其他同事的学识又不如他,他四处树敌、被人嫉妒也就在所难免了。另外,商博良的思想与当时的社会格格不入。他公开提出,历史研究的最高理想是追求真理,这种真理是一种绝对真理,而绝不是波拿巴王朝或者波旁王朝的统治者所规定的真理。他主张学术自由,而这时正是学术界受到各种政治禁令重重限制的时候。

同时,学院内部的钩心斗角使商博良狼狈不堪、心情沮丧,比他年长的教授们勾结在一起,把商博良的薪金减少了1/4。无可奈何的商博良写道:"我命中注定要像古希腊哲学家第欧根尼一样穷,所以我也应该像他一样买一个大桶栖身,再弄一块麻袋披在身上,这样或许有希望靠着雅典人的施舍生存下去。"尽管如此,当上教授的商博良毕竟还是走出了过去赤贫的窘境,并最终在研究古埃及象形文字这一领域取得了巨大的成就。

知识链接

第欧根尼

第欧根尼是古希腊哲学家,犬儒学派的主要代表人物,大约活跃于公元前4世纪。他的真实生平难以考据,而有关他的传闻逸事却不胜枚举,足见他的思想影响之深远。第欧根尼崇尚原始、自然的生活,认为除了自然的需求必须满足外,其他任何东西,包括社会生活和文化生活都是多余的,应该加以弃绝。第欧根尼揭露大多数传统的标准和信条的虚伪性,认为与道德相比较,俗世的一切财富都是不值一提的。作为一个苦行主义者,他居住在一只木桶内,过着乞丐一般的生活,每天白天都会打着灯笼在街上"寻找真诚的人"。他师承苏格拉底的弟子安提斯泰尼,并将安提斯泰尼创立的"犬儒哲学"发扬光大。

用宇宙语言就可以与外星人对话吗?

现在很多科学家都认为,除地球外,宇宙中可能还有其他星球存在生命,尽管还没有可靠的证据来印证这一观点。以下论述都是基于一种假设,即"外星人"是真实存在的。

随着科学技术的高速发展,与"外星人"进行通信和交流是迟早要发生的事情。要与"外星人"进行通信和交流,首先遇到的无疑是语言问题。由于"外星文明"与地球文明不可能相同,双方的语言习惯也不可能一样。因此,地球人和"外星人"需要一种双方都能理解的语言作为交流的媒介,这种语言被科学家们称为"宇宙语言"。随着研究的不

断深化,"宇宙语言"已经成为一门学科——"宇宙语言学",其研究的主要内容有:

(1) 研究自然的"宇宙语言",即研究如何搜寻、辨识和解读可能是"外星人"传来的信号。根据"宇宙语言学"的研究,宇宙中存在着无数种"宇宙语言"。由于科技的发达程度不够,人类对这种语言还一无所知,因此这项工作至今还没有取得实质性的进展。

(2) 研究人造的"宇宙语言",即研究如何把地球人的语言信息转化成"外星人"可以理解的符号信息。换句话说,就是设计出一套语言,作为与外星人交流的工具。

研究和设计"宇宙语言",是基于这样一种假设:"外星人"应该是比地球人更先进、更发达的高智商生物,他们的语言系统也一定非常发达,其重要的标志就是语言的高度数学化。因此,科学家试图把语言用数学方法来表达,这就是设计"宇宙语言"的基本思路。据说,这项工作已经取得了一些成果。

美国的特种部队怎样使用手势语?

特种部队经常出现在几乎不允许发出声音的险恶环境中,这种特殊的环境无疑给战友之间的交流带来了不便,此时的手势语就起到了重要的作用。在国外特种部队使用的手势语中,美国特种部队使用的手势语简单明确,又不会引起误会。以下是一些常见的手势语。

方向:将食指与中指并拢,其余三指合握,食指与中指所指的方位就是所标示的方向。在大量人员移动时,也可用四指并拢、拇指内扣来指示方向。如果要示意迂回时,则以手腕与手臂的弯曲配合指向来表示。

清除:在手势语中,清除的对象比较多。如果清除的是前方哨兵,则以手砍颈作斩首状,或食指划过颈部做割喉状来表示;清除铁丝网则是用食指与中指作剪刀状来表示;清除高塔上的敌人则以食指与中指合并指于另一手的手掌下方,比较类似于球赛中的暂停手势;清除地雷并开路,则以双手手掌向外划出,如同游泳时的动作。

掩护:在战斗中,自己要转移位置并请求队友提供火力掩护时,有两种手势。一种是以左手握拳,右手出掌盖于左拳上,表示将以低姿态(爬、伏)进行移动。如果右手出掌覆盖头部,则表示将以高姿态(冲锋、跃出掩体或壕沟)或是多人战术移位的方式进行移动。

停止:这是先锋对后续的主力部队最常用的手势。五指并拢,手掌直立,指尖朝上,示意部队停止前进;如果握拳则表示所有人停止动作;如果手掌朝下则表示所有人须保持低姿势。

截断:左手掌心朝上,右手竖在左掌上,类似刀劈状,此手势一般在遭遇敌方小部队,想要中途拦截、切断其后路或从后方切入包围时使用。

知识链接

特种部队的起源

1940年6月6日,为了打击纳粹德国的嚣张气焰,英国首相丘吉尔下令"立即对整个德国占领区发动积极而又连续的反攻"。为此,英国组建了一支由精锐部队组成的特种部队,命名为"哥曼德"。就这样,世界上第一支特种部队诞生了。

从此以后,这支神出鬼没、英勇善战的特种部队,以灵活快速的作战方式,驰骋在欧、非战场上,搅得纳粹德军胆战心惊、谈虎色变。恼羞成怒的希特勒曾下令对英军的"袭击破坏部队",无论是否穿制服,一律"斩尽杀绝"。然而,"哥曼德"不仅没有被"杀绝",反而创造了一项又一项不朽的业绩,永载反法西斯斗争的史册。

出版《吉尼斯世界纪录大全》的吉尼斯公司是经营什么的?

1759年,一个名叫阿瑟·吉尼斯的人在爱尔兰都柏林创建了一家啤酒厂,专门生产一种烈性黑啤酒。到 1833 年，它已经发展为爱尔兰最大的一家酿酒厂。1886 年，这家啤酒厂在英国伦敦拥有一家公司。到 20 世纪 30 年代，英国拥有两家吉尼斯酿酒厂。

1951 年，在一次狩猎聚会上，吉尼斯啤酒公司的执行董事休·比佛爵士在射击金鸻时屡屡落空。他抱怨道，金鸻是世界上飞得最快的鸟。然而他的同伴不同意他的观点，于是双方发生了争执。被激怒的比佛想从书中找到支持自己的论据，却一无所获。后来，就松鸡和金鸻到底谁更快又发生了一场争论。精明的比佛意识到，在酒吧里，被酒精刺激的人们常常会因为某一个问题而争论不休，如果有一本书能为这类争论提供答案的话，既能为人们找到吹牛的依据，从而助其酒兴，又能使酒吧卖出更多的酒，酒厂的生意也自然会更好。于是，他决定出版一本记录"世界之最"的书。

有人向比佛推荐了编书的合适人选——麦克沃特兄弟。麦克沃特兄弟当时开了一家资料收集站，这对孪生兄弟的合作可以说是天衣无缝，常常使经验丰富的老记者瞠目结舌。1954 年，比佛会晤了这对兄弟，请他俩助其一臂之力，主持编纂《吉尼斯世界纪录大全》一书。麦克沃特兄弟慨然应允，并立刻筹建了一个小组，开始了紧张的编写工作。

1955 年 8 月 27 日，第一本《吉尼斯世界纪录大全》正式诞生。这部仅有 198 页的小册子，迅速荣登英国畅销书榜首，因为当时还没有任何其他一种书能够提供如此丰富、权威的有关世界纪录的资讯。这本《吉尼斯世界纪录大全》不胫而走，名声远远超出了吉尼斯黑啤酒。之后，这本书被翻译成多种语言在世界范围内发行。

《吉尼斯世界纪录大全》以猎奇取胜，十分符合西方读者的口味。全世界很多人在千方百计创造各种离奇的纪录，希望自己的大名能够列入书中，进而形成了一种"吉尼斯运动"。有趣的是，这本书本身也列入了世界之最，在英国图书馆里，被人偷走最多的一本书就是《吉尼斯世界纪录大全》。

下半旗志哀是要将国旗下降至旗杆的一半处吗？

下半旗又称降半旗，是公众表示哀悼的重要仪式，属于国家行为。所谓下半旗，并不是将国旗下降至旗杆的一半处，也不是直接把国旗升至旗杆的一半处，而是先将国旗升至杆顶，然后降至旗顶与杆顶之间的距离为旗杆全长的 1/3 处。每当某些重要人物逝世，或者是国家发生重大不幸事件以及严重自然灾害时，全国各公开场合的国旗，驻国外的使馆、领馆的国旗均应下半旗，以表达哀悼。

下半旗志哀的方式已有近 400 年的历史。据说在 1612 年，一艘名为"哈兹·伊斯"号的英国船只，在从大西洋慢慢驶入泰晤士河时，船员们列队整齐地站在甲板上，神情严肃地仰望着主桅杆降下一半的国旗。人们不知何意，经过打听才知道是船员们以这种方式来悼念刚刚死去的船长。

当时的英国航海事业非常发达，出海航行的船只越来越多，海难自然也越来越频繁。有些船只在发生不幸时，也开始效法"哈兹·伊斯"号的致哀方式。于是，这种下半旗的致哀方式就在航海业中逐渐流行开来。到了 17 世纪下半叶，这种致哀方式开始在陆地上采用。随着时间的推移，英国官方逐渐承认了这种致哀方式，每当国家首脑或重要人物去世时，都要下半旗以示哀悼。后来，这种致哀方式在全世界通行了。

美国的仪态学校都教些什么？

学习仪态，近年来在美国已经成为风尚。为了让自己家庭中的女性有出众的仪表和良好的交际能力，从而助自己一臂之力，达官显贵、巨贾名流纷纷把自己的太太和女儿送进仪态学校，学习化妆美容的技巧，掌握与上层社会人物的交际应酬策略。

仪态学校学生的年龄参差不齐，母女同学已是屡见不鲜的事。除国会议员或高层政府官员的夫人和千金外，一些外国驻华盛顿使节的夫人和千金也来到仪态学校"深造"，她们除了赶赶时髦、出出风头外，也是为了学习一些美国的风俗习惯，以适应新的生活环境。也有学生是来自政府机关或工商机构的女职员，她们认为有必要投资学点增添风姿的本领，以增加觅得佳偶的机会。

仪态学校的课程包括化妆技巧、发型设计、餐桌礼仪等，比如，怎样描眉、画眼线、涂口红，如何梳理一个合适的发式以与脸型相配，在餐桌上应该注意哪些言行举止，以及在鸡尾酒会上如何才能施展魅力、吸引重要人物的注意，等等。笑容是仪态的重要部分，因此，训练课程之一就是对镜微笑，直到笑容看起来热情而又自然为止。谈话艺术则是学员必修的另一门重要课程，因为口才是人际交往的重中之重。此外，仪态学校还教授电脑知识、秘书课程、速记技能及文化常识等，从而使学生成为一个内外兼修的魅力女性。

学业结束时，学校要举行规模隆重的宴会让学生实习，及格者可获得毕业证书。

为什么会有专收蠢人的"蠢人大学"？

比利时首都布鲁塞尔附近有一所世界上独一无二的"蠢人大学"，该校专门招收那些低智商的学生。该校以比利时12世纪时一位傻乎乎的神父的名字命名，名为圣尚戴拉克大学。

至于创办这所学校的初衷，该校的负责人表示："只有高智商的人才能上大学是一件非常不公平的事，智商低的人也有上大学的权利。正因为智商低，他们才更需要学习文化知识和技能，来弥补先天智商的不足；而且如果他们也能得到一张大学文凭，既能增加他们的自信心，又能为他们寻找职业提供更多的机会。"

自建立以来，这所学校已经培训了近千名毕业生。学生所修学科有以下一些：

观鸟科——主要教学生如何观赏一种会唱歌的鸟。

捉家禽科——主要教学生捕捉鸡、鸭、鹅、鸽子等禽类的技巧。

踩单车科——据说这是最受该校学生欢迎的一科。

笔友科——教学生如何做一个笔友。

骆驼管理科——主要教学生如何管理生长在沙漠中的骆驼。

稻草人科——之所以设立本科，是因为北欧地区的麦田里极需要稻草人。

模特儿科——据称，如何在艺术家面前裸体站上数小时，也是一种技术活儿。

除了上述的一些学科外，圣尚戴拉克大学还提供很多诸如如何过马路等其他学科。

在圣尚戴拉克大学读书的大学生，也像普通的大学生一样，需要读满4年，经过考核及格后才能准予毕业，并获得毕业文凭。该校负责人表示，圣尚戴拉克大学所聘请的教职员工，都是在他所教的学科方面有专长的。

知识链接

欧洲大学的起源

中世纪初期的欧洲，文化教育极为落后。平民百姓几乎都是文盲，骑士不识字的居多，就连大臣贵族们也都非常无知。政府公告、外交文书等都使用拉丁文写作，而这种文字在当时只有少数宗教界人士才能掌握。

随着城市的进一步发展和工商业的日益繁荣，欧洲出现了一些大学校，这些学校逐渐演变成后来的欧洲大学。公元12—14世纪，欧洲一些最古老的大学开始创建，其中最著名的包括法国的巴黎大学、意大利的波伦纳大学、英国的牛津大学和剑桥大学、西班牙的萨拉曼加大学等。到15世纪末，欧洲大学已经超过40所。

外国人也有属相吗？

十二生肖也称十二属相，用以纪年、纪

月、纪日或纪时辰时,则称十二兽历。为了便于记录和推算时间,中国将十二种熟悉的动物与十二地支相对应,即常说的子鼠、丑牛、寅虎、卯兔、辰龙、巳蛇、午马、未羊、申猴、酉鸡、戌狗、亥猪。

生肖是人类共有的传统文化之一,除了中国有十二生肖之外,其他国家也有生肖文化。其中日本、朝鲜、韩国、柬埔寨的生肖与中国相同,只不过柬埔寨的十二生肖顺序是从牛开始的,而泰国的十二生肖顺序是从蛇开始的。

越南的十二生肖与中国基本相同,只是将"兔"换成了"猫"。至于中国的"兔"到了越南变成"猫"的原因,有人认为当时中国的十二生肖传入越南时,"卯兔"的"卯"与汉语"猫"的读音相似,结果"卯年"误读成"猫年"。也有人认为当时的越南没有"兔"这种动物,因此用"猫"来代替。印度的十二生肖也与中国的生肖差不多,只是将"虎"换成"狮",将"鸡"换成了"金翅鸟"。

墨西哥的十二生肖是虎、兔、龙、猴、狗、猪和其他6种墨西哥特有的动物。伊拉克十二生肖是猫、狗、蛇、蜣螂、驴、狮、羊、牛、鹰、猴、鳄、红鹤。埃及的十二生肖是牡牛、山羊、猴子、驴、蟹、蛇、犬、猫、鳄、红鹤、狮子、鹰。希腊的十二生肖与埃及的基本相同,只是将"猫"换成了"鼠"。

从地域上看,古埃及、古巴比伦、古印度及中国这四大文明古国均有十二生肖,其流传的区域虽然很广,但主要集中于亚洲。因此可以推断,这一文化起源于亚洲的某一民族,后来逐步流传至世界各地。然而,至于最初究竟为哪个民族所创,至今仍是不解之谜。

第九章
风俗礼仪·民间习惯

原始人为什么要举行成丁礼？

成年对每个人来说都有着特别的意义，但现代人很少为了庆祝自己成年而举行什么仪式。在原始人的多种人生典礼中，成丁礼是非常重要的一个，这也说明了原始人对成年的重视。

虽说原始人一般都会举行特别而隆重的成丁礼，但每个民族所举行的成丁礼却有很大的差异，举行成丁礼的年龄也各有不同。有些民族的成丁礼属于标志型，即以某些明显的标志来标示其已经成年；有些民族的成丁礼属于技能型，即通过掌握某种生活技能来获得成年的资格；有些民族的成丁礼属于巫术型，即由巫师主持特别的巫术活动来宣示成年；等等。

各个民族的成丁礼可谓五花八门，有些还要忍受痛苦和折磨。例如，在巫师主持的成丁礼上，为了增添神秘感，巫师一般都会制造一些人为的痛苦，使受礼者接受种种考验，而后才能获得成年的资格。技能型的成丁礼也必须通过考试，虽然这样的考试并不难通过，但少数未能通过的人却会受到人们的歧视，命运十分悲惨。

原始人为什么要举行成丁礼呢？专家们得出了两个原因：其一是原始婴儿的成活率非常低，能够被抚养成年是一件非常不容易的事，因此要特别庆祝一下，恭喜他成为一个真正的人；其二是对男女社交能力的认可。

当然，现代人对原始人的成丁礼认识得还不够充分，其中可能还有其他原因，尚待人们进一步研究与探索。

绘身和文身对原始人有什么特别的意义？

在当今社会，绘身和文身迎合了不少青年人追求时尚的要求，而在原始人看来，绘身和文身则是一件非常重大而神圣的事情，有着特别的意义。那么，绘身和文身对原始人究竟意味着什么呢？

绘身和文身虽然都是附加在身体上的印记，但却有很大的不同。绘身是将颜料涂抹在自己的身体上，文身则是通过创伤或针刺的办法将颜料留在表皮之下；绘身色彩亮丽但很容易洗去，文身色泽暗淡却可以长久地保持下去；绘身不会给身体造成什么痛苦，文身则必须忍受一定的痛苦。

在原始人绘制或文刺的图案中，最常见的就是本部落的图腾，这应该与原始人的图腾崇拜有关。原始部落的图腾要么象征着祖先，要么象征着主神，在原始人心目中占有至高无上的地位。他们将图腾绘制或文刺在身上，可能是为了得到神灵或祖先的保佑与帮助。也有些绘身和文身是用来反映个人在社会中的不同地位的，绘制或文刺的图案不同，其身份和地位也不同。

有些学者认为，原始人绘身和文身可能只是出于一种爱美的天性，并没有特别的意义，至于其他意义则是后来衍生出来的。大多数原始民族都认为他们绘制或文刺在身上的花纹是最美丽的，一旦缺少了这些花纹，人就会变得很丑陋。还有些学者认为绘身和文身应与原始人的服装、发饰以及其他饰物有关，但后来随着服饰的发展而逐渐消退了。

由此看来，绘身和文身是一种复杂的传统习俗，经历了漫长的发展和演变过程，不能简单地用某个具体的原因来加以解释。

贝、珠等物为什么被认为具有神圣的威力？

从古至今，世界各地都相信贝、珠等物具有巫术和宗教意义。人们往往把它们看成是水、月亮、妇女等的象征符号，并认为它们具有神圣的威力。人们使用贝、珠等物的场合很多，所以对其象征意义的解释也千差万别，以至于让它们最初的含义都变得模糊不清了。

约成书于公元前2000年—前1000年的印度婆罗门教经典《阿闼婆吠陀》记载，海贝能杀死鬼怪，战胜魔王、贫病和灾殃，是万能的药方，能使人长寿，而珍珠则是由诸神之骨变成，可以庇护佩戴者。

在古代日本，贝壳乃是女性生殖器的象征。人们认为海贝和牡蛎对子宫具有巫术威力，将其看作是女性本原的标志。佩戴的贝、珠等物可以作为护身符。妇女佩戴则可以保证分娩顺利，也能抵御邪恶力量的伤害和防止厄运的降临。

在古希腊，甲壳类动物与各大女神的关系非常密切。塞浦路斯岛上供奉的女神阿弗洛狄忒就是从海水浪花中诞生后，又从贝壳中出来的。阿弗洛狄忒在叙利亚被称为"珍珠夫人"。

此外，贝类动物还被用在农业的宗教性仪式和丧葬仪式中。例如，泰国人在种下种子后，会吹奏用贝壳制成的喇叭；中国古代的葬礼中会将珍珠放入死者的口中；印度葬礼在去往墓地的路上撒下贝壳；等等。

为什么会有"大千世界"的说法？

我们面对不可名状、无法解读的异常人事时，常会感叹"大千世界，无奇不有"。那么，何谓大千世界呢？

大千世界其实是一个佛教名词，它是三千大千世界的简称。三千大千世界原是古印度传说的一个广大范围的世界名称。据《长阿含经》等记载：我们所生活的这个世界以须弥山为中心，从地面至须弥山之半是第一层天，至山顶为第二层天，再往上还有四层天，因为这六层天都有男女饮食之欲，所以名为"欲界天"。再向上还有十八层天，分为四禅，只有庄严形色，所以名为"色界天"。再向上还有四层天，不着形色之相，所以名为"无色界天"。须弥山四周有七山八海环绕着，海中有四大部洲，海外更有铁围山为外廓。

佛把同一日月所照耀的九山八海、四大部洲、六欲天、再加上初禅三天，称为一个小世界。合1000个小世界为"小千世界"，合1000个小千世界为"中千世界"，合1000个中千世界为"大千世界"。由于大千世界中有大、中、小3个千世界，故又称之为"三千大千世界"。佛教沿用其说，以三千大千世界为释迦牟尼所教化的范围。佛教传入中国后，"大千世界"这个词就沿用至今。

知识链接

三千大千世界与现代物理

佛将"一个日月所照"称为一个世界。在这里，佛用"一个日月所照"所表达的范围其实就是现代科学所指的行星系——恒星（日）与围绕其运行的行星（月）。1000个小世界组成一个"小千世界"，这相当于现代物理学所指的一个恒星系。佛指出小千世界"犹如周罗"，即小千世界不仅是圆形的，还带螺旋状，正好如同我们所在的银河系。进而1000个小千世界组成一个"中千世界"，这相当于现代物理学所说的星系团。1000个中千世界组成一个"大千世界"，也就是"三千大千世界"，这就相当于现代物理学中的总星系。

为什么用鸽子和橄榄枝来象征和平？

鸽子和橄榄枝象征着和平是尽人皆知的事情，可为什么要用鸽子和橄榄枝来象征和平呢？

据说，上帝因为不满人类的罪恶行为，一气之下用洪水将世界毁灭。但上帝在洪水来临之前，通知了唯一的好人诺亚，让诺亚建造一只方舟，装上能够繁衍的各种生物。在诺亚方舟上的生灵都躲过了洪水，继续生存下来，这就是著名的诺亚方舟的故事。

过了一段时间之后，诺亚想知道洪水是否退尽，于是就放出了一只鸽子到外面打探。鸽子第一次回来是因为没有落脚之处，说明洪水还没有完全退去；第二次回来的时候嘴里衔着一根绿色的橄榄枝，说明洪水已经退去，树开始发芽生长了；鸽子第三次飞出去之后再也没有回来，说明洪水已经退尽，它找到了可以生存的陆地。于是，诺亚就把方舟上的生物放出，让它们繁衍，而诺亚一家也开始了新的生活。

《圣经》虽在公元前就已问世，但口衔橄榄枝的鸽子图案直到17世纪才诞生。16世纪欧洲宗教改革运动中，鸽子被视为圣灵的化身。17世纪20年代爆发的以德意志为主要战场的战争给人们造成了极大的创伤，鸽子开始充当和平使者。德意志帝国在各个自由城市发行了一套纪念币，纪念币上的图案就是一只口衔橄榄枝的鸽子。从此，鸽子和橄榄枝被世界上的宗教公认为和平的象征。18世纪后期，德国诗人席勒在著作《奥尔良的姑娘》中把宗教意义引入政治中，鸽子和橄榄枝的象征意义在世界范围内普及。

塞浦路斯为什么被称为"爱神的故乡"？

在西方，维纳斯女神可谓家喻户晓、妇孺皆知。她是人们崇拜的诸神之一，罗马城中建有许多她的神庙。中世纪是教会统治的时期，女神维纳斯被教会划归"异教女妖"，她的许多神像遭到了焚毁。文艺复兴时期，宗教禁欲主义的思想牢笼被彻底击碎，人们的思想自由起来，维纳斯重新获得推崇。

相传，维纳斯的故乡是塞浦路斯，她诞生在距海滨城市利马索尔17英里的彼特拉·图·罗米欧。这是一个山水环绕的地方，北边是连绵起伏的山丘，南边是一望无际的地中海。这里有传说中的维纳斯的诞生石。在蔚蓝色的海面上，矗立着3块巨石，中间的一块亭亭玉立，像极了传说中的维纳斯。在那里，我们仿佛看到爱与美的女神向我们走来。

塞浦路斯有关维纳斯的传说还有很多，西北部的小城波利斯还有著名的"爱神浴池"，传说维纳斯经常到这里沐浴。塞浦路斯人把自己美丽的国家称为"爱神的故乡"，而这一美名也不胫而走，传到世界各地。

古埃及人为什么要剃光头发戴假发？

古埃及人特别重视自己的仪表。他们不仅早就开始使用香料、香膏等化妆用品来提升自己的魅力，还披金戴银，将自己打扮得"珠光宝气"。可让人不解的是，如此注重仪表的古埃及人却个个都是秃子。当然，他们不会光头上街，而是在出门前戴上假发。这就更让人纳闷了，为什么要剃光自己的头发戴假发呢？

按常理分析，戴假发通常有两种原因：一是由于疾病或遗传等原因造成头发稀少，很不雅观，所以才戴上假发以遮盖自己本来的头发；二是因为自己想换个发型，但自己的头发又满足不了新发型的条件，或者即使可以满足也不愿意花费时间，这时就可以戴上合适的假发来应急。那么，古埃及人戴假发是属于哪种情况呢？答案是上述哪种都不属于。

古埃及人特别爱干净。他们不仅每天早晚要各洗一次澡，而且要每隔三天把全身刮一遍。尤其在进行宗教仪式的时候，更是要将身体彻底地清洗干净，就连法老也必须沐浴更衣。因为在宗教仪式中，不洁被认为是对神的大不敬，所有不洁之人都会受到神的惩罚。所以，古埃及人特别注重自身的清洁卫生。而在人身上，最容易藏污纳垢的就是头发和胡须。为了保证自己的清洁，他们干脆将头发和胡须全部剃掉，永除后患。不过注重仪表的古埃及人怎么能光着头出门呢？于是各种各样的假发与假胡须就出现了。

由此看来，古埃及人剃光头发是为了清洁，戴上假发则是为了漂亮。剃光头发戴假发，就可以既保持清洁又不影响美观了。

美索不达米亚人为何求长生而不求永生？

古代美索不达米亚人相信人死后有来生，也相信有一个叫冥府的地方。冥府本是埃里什基嘉尔女神一人掌管，有一天，内尔伽尔率领14个恶魔入侵冥府，要求分享冥府的权力。为了获得和平，埃里什基嘉尔嫁给了内尔伽尔，并同意与他分享冥府的权力。

美索不达米亚人认为，人死后，灵魂要到一个凄惨的世界中报到。史诗《吉尔伽美什》中，恩奇就向吉尔伽美什描述，冥世是一个永恒黑暗的王国，所有的灵魂都挤到一起，人们生活的世界对他们来说是模糊的。美索不达米亚人相信，人不管在世的时候是善是恶，死后都会到冥世中报到。在美索不达米亚人的观念中，没有最后的审判和永生之说，他们认为所有的人死后唯一的去处就是阴森的地狱，天堂是神灵住的地方。美索不达米亚人供奉和祈祷神灵是希望在活着的时候能够享受到更多的福祉，他们的很多祷文中都是祈求长命百岁的。如：

啊，圣母，拉伽什城的创建者，
看，你的子民，在你的庇佑之下，多么健康富庶。
求你赐给他们平安，让他们长命百岁。
我们没有母亲，你就是我们的母亲；
我们没有父亲，你就是我们的父亲。

美索不达米亚人之所以求长生而不求永生，应该与他们的宗教观念和神话传说密切相关。

羊羔为什么会成为美索不达米亚人的主要祭品？

古代美索不达米亚人像世界上其他的古代民族一样，都虔诚地信奉宗教。祭祀神灵是美索不达米亚人生活中不可缺少的一项活动。他们认为，生活中的一切都需要神灵的庇佑，要得到神灵的赐予就必须虔诚地祭祀神灵，以讨他们的欢心。

祭祀神灵主要分为进贡和献祭两种。美索不达米亚人认为，神和人是一样的，不但要吃穿住用行，可能还会结婚生子，因此进贡的必须是人们生活中的必需品，如食物、牲畜等。贡品越多，表明对神灵的态度越虔诚。美索不达米亚人每天都会有进贡活动，遇到重大的节日会更加隆重。根据阿卡德王朝时期的一份铭文我们得知，美索不达米亚人每天向太阳神进贡的贡品竟然包括20头羊、4头牛、6古耳谷物、3古耳面粉等。在盛大节日中，贡品中仅牲畜就有3 500多头。

献祭是供奉神灵的又一重要活动，是美索不达米亚人的宗教大典。献祭需要牺牲祭品敬鬼神。献祭的举行地点是神庙的顶端，因为美索不达米亚人认为神庙的顶端可以通天，只有在最高处才可以和神灵沟通。祭品最常见的是被屠宰的羊羔。

不论是进贡还是祭献，美索不达米亚人都会把羊当成首选，羊在所有贡品中的数量也是最多的。为什么会出现这样的现象呢？

美索不达米亚人认为，羊羔是人的代替品，向神灵奉献羊就是奉献人，奉献羊的生命就是奉献人的生命，因此，拿羊做祭品可以显示出美索不达米亚人对神灵的虔诚。

用黄金塑造太阳神像的是印加人吗？

美洲大陆上流传着黄金之国和黄金之王的传说，黄金之王每天都会换一件装饰有金沙的新上衣。人们猜想印加王就是黄金之王。印加帝国后期，西班牙人征服了印加，囚禁了印加王，并要求印加人在一个高约6.6米、

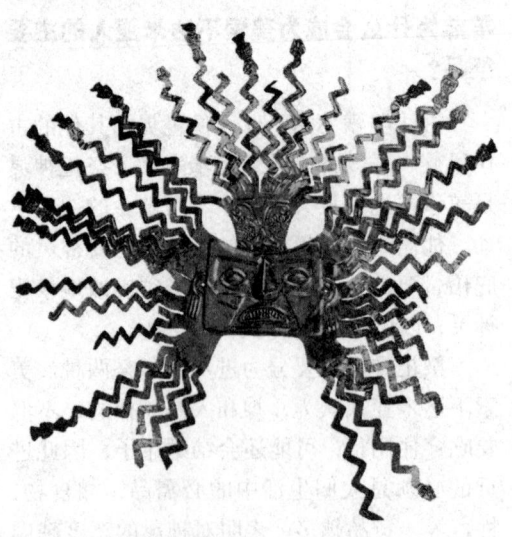

黄金制成的印加太阳神像
"印加"在印第安人语言中意为"太阳之子"。

宽约5米的囚室中装满高约2.7米的黄金，以此来保释印加王。由此可以看出，印加的黄金矿藏的确丰厚。

印加人崇拜太阳神，并为它在印加各地建造了许多神庙，其中最有名的就是首都库斯科的太阳神庙。神庙的内部富丽堂皇，主殿中供奉着太阳神偶像。这个偶像是拟人化了的，印加人将它塑造成一个向四周放射着无数金色光芒的人脸。这一人脸面具被雕刻在一个面积巨大、装饰着绿宝石等名贵珠宝的金盘上。太阳神的黄金面具占据了神庙东门前整整一面墙壁。黄金面具之所以被安放在这里，是因为每天太阳升起后，阳光就会直射到金盘之上，发出耀眼的光芒，俨然是天上的太阳，这更增加了太阳神在印加人心目中的威严。

印加人用黄金塑造太阳神像，除了考虑到视觉效果之外，还加入了他们的理念，当时的印加人认为，金子是太阳神的眼泪。

印加统治者为什么要供奉其他民族的神像？

印加帝国曾经征服过许多民族，每征服一个民族，印加王首先做的就是向他们传播太阳神信仰的纯正教义。此外，印加王还会做一件令人费解的事情。许多强大的民族在征服其他民族之后，通常的做法是将他们信仰的神明雕像毁掉，破坏他们的信仰，而印加王非但不会这样做，还给其他民族的神明以一项特殊的礼遇——将它们运到首都库斯科集中供奉。

每当一个民族归顺印加之后，印加王就会派出专门的人员将此民族的神像运抵库斯科。运送神像的任务无论遇到什么情况都不能半途而废。据说印加在征服了南北两端最边远的奇利和基多之后，负责运送神像的队伍跋山涉水，走了数千里，花费了几个月的时间才将当地的神像运抵库斯科。运送到库斯科的神像会被安置在一个大型的神庙中集中供奉。这个神庙被称为"万神殿"。

印加王作出这样的决定，在外人看来是不可思议的行为，而对印加人来说，则具有深远的意义。在印加人的意识中，把各民族的神像供奉到库斯科，就好像是将各个神明带到了印加王的身边，而这些神也就受印加控制了。

现在看来，这样的想法未免有些荒诞不经，然而在当时宗教至上的社会中，这种统治方式是非常见效的。不得不说，16世纪印加国土的不断扩大，与之有很大关联。

羽蛇神与中国龙有关系吗？

玛雅人的重要神明羽蛇神，在头形、身形及艺术表现手法上，与中国龙有着相似之处。那么，羽蛇神到底是不是中国龙呢？或者说，二者之间是否有着某种联系呢？

羽蛇神在玛雅文化中不断演变，逐渐演化成为上部羽扇形、中间蛇身、下部蛇头的形象。玛雅人称羽蛇神为"库库尔坎"，因其与雨季同来，在玛雅人心中，羽蛇神是有关播种、收获、五谷丰登的神祇。如此看来，羽蛇神和中国龙的信仰都与祈雨有关。

有人说，羽蛇神是由殷商时期的中国古人传播到玛雅的中国龙演化而来的。假如这种说法成立的话，玛雅人就应该改为中美洲

羽蛇神昆兹奥考特

人。因为据考古发现，中美洲的许多民族也都崇拜羽蛇神，而且中美洲的古迹中也发现了与中国龙有关的雨水纹图案。但这也不能轻易得出中国龙与中美洲羽蛇神之间有联系的结论，因为这两种崇拜在出现的时间上有许多不相符之处。

羽蛇神有羽扇之尾，保留了蛇身本形，而中国龙则是在不断的民族融合之中逐渐形成的，在人们心目中的地位也在不断地发展和演变。仔细分析，羽蛇神和中国龙除了在形象上有相似之处外，其他的共同点几乎没有，它们各有各的特征。仅凭简单的形象相似，就将两种文化符号简单地联系在一起，是一种极为草率的行为。

印第安人为什么要称马铃薯为"爸爸"？

作为仅次于小麦、水稻和玉米的全球第四大重要粮食作物，马铃薯不仅有着广泛的种植面积，而且拥有悠久的栽培历史，至今已经成为各国饮食和烹饪文化中不可或缺的一部分。

马铃薯自古就有，它的原产地是南美洲。大约在公元前200年，位于秘鲁的印加古国的印第安人最早开始种植马铃薯，还给其取名"Papa"，"Papa"音译成中文也就成了"爸爸"。为什么印第安人要将马铃薯称为"爸爸"呢？这是因为他们生活的地区非常适宜种植马铃薯，而马铃薯也是印第安人的主要食物之一。印第安人不仅十分尊崇马铃薯，还将其塑造成保护印第安人的英雄和神灵。将马铃薯称为"爸爸"，即很好地反映了印第安人与马铃薯的这种亲密关系。

此外，马铃薯还有许多亲昵的称呼，如意大利人称它为"地豆"，法国人称它为"地苹果"，德国人称它为"地梨"，美国人叫"爱尔兰豆薯"，俄国人叫"荷兰薯"。在中国，东北人叫它"土豆"，西北人叫它"洋芋"，华北地区叫它"山药蛋"，江浙一带则称它为"洋番芋"等。

亚述贵族为什么喜欢狩猎？

休闲娱乐并不是现代人的专利，大量出土的泥版和雕刻艺术显示，几千年前的人们也懂得打发休闲时光。美索不达米亚人的休闲生活十分丰富，包括聚会、听音乐、舞蹈、嬉戏玩耍等娱乐性活动，以及狩猎、体育、拳击等竞技性活动。亚述贵族最喜欢的娱乐活动是狩猎。

亚述本来就是一个尚武的民族，具有黩武主义特征，亚述贵族喜欢狩猎与之有着密切的联系。几乎所有亚述时期的浮雕、雕像、铭文都记载过亚述人的狩猎活动。对亚述国王来说，狩猎也是一场战争，猎杀动物可以展示国王的军事素质，炫耀自身强大的实力，达到让人们拜服的目的。这样，贵族就将娱乐和统治很好地结合在一起，是一项一举两得的活动。另外，亚述贵族的狩猎活动还带有浓厚的宗教色彩。射杀狮子等凶猛的野兽被视为神灵赋予国王的神圣职责。

亚述人还建有面积巨大的"动物公园"，里面圈养着许许多多动物，如狮子、羚羊等。国王、大臣等贵族会将这些野兽驱赶到某个地方集中猎杀，有时候也会采用网猎的形式。目前这项运动在世界上已经绝迹了。

观看角斗士表演因何会成为古罗马人的一大喜好？

观看角斗士表演是古罗马人酷爱的一项娱乐活动。角斗士经过奴隶主的专门训练，在角斗场上与对手拼死格斗，对手可能是与之相同的角斗士，也可能是凶猛的野兽。如果角斗中一方被击败，他的生死就落在了有地位的人或女巫的手上。角斗结束后，会有专门的人用烧红的铁棍检查被打死的角斗士，如果还活着，就用大铁锤将其敲死。这种残忍的角斗表演，最早开始于公元前264年，直到6世纪才逐渐在罗马消失。

那么，是什么原因促使古罗马人喜欢观看如此残忍的表演呢？对这一问题的解释说法不一，但主要有以下3种。

第一种说法是，角斗是罗马人从伊达里亚人那里学来的，与宗教和祭祀有关。古罗马人相信，死者可以用血来赎罪，他们会杀死战俘和奴隶来祭祀祖先。古罗马出现的第一次角斗就是为了纪念死去的贵族。另外，检查角斗士是否死亡的人会扮得像信使神墨丘利，拖走尸体的人也会模仿阴间鬼怪的姿势。

第二种说法认为，角斗和政治活动有很大的关联。古罗马的政治活动主要有3种场合：元老院、浴场和角斗场。有野心的贵族会用举办角斗讨好平民的方式，争取更多的支持。角斗士的表演从另一角度上说就是贵族们炫耀地位的大屠杀。据说有一位贵族因为他的角斗士被杀，政治地位岌岌可危。奥古斯都皇帝曾用限制角斗的方式笼络平民。

第三种说法是，喜欢观看角斗是因为古罗马人有尚武的风气。古罗马人长期处于对外扩张的状态，势力曾扩及欧亚非三大洲。古罗马帝国曾经有200年的和平时期，为了在这一时期不让罗马人丢掉尚武的精神和战斗的传统，他们就制造"战争"，在供人们娱乐的同时，培养人们习惯战争的风气。古罗马时期的皇帝甚至有时候还会披甲上阵，与角斗士战斗。

白鹅和狗为何会被古罗马人抬着在街道上游行？

古罗马人有一个奇特的风俗：每到特定的时日，他们就会抬着白鹅和狗在罗马的大街上游行。虽然同样被抬着游行，但这两种动物的待遇却完全不同。白鹅是盛装出场，而狗则被钉死在十字架上。这是怎么回事儿呢？

事情还要从高卢军队与罗马军队的大战说起。公元前390年，高卢大军大肆进攻罗马。在这场大战中，罗马人遭遇了前所未有的惨败，而他们失败的这一天，也就是公元前390年7月18日，则被定为了国耻纪念日。

后来，罗马军队退守到了卡庇托林山冈，那里地势险要，易守难攻，高卢人的几次进攻都失败了。于是，高卢人改变了策略，决定对罗马人实行长期的围困，让他们断水、断粮而主动投降。僵持了几天，罗马人等不了了，他们不能坐以待毙，所以决定派一名勇敢的年轻人和城外的援军取得联系。不幸的是，这个年轻人刚一下山就被利剑刺穿了心脏，而高卢人也由此发现了一条上山的秘密通道。

高卢人马上选择了几十个最勇敢的年轻人，决定趁夜色偷袭山冈。山冈上静极了，高卢人的动作也十分轻，当他们向上攀登的时候，连狗都没能听到他们的声音。可就在高卢人马上就要登上山顶的时候，山冈上的白鹅却叫了起来。这一叫惊醒了罗马士兵，他们很快发现了高卢人，从而保住了山冈。

自此，白鹅就被视为罗马的救星，"白鹅拯救了罗马"也成为罗马人的谚语，而狗则成了不可饶恕的罪人。所以，白鹅和狗都会被抬着上街游行，但意义却完全不同，所受到的待遇也完全不同。

"月朔"为什么被犹太人视为"女人的节日"?

"月朔"指的是每月的朔日,也就是每个月的第一天。在犹太阴历中,平均每个月有29天半,因此单双月份会有不同的天数。如果某一月是29天,那么下个月一定是30天。在拥有30天的月份中,第30天会与下个月的第1天共同被定为月朔。因为严格地说,第30天有一半归属旧的月份,另一半则归属新的月份,所以这一天才会成为新月份的"名誉成分"而被划入月朔之中。

由于月朔象征着新月的开始,因此在很多国家都备受重视。比如,在犹太社会,月朔就被视为"半个节期",有很多活动都是围绕这一节日而展开的。

有关月朔的庆祝活动在新月来临之前就已经开始了。在月朔前的安息日,犹太会堂会朗诵一首"新月的颂词"。之所以在这个时候朗诵这首祷词,一方面是为了提醒犹太教徒月朔即将来临,另一方面也是要趁此良机祈求上帝赐予新月丰盛的祝福。在月朔当天,会堂的仪式会增加特别的祷文,早晨的仪式也会阅读一段《妥拉》,以此来表示对这一天的重视。

犹太人对月朔的重视与犹太信仰有关。月朔恰好处在辞旧迎新的一天,因此其备受重视自然也就不足为怪了。真正让人费解的是有些人将月朔称为"女人的节日"。这个节日既不是为了纪念某位伟大的女性,也不是女性专享的节日,为什么会被称为"女人的节日"呢?

原来,在传统的犹太社会,女性会在月朔当天提早收工,回到家中与其他女性一起诵读经文并举行庆祝活动。也许正是因为这一天让女性获得了短暂的"自由"与"解放",而且又有专门的女性活动,所以才会被称为"女人的节日"。

到了今天,很多犹太妇女仍然要在月朔这一天书写新的祷文和崇拜词,并与其他女性聚在一起祷告和诵读经文,以此来纪念新月。

知识链接

犹太历的12个月

犹太历的12个月分别为:提示黎月,对应的阳历时间为9—10月;赫舍湾月,对应的阳历时间为10—11月;基思流月,对应的阳历时间为11—12月;提别月,对应的阳历时间为12—1月;细罢特月,对应的阳历时间为1—2月;亚达月,对应的阳历时间为2—3月;尼散月,对应的阳历时间为3—4月;依雅尔月,对应的阳历时间为4—5月;西弯月,对应的阳历时间为5—6月;塔模斯月,对应的阳历时间为6—7月;亚布月,对应的阳历时间为7—8月;以禄月,对应的阳历时间为8—9月。

犹太新郎送给新娘的戒指为何不镶任何珠宝?

在世界上的很多国家,戒指已经成为青年男女的定情信物。当男子向自己爱慕的女子求婚时,戒指是必不可少的。而如果一个女子戴上男子送的戒指,则表明她已经答应了男子的求婚,其他男子就不要再有什么非分之想了。在新婚庆典上,交换戒指也是固定的程序,是两个人结束爱情长跑正式步入婚姻的见证。

可以说,戒指在爱情与婚姻中扮演着越来越重要的角色,有些女子甚至以男子送的戒指来评定其对自己的爱情。因此,镶嵌了各种珠宝的戒指向来都备受欢迎。如果在新婚庆典上,新郎将一枚镶有大钻石的戒指戴在新娘的手上,那么新娘也是非常有面子的。可如果新郎送给新娘一枚不镶任何珠宝的戒指,新娘又会作何感想呢?会不会觉得新郎太小气,或者一气之下拂袖而去呢?在犹太社会,这种情况绝对不会发生。

按照犹太的习俗,新郎要在新婚庆典上向新娘赠送有价物品,并诵读结婚誓言。这里所说的有价物品只要是新郎所有的，就都符合犹太律法的规定，但一般都以戒指作为赠送礼。如果新郎要以戒指作为有价物品赠送给新娘，那么这枚戒指必须是由纯金打造的，而且不能镶嵌任何珠宝。为什么会有这种奇怪的规定呢？

原来，犹太人对黄金的鉴别能力比较强，大多数人都知道黄金戒指的成色和价格，而对珠宝则难辨真假。如果是纯金戒指，新娘就可以估算出它的大致价值；但如果是镶嵌了珠宝的戒指，则无法作出准确的估算。由此看来，这种规定的目的其实是防止新郎以假乱真，用赝品糊弄新娘。

大象为何是古印度人十分热爱和崇拜的动物？

据考古发现，大象在古印度的历史上占有重要的地位，它们不仅是权力和身份的象征，也是主要的交通工具。它们在哈拉巴印章和吠陀时代的岩画中都出现过，贵霜王朝的银币上也铸造了大象，可见其非常受古印度人的热爱和崇拜。

古印度人使用大象的历史比使用马的历史要长得多，雅利安人到印度之后，印度人才开始了马的使用。古印度的主要陆路运输工具有牛车和大象。牛车可在较为平坦的道路上行驶，丛林、山地等地牛车无法通行，这时，大象就派上了用场，成为主要的交通工具。不仅这样，大象的体积庞大、力大无穷，也是古印度人重要的战争工具。

大象在经济交流中也占有重要的地位，古印度人用它来运输辎重。公元前3世纪，亚历山大征服印度受阻，撤退时就用大象将辎重经波兰山口和俾路支斯坦运回波斯。

此外，大象还是馈赠邻国的重要礼物。叙利亚在塞琉古王朝时期，与孔雀王朝保持着良好关系，曾接受过印度所赠送的大象。

知识链接
亚历山大征服印度

亚历山大征服波斯后，继续东征，公元前327年初，他又发动了对印度的进攻。当时印度西北部小国林立，常年相互征战，这为亚历山大提供了良好的进攻机会。亚历山大利用以夷治夷的手段，软硬兼施，顺利征服了不少地方。直到攻打希达斯皮斯河（真纳河）东的一个叫波拉伐斯的国家时，才遇到了真正的对手。

波拉伐斯王国的国土虽然不大，但也算得上是一个强国。国王波拉斯能征善战，拥有30万步兵、4万骑兵、300辆战车和一个特殊的"军队"——200头战象。凭借强大的兵力和勇猛的战象，波拉斯虽然最终没能抵御得了亚历山大的进攻，但也让他损失惨重。征服波拉伐斯王国后，亚历山大因敬佩波拉斯的征战勇气，将王国继续交给他管理，并赐予了他更多的土地。

印度人为什么将以牛粪铺地、抹身视为洁净之事？

印度人有一个奇怪的风俗，就是将用牛粪铺地、抹身视为洁净之事。中国古籍中有关这一风俗的记载甚多。例如，唐玄奘《大唐西域记》中说，印度"地涂牛粪为净"。《岭外代答》记载："西天南尼华啰国……屋壁坐席，涂以牛粪。家置坛，崇三尺，三级而升，每晨以牛粪涂，梵香献花供养。"《西洋番国志》记录，印度西海岸的柯枝国，"人以黄牛粪烧白灰，遍涂身体上下"。

印度人为什么将肮脏的牛粪视为洁净之物，并将其涂于地上、脸上呢？

较为普遍的一种解释是，这种做法与印度的宗教信仰有关。印度最古老的宗教是产生于约公元前1000年的婆罗门教。这一宗教崇拜的是自然神，牛神毗湿奴是主要的神祇之一，有"世界从梵天生，而梵天又从毗湿奴脐中生"的说法。相传，毗湿奴不仅有保护能力，而且能创造和降魔，有"救世主""世界之主"等称号。公元12世纪，印度教内形成了一个以毗湿奴为最高天神的支派，这样，人格化的毗湿奴一直受到人的尊重。印度教的教义认为，牛的两只角是苏格鲁和凯拉斯圣山，牛脸、牛颈和牛背上则分别住着三大神，牛屎是圣河，牛奶是圣海，牛眼是日月神，牛尾是蛇王神，牛毛是印度教的3.3亿个神。按照这一说法，用牛粪铺地、抹身、搽脸等，相当于用圣河的水洗脸，当然是洁净之事。

愚人节究竟源自法国还是印度？

愚人节是一个拿别人寻开心的节日。每到这一天，人们都会尽情地愚弄身边的人，并以此为乐。当然，每个人也都可能成为被愚弄的对象。关于这一节日的起源，历来就存在不同的说法，但主要以两种说法最为普遍，一说起源于法国，一说起源于印度。那么，愚人节究竟源自法国还是印度呢？

大部分人认为愚人节起源于法国。1564年，当国王查理九世宣布太阳历的1月1日为新年时，一些守旧派对此极为不满。为了与政府对抗，他们仍然按照旧的历法在4月1日这天庆祝新年，互送礼物。守旧派的这一做法受到了改革派的大肆嘲弄，一些主张改革的人还在4月1日这一天送假礼物给守旧派，并邀请他们参加假的聚会。每当有守旧派的人上当，改革派的人就会笑称他们为"四月傻瓜"或"上钩的鱼"。从此，在4月1日捉弄人的风俗便流传开了。

除了法国说外，认为愚人节起源于印度的人也不少。据说印度的佛教徒们在3月25日到3月31日这段时间要连坐一个星期的禅，在此期间，教徒们会有所开悟。到了4月1日，教徒们坐禅结束，重新回到俗世之中。因此，教徒们将这一天称为揶揄节，在这一天，教徒们可以相互戏弄，彼此逗笑，故又将这一节日称为嘲笑节或戏耍节。后来，这一节日传到西方，就成了今天的愚人节。不过据英国历史学家考证，那句"到达彼岸"的佛教名言才是愚人节的真正起源。

当然，除了法国说和印度说之外，还有其他几种关于愚人节起源的说法，但都不足以让人信服。虽说法国说和印度说支持者众，但也未能形成统一的观点。因此，关于愚人节的起源问题，还在进一步探讨中。

富士山为什么会成为日本人崇拜的"灵峰"？

富士山位于本州境内，跨静冈、山梨两县，是日本第一高峰，最高点海拔3 776米。自公元781年有文字记载以来，富士山共喷发过18次，最后一次是1707年，此后就变成了休眠火山。富士山的山麓因火山喷发形成了无数山洞，其中的钟乳石似的冰柱非常漂亮。整个山体呈圆锥状，一眼望去，像极了一把悬空倒挂的扇子，有日本诗人曾称赞它"玉扇倒悬东海天"，"富士白雪映朝阳"。因为它的形状，无论从哪一个角度看，山都是一样的。山顶终年积满了皑皑白雪，日本人称之为"万年雪"。在富士山顶看日出、观云海是世界各国游客来日必不可少的游览项目。

富士山是日本民族的象征，被日本人民誉为"圣岳"，也是日本人崇拜的"灵峰"。日本人以富士山为傲，以登上富士山顶为荣。从古至今，富士山就是他们的赞颂对象。《万叶集》中记载着奈良时代的诗人所作的赞美富士山的诗：

山峰高高耸，天云绕山边。
飞鸟难逾越，行云难近前。
熊熊烈火焰，熄于落雪烟。
壮观非言喻，其名无人填。
静盖难思议，生灵隐山间。
人称石花海，皆因被水圈。
山高水湍急，无人度此山。
镇国之神灵，属此大和山。
骏和富士岭，百看亦不厌。

日语中"富士"的读音与"不死"相同。

在日本第一部物语小说《竹取物语》中，富士山被描述成能够炼制让人长生不死仙丹的圣地。因此，它自古以来就受到日本人的崇拜。此外，富士山在日本还有一个别称——"不二"，有独一无二之意。富士山每年都会迎来无数的旅游者，尤其是七八月份。

偶人为何会受到日本人的特别重视？

偶人在日本有着悠久的历史，日语称其为"人形"。偶人有木制、布制、泥制等种类。在日本，偶人不仅是儿童们喜爱的玩具，而且是女孩节和端午节期间重要的装饰物，寄托着父母长辈对下一辈的良好祝愿。

偶人在日本特别受到重视。日本京都的宝镜寺，从1957年开始，每年的3月1日和10月15日都会举行春季和秋季偶人展览会，展出京都及日本全国各地的新旧偶人。不仅如此，宝镜寺每天还会为那些被损坏的偶人念经超度，超度之后还会郑重地给偶人举行土葬仪式。每年的10月14日是日本规模最大的偶人超度日，这一天会为来自世界各地的偶人举行盛大而又隆重的祭祀活动。此外，京都还有专门修复、珍藏和展示日本历代各种偶人的"嵯峨人形之家"博物馆。

偶人文化是日本民族文化中一个极为特殊的模式。日本人相信偶人是有灵魂和生命的，对偶人怀有敬畏之情。偶人因此受到日本人的特别重视，在日本人心目中占有重要的地位。

偶人在日本受到重视，还与3月3日的"偶人节"有关。偶人节也叫女儿节，偶人在此节日中扮演着重要的角色。

端午节为何被日本人称为"男儿节"？

端午节是中国的传统佳节，但并不是中国特有的节日。除了中国以外，日本、韩国等国家也有端午节，不过每个国家过端午节的方式都不一样。日本的端午节是由中国传入的，但却与中国的端午节存在着明显的差异。在日本，端午节也被称为"男儿节"，仅从名称上看，就与中国的端午节相去甚远。

那么，日本的端午节为何被称为男儿节呢？

原来，日本的端午节与男儿有着密切的关系，是一个专门为男孩子举行庆祝活动的节日。每到端午这一天，日本所有有男孩子的家庭，都要在家中摆放偶人和甲胄，并在屋外高悬起鲤鱼旗幡。因为是专为孩子庆祝的节日，所以最初人们也称其为"儿童节"，不过因为节日的真正主角只是男孩子，与女孩子无关，因此后来又改为了更加贴切的"男儿节"。

其实，端午节刚传到日本的时候，还只是皇宫中的一项庆典活动，并没有普及到民间。当时，日本皇宫每逢端午节都会举办骑马射箭之类的活动，民间则有在5月份为孩子举行成年仪式的习俗，不过当时是不分男孩子和女孩子的。后来，宫中的端午骑射活动传到了民间，就形成了5月组织男孩子比武竞技的习俗。在此基础上，才逐渐发展成了专为男孩子庆祝成长的节日，也就是今天的端午节。

在日本的端午习俗中，最具特色的就是摆放偶人和悬挂鲤鱼旗。这两种习俗是从古代日本人招神送神的习俗演变而来的，本意在于招回祖先的神魂，做家族血脉的继承者。不过到了今天，原有的含义已被淡化，而是转为了对男孩子茁壮成长的良好祝愿。除了这两种物件外，常见的端午节摆设还有头盔、铠甲、军扇、菖蒲酒、粽子等。

平安时代的日本女性为什么以黑齿为美？

虽说日本人曾极度厌恶黑色，但自进入平安时代以后，情况却发生了根本性的变化。日本人不仅消除了对黑色的偏见，还视其为美色。一时之间，各种各样的黑色制品随处可见。日本女性更是将门牙涂成了黑色，并美其名曰"御齿黑"。

当时以黑齿为美，但这种"美"并不是所有日本女性都可以拥有的。当时，只有皇亲国戚家的金枝玉叶才有将门牙涂黑的资格，普通百姓家的平民女子是不配拥有黑齿的。

如此一来，黑齿又成了身份与特权的象征。

后来，染黑齿的习俗逐渐摆脱了身份的局限，普通女子也得以分享这种"美"。那么，当时的日本女性是如何将门牙涂黑的呢？对于第一次涂黑牙齿的女子来说，整个过程是非常正式的。首先，会举行一个名为"御齿黑始"的仪式。然后，由亲友中德高望重的妇女来操作涂黑齿的过程。具体的操作办法是：将铁屑放在浓茶和醋中浸泡，制成铁浆，接着用笔蘸着这种铁浆涂在女子的门牙上。如果操作者技艺高超，染黑的牙齿将会又黑又亮。

在平安时代，黑齿是未婚的象征，女子将门牙涂黑，即是在向他人昭示自己的未婚身份。到了江户时代，虽然延续了涂黑齿的习俗，但其含义却发生了变化，黑齿不再是未婚的象征，而是成了已婚妇女的标志。

到了明治维新以后，由于国民观念的更新，日本人终于意识到了"御齿黑"的弊端。于是，在明治六年，日本天皇宣布废弃"御齿黑"这一陋习。自此，日本女性彻底告别了黑齿，开启了以朱唇皓齿为美的崭新时代。

日本人为什么将景泰蓝称为"七宝烧"？

七宝烧是日语中金属胎珐琅器的专用称谓，因其烧制工艺源于中国的景泰蓝，故又有"日本的景泰蓝"之称。七宝烧至今已有500多年的历史，与中国的金属胎珐琅器景泰蓝合称"东方艺术殿堂中的两颗明珠"。

七宝烧的烧制过程与景泰蓝相仿，主要有7道工序：制胎、掐丝、烧焊、点釉、烧釉、磨光、镀光。所用珐琅釉料有红、橙、黄、绿、蓝、紫等颜色。与景泰蓝不同的是，七宝烧工艺融入了日本民族的制作艺术和民族风格，在配料、镀光等方面使用了现代科技手段，给人以高贵雅致、自然和谐的感觉，并以其明灿华丽的色泽和独具一格的图案享誉世界。那么，中国的景泰蓝在日本为什么被叫作七宝烧呢？

我们知道，日本是一个盛行佛教的国家，人们常以金、银、琉璃、水晶、白珊瑚、珍珠、玛瑙等7种珍贵材料来装饰佛教建筑和制作佛门圣物，并将这7种材料称为"七宝"。"烧"在日语中是瓷器的意思。因为景泰蓝这种工艺品晶莹瑰丽的外观效果，好似兼有七宝的特征，又如同瓷器一样，故得此名称。

日本的七宝烧以明灿莹润的釉色和精致美妙的图案称著于世。作为集传统文化与现代技术于一身的高档手工艺品，七宝烧一直是日本人馈赠亲朋好友的上选礼品，它也是日本馈赠外国领导人的国礼。1973年9月，时任国务院总理的周恩来就收到过一件日本经济访华团赠送的七宝烧钵式缸。

为什么从缅甸人的名字上无法判断其家族归属？

缅甸是中南半岛上面积最大的国家，缅甸文化中也有许多特立独行的元素和表现，名字就是其中很典型的一个。缅甸人的名字既非中国式的"姓+名"，也非英美式的"名+姓"。缅甸人只有名而没有姓，其名字少则一个字，多则六七个字。在称呼时，通常相互在对方的名字前加一个冠词，以示男女、长幼、尊卑的不同。

青少年男子的名字前加冠词"貌"，意思是"年轻人、弟弟"；对平辈或者青年男性加"郭"，意为"大哥、兄弟"；年长者、上级或有一定身份地位的人要称"吴"，意思是"叔叔、伯伯"，"吴"是对男人最尊敬的称呼。

与男性相同，缅甸女性的称谓也随年龄的变化而变化，不过名字前加的称呼只有两种：年轻女子加"玛"，长者或有地位者加"杜"。"玛"和"杜"在缅语里意思分别是"姑娘、姐妹"和"姑姑、阿姨、婶子"。不论婚否，年龄较大或受人尊敬的妇女都可敬称"杜"。

因此，我们从缅甸人名字的称呼便可知其性别、年纪和社会地位，但是从名字上是无法判断一个人的家族或家庭归属的。

更有意思的是，我们可以从某些缅甸人的名字中看出他是星期几出生的。缅甸人把缅文33个字母按照星相占卜的规定分为7组，分别代表星期一至星期日，每一天都对应着相应的字母，孩子出生在星期几就选相应的字母拼成的字作为名字的第一个字。比如，奈温一定是出生在星期六，因为第一个字"奈"取自星期六对应的字母。所以从习俗上讲，缅甸人更看中是星期几出生的，而不是出生的月份和日子。这样一来，缅甸人如果愿意的话，每周都可以过一次生日。

诞生树和灵魂鸟是怎么回事？

马来半岛上的土著居民相信，有许多邪鬼会伤害出生的胎儿或新生的婴儿，所以他们在婴儿出生前后的仪式和禁忌非常繁杂，最主要的是诞生树和灵魂鸟的信仰和习俗。

妇女分娩后，女巫医负责割断婴儿的脐带，婴儿的父亲则以离婴儿最近的一棵树的名称为他取名。这棵树就是婴儿的"诞生和命名树"，女巫医割断的脐带及婴儿的胎衣也要埋在诞生树的下面。每一个人都不能伤害和砍伐自己的诞生树，同一类树也列在禁忌范围内，树上的果实也是不能食用的。土著人认为，诞生树与人的命运有很大的联系，树荣则荣，树衰则衰。

土著人还相信，将要出生的婴儿的灵魂藏在一只鸟的体内，这只鸟就是婴儿的"灵魂鸟"。虽然诞生树只有一棵，但同种的每一棵树都是灵魂鸟的栖息之地，它随着婴儿的灵魂不断地飞翔。婴儿的灵魂鸟就是孕妇的灵魂鸟的后代，如果产妇在分娩期间不吃掉胎儿的灵魂鸟，就会导致死胎，即使不是死胎，在不久之后婴儿也会死掉。分娩之前，孕妇会在离家最近的诞生树上挂一圈芳香的树叶和鲜花，如果树太高，也可以将树叶和鲜花堆在树底下，但绝不能堆在将要埋藏婴儿胎衣的地方。因为灵魂鸟只有根据胎衣的埋藏地点才能辨认出孕妇的诞生树。

人们相信，灵魂鸟与婴儿的健康状况有极大的关联，如果灵魂鸟受到老虎或蛇的灵魂的攻击，就会出现残废的情形。因此，每一个孕妇都有一个雕刻有巫术图案的、不带节的"诞生竹"。孕妇将它藏在腰带下，不给任何陌生的男子看，意在祛病消灾。而诞生竹中放着灵魂鸟，孕妇吃下去之后才会使灵魂进入胎儿体内，让胎儿获得生命。因此，凯兰顿地区的塞芒妇女想要一个孩子时，就会说"吃鸟"。藏有灵魂鸟的诞生竹不是一次性吃完的。

"灵魂鸟"的信仰不仅在马来半岛流行，在世界上的其他民族中也存在着这样的信仰，虽然形式不同，但都是和鸟密切相关的。

第十章
百事百物·探根求源

玛雅人为什么要用可可豆做货币？

玛雅的城市很多，在公元后的800多年里，各个不同的玛雅部落共建立了100多个城市。城市的兴盛表明了古代玛雅的经济比较发达，究其原因，很大程度上应该归功于玛雅人发达的手工业。玛雅人会用陶土制成各种器皿，用燧石或黑曜石制成各种工具和武器，用棉花织成布匹，用金、银、铜和锡等制成合金，加工成各种器皿和装饰品。

手工业的发达使物品有了交换的需求，由此催生了市场交易。玛雅的市场十分发达，一般的集镇和城市都有交易市场，玛雅人可以在市场上自由地进行交易。

在人类没有发明纸币前，一般是以金银充当物品交换的货币，但玛雅人的"货币"既非金亦非银，而是可可豆。比如，一只兔子值10粒可可豆，一个奴隶约值100粒可可豆等。玛雅人为什么要用可可豆做货币呢？用这种年年收获的可可豆做"货币"会不会引起"通货膨胀"呢？关于玛雅商贸的资料中并没有涉及这个问题，即使有也语焉不详。

事实上，玛雅人的可可豆并不是一个可以与货币相提并论的东西，它很可能只是一个便于计数的交换单位，以可可豆的比例去衡量不同物品的价值。可可豆也不是玛雅人唯一使用的"货币"，他们偶尔也使用贝壳、布帛、铜铃、小斧等作为交换媒介。由此我们可以看出，玛雅人并没有严格规定货币本位，他们使用可可豆之类的"货币"最大的原因，可能就是这些小物品在贸易中便于携带。

古代的匈奴人为什么要用骷髅制作器物？

在《汉书·张骞传》中，有一段这样的记载："时匈奴降者言匈奴破月氏王，以其头为饮器，月氏遁而怨匈奴，无与共击之。"从这一段文字中，我们可以看出，匈奴人杀死月氏首领后，居然用月氏首领的头盖骨做"饮器"。此举引发了月氏人的仇恨，但月氏苦于没有支援力量，无法去攻打匈奴为首领报仇。

这段文字的"饮器"一词引发了后世人的争议。三国时期的韦昭认为这种"饮器"是椑榼，即一种椭圆形的盛酒或盛水的器具；晋灼则认为此"饮器"是虎子，即溺器（便壶）。但唐朝的颜师古不同意这两种说法，他引用《汉书·匈奴传》中"以老上单于所破月氏王头为饮器者，共饮血盟"为证据，认为"饮器"就是指饮酒用的器具。

究竟谁说的是对的呢？为什么匈奴人要用骷髅做成"饮器"呢？或许我们可以从中亚、北亚一些游牧民族的习俗中探知一二。

公元前5世纪的希腊史学家希罗多德在《历史》中谈到了中亚的伊赛多涅人有一种风俗：当一个人的父亲死后，他们便会把死者的肉与羊肉混在一起供大家食用，把头的皮肉去掉之后镀上金当成圣物保存下来，每年还会为之举行盛大的祭典。13世纪的鲁不鲁乞在《东游记》中也记载了吐蕃人类似的风俗：他们会用死去的父母的头盖骨做成漂

169

亮的高脚杯，他们认为这样能在喝饮料的过程中回忆起父母。而《魏书·高车传》记载："肃宗初，弥俄突与蠕蠕主丑奴战败被擒，丑奴系其两脚于驽马之上，顿曳杀之，漆其头为饮器。"《续通考》则记载的是西夏人争斗，双方解除仇恨时，就会把狗血和酒装在骷髅饮器中共饮之，发誓不再复仇。

从这些历史记载中可以看出，骷髅器物的功能或为纪念亲人，或为仇视敌人，或为发誓和解。而从有关匈奴人制作骷髅器物的记载来看，不管是当作酒杯还是便壶，都表示着对敌人的仇视，因为他们认为把敌人的头颅制作成骷髅器物具有增强自己、削弱敌人的神奇魔力。

贝冢是古人的垃圾场吗？

莫尔斯是美国的一名动物学家，曾在日本东京大学讲授达尔文进化论。1877年6月的一天，他从横滨乘车去东京，途经大森车站的时候，意外地发现了这里有一座类似坟墓的堆积场，外面零零散散地出现一些贝壳、鱼骨等。莫尔斯立即意识到这个堆积场的重要价值。9月，他便组织考古队对这里进行了发掘，结果也证实了他的猜想，这里出土了贝壳、粗陶、石器、骨角器等数百件文物。后经专家证实，这些文物所处的年代是8000多年前的绳纹时期。

莫尔斯发现的堆积场因为其中有着厚厚的贝壳层而被形象地称为"贝冢"。我们知道，贝冢有着重要的考古价值。那么，贝冢又是如何形成的呢？原来在新旧石器交替时期，人类生活发生了一系列的变革，粗陶、弓箭、磨制石器等迅速普及，人类的生产活动也出现了转型。绳纹时期的人们发现大海中有着取之不尽的食物资源，于是慢慢就由原来的猎人变成了渔民。绳纹人在海边捕捞鱼类、拾捡贝壳之类的食物，食用之后就会把鱼骨、贝壳等食物残渣堆积起来，久而久之，便形成了今天所谓的"贝冢"。

由此可见，贝冢多为史前人们饮食残渣的堆积场。由于贝冢保存了不易腐烂的骨角器和动物遗体等，并在短时间内形成很厚的贝层，因此便于了解文化的变迁。

知识链接

鸟浜贝冢博物馆

贝冢中除了贝壳、鱼骨、兽骨等食物残滓，还含有石器、玉器、木器、粗陶、漆器等丰富的文化层，因此，人们也称贝冢为"天然博物馆"。

鸟浜贝冢位于日本福井县南部时川与高濑川合流之处，面对日本的若狭湾，是一处资源丰富的天然渔场。这里的文化堆积层始于岩宿时代晚期（12 000年前），绳纹时代前期（6 000—5 000年前）达到鼎盛。

这里出土的文物十分丰富，有很多弓箭，仅小型弓箭就有10多面；还有制工精巧的女性装饰品，如发饰、首饰、腕饰等；更让人惊叹的是，这里还出土了木器、漆器、渔具、独木舟等。

箸墓有着怎样动人的传说？

箸墓位于日本奈良县，全长有276米，大约建造于3世纪或4世纪初期，是日本最早的前方后圆的古坟之一。

据《日本书纪》中所说，箸墓是白天由人类、晚上由神建造而成的。关于箸墓的由来，《日本书纪》中还记载着一段凄婉动人的爱情故事。

古时候，日本有位公主生得十分端庄美丽。后来，公主嫁给了三轮山之神大物主为妻。婚后她发现，丈夫每天总是到了晚上才回来，第二天天还没亮就会走。有一天，公主便恳求丈夫不要走，她想看一看心上人究竟是什么样子的。大物主答应了，便告诉公主，第二天早上打开梳妆盒的时候，就会看到他。大物主还提醒公主，不管看到什么，都不能害怕。公主应允了。

第二天早晨，公主满怀期待地打开了梳妆盒，她看到盒中有个东西在蠕动，拿起一看，原来是条极小的蛇。这时，她才知道她的丈夫的真身是一条蛇。她失声惊叫，早把绝不害怕的诺言忘了，扔下梳妆盒就跑开了。大物主看到公主如此表现，感觉这是对他的一种侮辱，于是就变回了人形飞回了三轮山，再也没有回来找公主。公主后悔莫及，便用箸（筷子）自杀了。公主死后，所建的坟墓被称为"箸墓"。

酸奶是怎样产生的？

酸奶是一种半流体的发酵乳制品，因其含有乳酸成分而带有柔和的酸味，乳酸可以帮助人体更好地消化吸收奶中的营养成分。

酸奶在全世界流行起来是在第二次世界大战以后。当时一位叫伊萨克·卡拉索的西班牙商人在美国建立了一家酸奶工厂。他以前也开过酸奶工厂，只不过那时他是把酸奶作为一种"长寿饮料"放在药店销售，销量很不理想。这次他吸取了教训，不再把酸奶放在药店销售了，而是放到咖啡馆、冷饮店出售，并加大广告宣传力度。很快，美国人就喜欢上了这种营养价值高的酸奶，不久，酸奶便风靡世界。

有关酸奶的起源，据说最早是由保加利亚人制成的。很久以前，生活在保加利亚的色雷斯人过着游牧生活，他们身上常常背着灌满了羊奶的皮囊，带着羊群在大草原上放牧。由于外部的气温，加上人的体温等作用，皮囊中的羊奶常常变酸，还会变成渣状。当他们要喝时，常把皮囊中的奶倒入煮过的奶中，煮过的奶也会变酸，这就是最早的酸奶。

20世纪初期，俄国科学家伊·缅奇尼科夫专门研究人类长寿问题时，来到了保加利亚进行调查，发现这里长寿的人生前都爱喝酸奶。缅奇尼科夫对色雷斯人喝的酸奶进行化验后发现，酸奶中有一种能有效消灭大肠内的腐败细菌的杆菌，并将它命名为"保加利亚乳酸杆菌"。伊萨克·卡拉索制造酸奶就是从伊·缅奇尼科夫的研究成果得到启发的。

其实在公元前200多年，印度、埃及和古希腊人就已经掌握了酸奶的手工制法，在中国古代农学著作《齐民要术》中也有如何制造酸奶的记载。不同于现代酸奶的是，古代的酸奶是靠天然发酵制成的，而现代酸奶则是由纯种的微生物菌种制作的。

早餐麦片是如何发明的？

1858年，加力伯·杰克森按照素食的原则，再参照冷水疗法，在纽约丹维尔创设了一家健康中心。1865年，一位名叫爱伦·怀特的基督教徒在这个中心深受启发，她决定也设立一家像丹维尔这里一样的健康中心。一年之后，她和教友在密歇根一座小镇买下7英亩农场，成立了自己的健康中心。

爱伦·怀特给健康中心制定了非常严格的规定：不得有轻浮的言行、不能下棋、吃很多燕麦布丁、一些宗教活动与冷水治疗的菜单不包括茶与烟草。由于这些死板的规定，再加上爱伦·怀特不善经营，健康中心成立后不久便面临财务困境。

在这种情况下，爱伦·怀特不得不把健康中心转让给一位名叫约翰·凯洛格的年轻人。凯洛格接手健康中心后，进行了一系列改革。他开设了关于护理、医学教育与家庭经济等课程，对病患采取周到且细致的服务，并不定期举办一些活动。

一天，健康中心为病人准备了一些麦类早餐食品，做好后因为搁置而错过了大家的用餐时间。凯洛格就把这些麦类食品放到锅里煮成糊状，然后用滚筒压平，再从滚筒上刮下薄片烤成脆片。令他惊奇的是，这种薄薄的小片片格外清香可口。由此，他意识到自己发现了一种新的、好吃的麦片。在1893年芝加哥世博会上，凯洛格邀请参观者免费品尝这种美味而又有健康概念的麦片食品，得到了大众的认可。

在此之前，世界各地的早餐不尽相同，有多少种不同的文化，就有多少种不同的早餐。但 1893 年以后，凯洛格早餐麦片开始风靡全世界，改变了人们吃早餐的习惯。

芳香四溢的香槟酒是如何产生的?

香槟酒具有奢侈、诱惑和浪漫的色彩，是葡萄酒中之王，产于法国巴黎东北部的香槟地区。香槟区很早就是一个葡萄酒产区，其酿酒历史可以追溯到 2 000 多年前，当时香槟区的一个主教用他所知道的知识栽培葡萄并酿造成酒送给当时的法国国王。从公元 987 年开始，法国国王在香槟区的兰斯接受加冕成为一项传统，前后共有 37 位国王在此加冕。由此，兰斯成了中世纪法国的宗教和政治中心，这也让周围葡萄园的建设受益匪浅，葡萄酒借此开始了它的辉煌时期。

虽然香槟区的酿酒历史很悠久，但直到 17 世纪中叶，世界上才出现第一瓶香槟酒。1668 年，香槟区有位叫佩里农的传教士，因为喝腻了酒味浓郁的葡萄酒，便突发奇想，要酿造一款甘甜清爽的酒。于是，他像做化学实验一样，将各种葡萄酒随意勾兑后，用软木塞密封放进酒窖。第二年春天，当他取出酒瓶时，发现瓶内酒色清澈透明，他一摇酒瓶，只听到"砰"的一声，瓶塞被冲飞，酒喷出了瓶口，顿时芳香四溢。大家争相品尝这种新酒，并把这种酒称为"爆塞酒""魔鬼酒"。后来，人们用产地称呼这种酒，香槟之名由此传播开来。

英国人为什么对红茶如此钟爱?

在当今世界上，除中国的茶文化之外，日本的茶道文化及英国的红茶文化也在世界范围内享有盛誉。自 17 世纪英国人接触到红茶以来，经过 300 多年的发展，终于形成了一套优雅的红茶文化，并成为世界红茶文化的主流。

红茶原产于中国，漂洋过海传入英国时，由于长途贩运，数量不多，故价格十分昂贵，只有富有的英国贵族才有钱品尝到这种珍贵

19 世纪初，受英国的影响，下午茶在世界盛行。

奢华的红茶。由于英国贵族阶层的喜爱与推荐，红茶逐渐成为英国王室和上层人物的宠物。后来，红茶逐渐普及到英国的百姓人家，成为英国人日常生活中不可或缺的部分。

在一天中的不同时刻，英国人会多次将手头之事暂停下来喝杯茶。一大清早苏醒时分是晨间茶，然后是早餐时分的早餐茶，上午 11 点左右在办公室里休息时喝一杯早午茶，午后 3 点到 5 点则是至少一到两次的下午茶，晚餐后也许还来点清爽解腻的晚餐茶……

英国人喝早餐茶的风气据说是深受英国女王爱好饮茶的影响，而下午茶则是 19 世纪安娜·玛丽亚女爵带动的。安娜·玛丽亚很懂得享受生活，每天下午她都会差遣女仆为她准备一壶红茶和点心。她觉得这种感觉真好，便邀请友人"共襄盛举"。很快，下午茶便在英国上流社会流行起来。之后，维多利亚女王更是每天喝下午茶，将下午茶普及开来。

英国人钟爱红茶，并赋予红茶优雅的形象和华美的品饮方式，由此而形成了内涵丰富的红茶文化，更将红茶推广成国际性饮料，红茶文化随之在全世界传播。

高跟鞋是怎样产生的?

穿上高跟鞋能使女人的站姿、走姿都富有风韵，因而成为女子钟爱的物品，盛行全球。关于它的由来，有很多种说法。

一种说法是，15世纪时，威尼斯有个商人娶了一位美丽迷人的女子，商人经常要出门做生意，他担心自己不在家时漂亮的妻子会到处风流，就给妻子订做了一双后跟很高的鞋。因为威尼斯是座水城，船是主要的交通工具，商人认为妻子穿上高跟鞋无法在跳板上行走，这样就可以把她困在家里。可他的妻子看到这双奇特的鞋后，觉得十分好玩，就让佣人陪着她走街串巷，上船下船，出尽了风头。人们觉得她的鞋很美，讲求时髦的女性争相仿效。于是高跟鞋很快就流行开了。

另一种说法是，路易十四王朝时期的法国，王宫里许多年轻貌美的宫女常常溜出宫去参加各种民间的社交活动。路易十四很生气，便颁布了一系列宫廷禁令，但仍阻止不了宫女们的外出。后来，他便想了一个办法，授命鞋匠设计一种刁钻的鞋子以整治那些爱溜出去的宫女。这种鞋后跟很高，宫女们穿上行动十分不便，因此也不能轻易出宫了。可经过一段时间的磨合后，宫女发现穿高跟鞋能使身材显得修长优美，竟喜欢上了高跟鞋。巴黎的时髦女性见到这种高跟鞋，大为赞叹，竞相仿效。于是，高跟鞋由宫廷传遍法国，又传遍了世界。

一般人认为高跟鞋是起源于西方的，实际上在中国明朝就有了最早的高跟鞋。明朝时新的女鞋，鞋底后部装有4厘米至5厘米高的长圆底跟，以丝绸裹裹。北京定陵就曾出土尖翘凤头高底鞋，鞋长12厘米，高底长7厘米、宽5厘米、高4.5厘米。

最初的手套是用来保暖的吗？

手套刚产生时并不是为了实用，只是到了近代，它才被用来御寒保暖，或是作为人们工作时候的防护用品。

最初的时候，手套是用来保护皮肤不受损伤的。古罗马时期，一些贵族和武士到野外打猎时常随身带着经过训练的雄鹰。这些雄鹰就停在他们的手腕上，雄鹰尖利的脚爪往往会把他们手腕上的皮肤抓破。于是，古罗马人就戴上长臂手套，用来保护皮肤。

在欧洲宗教界，神职人员戴白手套，表示圣洁和虔诚，至今仍有某些教派的宗教仪式上必须戴白手套。19世纪前，白手套的神圣作用扩大到国王发布政令、法官判案上，甚至将军、骑士们也戴起白手套表示为神圣而战。

欧洲曾用手套象征权威和圣洁，所以早年的欧洲骑士，将白手套戴上，表示执行神圣公务；摘下手套拿在手中，表示潇洒闲暇；把手套扔在对方面前，表示挑战决斗；被挑战的骑士拾起手套，宣示应战。

女人戴手套多为高雅美丽，所以古欧洲有丝绸、丝绒等质地的装饰手套。19世纪还出现手绘和黑色网织手套，给人以神秘的感观。

港口、码头等地的服务队员为什么要戴红帽子？

在车站和码头，总会看到一些戴着红帽子的人为乘客搬运行李包裹，或者提供一些其他的服务。为什么这些服务人员要戴红帽子？红帽子的由来是什么呢？

18世纪末，为了推翻封建专制制度，建立资产阶级的政治统治，法国人民纷纷举起武器进行革命。在资产阶级民主思想和巴黎民众革命情绪的影响下，国王路易十六的部分卫队也秘密加入了革命阵线。由于泄密，有一些卫队成员被国王抓了起来。

路易十六十分恼火，但由于当时正处在革命时期，为了避免激起民众更大的愤怒，他不敢处死这些人。但死罪可免，活罪难逃，路易十六罚他们在巴黎的公共场所做苦役，还给每个人戴上特制的红帽子便于监督。因为红帽子十分引人注目，这些人想要在监视之下逃走是十分困难的。

这些卫队成员的遭遇引起了巴黎革命群众的同情，在营救无果的情况下，有一些人便以实际行动来支援这些人。他们自愿戴上红帽子，和被抓的国王卫队成员一起做苦工。后来，红帽子越来越多，一些不明就里的巴黎市民还以为戴红帽子是一种时髦，也纷纷佩戴红帽子。到最后也就分不清楚谁是被捕的卫队成员，谁是普通的巴黎市民了。由此，红帽子起到了一种掩护作用。随着革命的进行，红帽子又被人们视为革命的符号。

后来，红帽子传到中国。20世纪二三十年代，很多车站和码头给行李搬运人员佩戴了红帽子。因为红帽子十分容易识别，让人一看就知道是行李服务人员，这样就可以更方便地为需要帮助的人提供服务。这种做法就这样一直流传下来，红帽子也就成了今天港口码头等地的服务队员的标志。

厨师为什么要戴白色的高帽？

在饭店、餐馆里，每个厨师都戴有一顶白色的高帽。戴上这种帽子，给人一种干净卫生的感觉。在炒菜的时候，帽子可以避免厨师的头发、头屑掉进菜里。同时，厨房温度比较高，因为这种帽子具有较大空间，也可以使厨师不至于太热。但是，厨师最初戴白色的高帽子并不是从卫生角度考虑的，而仅是作为一种标志。

在中世纪，希腊战乱纷起，入侵者见人就杀，唯有修士不杀，因为修道院是神圣不可侵犯的，于是人们纷纷到修道院避难。一次，有几个名厨逃到修道院，为了安全，他们也换上了道士的黑衣黑帽。厨师与修士同吃同住，每天还为修士烧饭做菜。日子一长，为了区别于真的修士，他们便把戴的黑帽改成白色高帽。

战乱平息后，厨师们都回到了各自的饭店，却还是喜欢戴白色高帽在厨房里操作。因为都是名厨，其他地方的厨师也开始仿效，纷纷戴上这种白色的高帽子。久而久之，戴白色高帽子便成了厨师的一种标志。

关于厨师戴白高帽的由来，还有一些十分有趣的故事。据说，200多年以前，法国有位名厨叫安德范·克莱姆。安德范性格开朗、风趣幽默，又爱出风头。一天晚上，他看见餐厅里有位顾客头上戴了一顶白色高帽，款式新颖奇特，引起全馆人的注目，便模仿着为自己也定制了一顶白色的高帽。之后，他戴着这顶白色高帽，在厨房与大厅间进进出出，果然引起所有顾客的注意。很多人感到新鲜好奇，纷纷光顾这间餐馆，使餐馆的生意越来越兴隆。后来，巴黎许多餐馆的老板都意识到了白色高帽的吸引力，也为自己的厨师定制同样的白高帽。久而久之，这白色高帽便成了厨师的一种象征和标志。

更有趣的是关于这种白帽子的高度，据说有关部门还制定了戴帽的标准，根据厨师技术水平的高低和厨师工龄的长短，分别规定厨师所戴帽子的高低，使人们一看帽子便知道这位厨师的烹饪水平，帽子越高，手艺也就越高超。

餐巾的产生与男人的大胡子有什么关系？

餐巾是宴会酒席上的一种专用保洁方巾，餐巾不仅是一种卫生用品，还可起到装饰和美化席面、渲染宴会气氛的作用。餐巾可根据不同宴席的要求折叠成千姿百态的花形，如新婚之喜可叠出"喜鹊登梅""鸳鸯戏水""百年好合"等。

那么，餐巾是如何产生的呢？

餐巾的由来有着漫长的历史，可追溯到古代。据说在15—16世纪时的英国，因为还没发明剃刀，男人们都留着大胡子。那时也没有刀叉，人们在吃肉食时都用手抓。这样，男人们很容易就把胡子弄得全是油腻，他们便扯起衣襟擦嘴。家庭主妇们见到这种既不卫生又失大雅的动作后，就想了个办法——在男人的脖子下挂块布巾，这就是最初的餐巾。后来经过改进，也就逐渐演变成现在宴席上用的餐巾。

其实，中国古代就有关于餐巾的记载。《周礼》中就记载了周朝设置"幂人"专管用毛巾覆盖食物。这种用以覆盖食物的毛巾，可以说是世界上最早的餐巾。到了清代，皇帝用餐时使用的是一种称为"怀挂"的餐巾。"怀挂"十分别致，比一般的西方餐巾要华贵得多，它用明黄（皇帝御用的颜色）绸缎绣制而成，绣工精细，花纹别致，上面还绣有福寿吉祥图案。"怀挂"使用起来十分方便，它的一角还有扣绊，就餐时可以直接套在衣扣上。

西服的衣袖上为什么要钉三颗纽扣？

西服的衣袖下面沿口都钉有三颗小扣，既可防止衣袖磨损，又能起到很好的装饰作用。这三颗小扣是如何产生的呢？

据说这种做法是拿破仑创造的。法国热月革命后，热月党人解散国民公会，成立新的政府机构——督政府。此时，恐怖时期虽已结束，但政局仍然不稳，欧洲反动势力组成反法同盟，严重威胁法国安全。1796年，督政府派拿破仑远征意大利。拿破仑率领军队进攻意大利，击败了奥地利，并侵入埃及，取得了重大胜利。战争胜利后，拿破仑举行了阅兵仪式。当他神气十足地检阅作战部队时，却发现了一个不和谐的地方——很多士兵的袖上沾着脏东西。原来在行军途中，拿破仑的军队翻越阿尔卑斯山时，由于山上天气寒冷，很多士兵感冒了，没有手帕，他们只能用袖子来擦鼻涕。拿破仑认为这样会有损军威，为了让士兵改掉这坏习惯，他便让军需官在军装袖沿向上的一面钉上三颗铅纽扣。这样，士兵就不再用衣袖擦鼻涕了。

后来，拿破仑给每个士兵配发了手帕，袖沿上钉扣子就没有必要了。一个掌管文件的军官却从这件事受到启发，认为把纽扣钉到袖沿向下的一面，可以减轻袖子接触桌面的磨损，于是他便把这个想法汇报给拿破仑。拿破仑认为比较实用，同意了这个方案，于是法国军官的衣袖的下沿便钉上了三颗纽扣。后来，法国的服装设计师们把这种形式移用到普通人的上衣上，并沿袭至今。

裤线是怎样产生的？

裤线是指从裤管正中从上到下熨成的褶子，穿上这种在裤管中间压制了裤线的裤子能使人显得挺拔、英俊。那么，裤线是如何产生的呢？

在裤管中间留裤线的做法源于英国的爱德华七世。当爱德华还是王子的时候，有一次他去一家裁缝店买裤子，他看上了一条裤子。这条裤子因为叠放了一段时间，所以当爱德华打开这条裤子的时候，裤管前后的中间都已经形成了一道折痕。当时，裁缝吓坏了，一再地向王子请罪。但爱德华王子却很喜欢这样的折痕，因为这些折痕使裤管显得很直挺。他试穿之后，十分满意，就直接穿上了这条带折痕的裤子回去了。后来，他又多次穿起这种有折痕的裤子，于是，很多人开始效仿他，在裤管上折一条痕印的做法很快就流行起来。

后来，人们不满足于裤管折叠后自然形成的折痕，进一步使用熨烫的方法，使裤管上的折痕更加明显，这种折痕就是我们今天所说的裤线。

军装为什么要用绿色？

在古代，军装并没有特殊的颜色要求，主要作用是保护身体不受伤害和表征权力、地位，所以产生了各式各样的盔甲：黄金的盔甲（国王穿戴）、银盔甲（王子和王宫贵族穿戴）、钢盔甲（大将军和骑士穿戴）、铁盔甲（一般的校官和尉官穿戴）、牛皮盔甲和竹盔甲（士兵穿戴）。现在，世界上的军装大多数是绿色的（草绿、深绿或者黄中偏绿），为什么要采用绿色呢？

绿色军装源于英国与布尔人的战争。19世纪末，英国发动了对南非的侵略战争。当时，南非有一个叫"布尔"的倔强民族，他们为了保卫国家进行武装反抗。在经历初期的失败后，布尔人发现英军有一个很大的特点——都穿着红色军装。红色军装在南非的森林里和热带草原的绿色背景中极易暴露。布尔人从这里得到启发，把自己的服装和枪炮涂成草绿色，这样一来，布尔人很容易发现英军，英军却不容易发现布尔人。布尔人常常神不知鬼不觉地对英军发起偷袭，打得英军措手不及。

后来，失败的英国吸取教训，为了在陆战中有效伪装，英国陆军都换上了以黄绿色为主色调的军服。由此可见，军装采用绿色是从实战的教训中总结出来的。从此，绿色军装很快就被许多国家的军队所效仿采用。

随着军事科技的进步和战场条件的变化，军服开始按照不同场合区别出礼服、常服、作战服。绿色伪装更适合用于作战服，而礼服、常服不再必须使用绿色，但很大程度上仍作为一种习惯保持下来。现在各国的陆军礼服、常服除了绿色，还有灰色、黑色等。而有伪装要求的作战服也不再采用单一的绿色，而是更先进的适应不同环境的各种迷彩花色，如"丛林"色（绿、棕、黑为主）、"沙漠"色（土黄、浅绿、白为主）等。

日本的和服有什么讲究？

和服是日本人的传统民族服装，也是日本人最值得向世界夸耀的文化资产，至今已经有1000多年的历史。宽大舒适、色彩绚丽而又端庄大方的和服，不仅是一种服饰，更是一件艺术品。日本的绘画、戏剧艺术的发展都与和服有着密切的联系，特别是风俗版画——浮世绘中的美人画，更是离不开和服。日本的陶器、漆器、金属工艺品等也多采用和服的花纹。

和服的种类很多，不仅有男、女及未婚、已婚之分，而且有便服和礼服之分。和服大致分为"黑留袖""色留袖""本振袖""中振袖"等。男式和服款式少，色彩较单调，多深色，腰带细，穿戴也方便。女性和服款式多样，色彩艳丽，腰带宽，不同的和服腰带的结法也不同，还要配不同的发型。

已婚妇女多穿"留袖"和服，未婚小姐多穿"振袖"和服。此外，根据拜访、游玩和购物等外出目的的不同，穿着和服的图样、颜色、样式等也有所差异。和服的穿着技巧，是随着时代的风俗背景孕育而生的。

通气是和服的一大优点和特征，和服的袖口、衣襟、衣裾均能自由开合。不过，这种开合（尤其是衣襟的开合）有许多讲究。不同的开合具有不同的含义，显示穿着者不同的身份。例如，艺人穿着和服时，衣襟是始终敞开的，仅在衣襟的"V"字形交叉处系上带子。反之，如果不是从事该职业的妇女在穿着和服时，则须将衣襟合拢。同样是合拢衫襟，其程度也有讲究，并以此显示穿着者的婚姻状况：如果是已婚的妇女，那么衣襟不必全部合拢，可以将靠颈部的地方敞开；如果是未婚的姑娘，则须将衣襟全部合拢。事实上，和服的穿着有许多讲究，以至在日本还出现了专门教人如何穿着和服的"教室"。

世界上最早的蹲式厕所是什么样的？

古印度是人类文明的发源地之一，其在文学、哲学和自然科学等方面对人类文明作出了独创性的贡献。同样，在城市卫生设施方面，古印度也是世界上最富有创造性的地区之一。在5000年前的古印度城市，就已经有了下水道和厕所。当然，我们不能否认同一时期的美索不达米亚和埃及建造了类似的卫生设施。

不过，在这一方面古印度还是有着美索不达米亚和古埃及所不能企及的成就。公元前3世纪，在古印度文明的典型代表——摩亨佐·达罗城，出现了世界上最早的蹲式厕所。这令20世纪的考古学家们都惊叹不已。那么，这种蹲式厕所有何过人之处呢？

根据后世对古城进行挖掘的情况可以看出，摩亨佐·达罗的蹲式厕所修建得十分整齐，全部用石砖为建筑材料。让人惊奇的地方是，这种蹲式厕所的便池开有一条竖槽，这样污水就可以通过它直接流向排水沟或污水坑里，十分卫生。5000多年就有如此先进的设计，难怪考古学家曾称赞：这种卫生设施质量之高，足以让当今世界许多地方艳羡不已。

芭比娃娃是如何产生的？

半个世纪以来，芭比娃娃几乎成为全世界小女孩的心爱之物。现在，芭比娃娃已经销往世界上150多个国家和地区。

芭比娃娃的创造者是美国美泰玩具公司老板娘露丝·汉德勒。1945年，露丝和她的丈夫埃利奥特·汉德勒与朋友曼特森开办了一家公司，公司取名为美泰（MATTEL），MATT取自曼特森的名字，而EL来自埃利奥特的名字。

当时，露丝已经有了一个女儿。一天，她突然看见女儿芭芭拉正在和一个小男孩玩剪纸娃娃。这些剪纸娃娃不是当时常见的那种婴儿宝宝，而是一个个少年，有各自的职业和身份。露丝意识到，孩子们需要一些略微成熟的玩具娃娃，而不是那些"幼稚"的小宝宝玩具。由此，在她脑海中产生了一种不同以往的玩具娃娃的想法。

虽然有了想法，但实现的路程却是艰辛的。到底要把自己的娃娃做成什么样子呢？露丝自己也没有答案。当时，露丝获得了去德国出差的机会，在那里，她看到了一个叫"丽莉"的娃娃。这种玩具娃娃有着长长的头发，身穿华丽的衣裙，而且穿着非常"暴露"。露丝买下3个"丽莉"带回美国，她告诉公司的男同事，自己想设计出一种类似"丽莉"一样的"成熟"玩具。但是她的想法并没得到大家的支持，同事们认为"丽莉"衣着太暴露了，不适合给孩子们。

露丝并没有气馁，她坚信小女孩不光需要跟自己年龄相仿的玩偶，更需要一个自己长大后的理想形象。于是，在公司技师和工程师的帮助下，露丝创造了一个外形摩登、身材性感、清新动人的小娃娃，她以自己女儿的小名"芭比"来命名，芭比娃娃就这样诞生了。

香水本来是酬神上供的，为什么会变成一种香体液？

"香水"这个词，是拉丁文衍生而来的，意思是穿透烟雾。《圣经·旧约》提到香水，通常指一种香料经过烘熏形成的物品，这与拉丁文的定义相符。香料（香水）最原始的用途就是酬神上供。

古罗马有一群女信徒一生只有一件工作——维持香火永远不灭，因为古罗马人认为如果祭祀女神的香烟中断的话，罗马城将会沉没在地狱的深渊里。在古波斯，香水是身份和地位的象征，皇帝永远是最香的人。希腊人也把香水神化了，认为香水是众神的发明，闻到香味则意味着众神的降临与祝福。

人类最早的香水是古埃及人发明的可菲神香。但因当时并没有发明精炼高纯度香精的方法，所以这种香水准确地说应该称为香油，它是由祭司和法老专门制造的。

古埃及使用香料的历史可上溯到公元前3000年前后，远早于其他的文明。古埃及的大型宗教祭祀活动中都会使用香料。古埃及时期，在公共场所不涂香水是违法的。新王国统治时期，香水开始用于节日的装扮中。

古埃及的妇女是使用香水的先驱者，她们首次将香油和香精油作为化妆品，埃及艳后就经常用各种不同味道的香水和香油来装扮自己和她的船队。从此，香水成为人们追求美的一种物品，成为人们日常生活中的香体液。

11世纪时，东方灿烂的文化被带到欧洲。随着东西方贸易的不断加强，香水也逐渐为欧洲人所接受和喜爱。

高尔夫球上为什么会有小坑？

统计发现，一颗表面平滑的高尔夫球，经职业选手击出后，飞行距离大约只是表面有凹坑的高尔夫球的一半，这是因为球的飞行轨迹会受到重力以及空气动力学的影响。

常打高尔夫球的人肯定会发现，高尔夫球的表面布满了许多"小坑"，这些小凹坑有什么用处？

根据空气动力学原理，可以把高尔夫球飞行过程中的力分成两部分：阻力及升力。阻力的作用方向与运动方向相反，而升力的作用方向则朝上。高尔夫球表面的小凹坑可以减少空气的阻力，增加球的升力，从而让高尔夫球飞得更远。

一颗高速飞行的高尔夫球，其前方会有一个高压区。空气流经球的前缘再流到后方时会与球体分离。同时，球的后方会有一个紊流尾流区，在此区域气流起伏扰动，导致后方的压强小，压力较低。尾流的范围会影响阻力的大小。通常说来，尾流范围越小，球体后方的压力就越大，空气对球的阻力就越小。小凹坑可使空气形成一层紧贴球表面的薄薄的紊流边界层，使得平滑的气流顺着球形多往后走一些，从而减小尾流的范围。因此，有凹坑的球所受的阻力大约只有平滑圆球的一半。

高尔夫球上的小凹坑也会影响它的升力。一个表面不平滑的回旋球，会像飞机机翼一样偏折气流，从而产生升力。球的自旋可使球下方的气压比上方高，这种不平衡可以产生往上的推力。高尔夫球的自旋大约提供了一半的升力，另外一半则是来自小凹坑，它可以提供最佳的升力。

大多数的高尔夫球有300—500个小凹坑，每个坑的平均深度约为0.025厘米。因为阻力及升力对凹坑的深度很敏感，所以即使只有0.025厘米这么小的差异，也可以对高尔夫球的轨迹和飞行距离造成很大的影响。

一个星期为什么有7天？

现在世界各国通用一星期7天的制度。星期制最早由君士坦丁大帝制定，他在公元321年3月7日正式宣布7天为一星期，这个制度形成定律后一直沿用至今。

一星期7天的制度起源于古代巴比伦历法。早在公元前2000年，巴比伦人就能区分恒星和行星。他们认为行星一共有7个：金星、木星、水星、火星、土星、太阳、月亮。巴比伦人还营造建筑来祭祀这7个星神。他们认为这7个星神是轮流值日的，太阳神沙玛什、月神辛、火星神奥尔伽、水星神纳布、木星神马尔都克、金星神伊什塔尔、土星神尼努尔达7星共值一周。

他们每一天祭祀一个星神，7天一个周期，而且每一天都以一个星神的名字命名。太阳神沙玛什主管星期日，称为日曜日；月神辛主管星期一，称为月曜日；火星神奥尔伽主管星期二，称为火曜日；水星神纳布主管星期三，称为水曜日；木星神马尔都克主管星期四，称为木曜日；金星神伊什塔尔主管星期五，称为金曜日；土星神尼努尔达主管星期六，称为土曜日。由于这7日都是天星值班的日期，就称为"星期"。

"星期制"后来传播到犹太地区。犹太人把它传到埃及，又从埃及传到罗马。3世纪以后，"星期制"传入欧洲各国。明朝末年，星期制随着基督教传入中国。

一星期又称为一礼拜，这是因为后来基督徒把一星期作为参拜上帝的宗教仪式的周期，故称为"礼拜"。

英语中的星期有什么特别的来历？

Monday（星期一）：根据西方传说，Monday的意思是 moon's day（属于月亮的日子），因为西方人把这一天献给月之女神。古时候西方人相信，月的盈亏会影响农作物的生长，也会影响医疗。

Tuesday（星期二）：Tuesday 是由古英文 Tiw 演变而来的。Tiw 是北欧神话里的战神，但在北欧神话中不叫 Tiw 而叫 Tyr。相传在他的那个时代，有一个狼精经常出来扰乱世界，为了制服狼精，Tyr 的一只手也被咬断了。

Wednesday（星期三）：Wednesday 在古英文中的意思是 Woden'sday。Woden 是北欧诸神之父，为制服狼精而牺牲自己一只手的 Tyr 就是他的儿子。Woden 领导神族跟巨人族作战，他曾牺牲自己锐利的右眼，跟巨人族换取"智慧"的甘泉。他也曾深入地层，从巨人族那里偷取"诗"的美酒。西方人为了追念这位主神，就根据他的名字创造了 Wednesday 这个字。

Thursday（星期四）：Thursday 在古英文中的意思是 Thor'sday。Thor 是北欧神话中的雷神，经常带着一把大铁锤。相传有一次，他的大铁锤被一位叫 Thrym 的巨人偷走了。Thrym 扬言，要神族答应把美丽的爱神 Freya 嫁给他作为交换。然而 Freya 抵死不从。于是神族想了一个办法，由 Thor 男扮女装，穿上 Freya 的衣服假装嫁给 Thrym。Thrym 不疑有诈，把铁锤交给新娘。于是 Thor 拿回了自己的武器，立即就把 Thrym 给杀了。

Friday（星期五）：Friday 在古英文中的意思是 Frigg'sday。Frigg 是北欧神话中主司婚姻和生育的女神，也是 Woden 的妻子。相传她平日身披闪耀的白长袍，住在水晶宫中，和侍女们一起编织五颜六色的彩云。

Saturday（星期六）：Saturday 在古英文中的意思是 Saturn'sday。Saturn 是古罗马神话中的农神，掌管五谷。

Sunday（星期日）：Sunday 在古英文中的意思是 sun'sday（属于太阳的日子）。对基督徒而言，星期日是"安息日"，因为耶稣复活的日子是在星期日。约在公元 300 年，欧洲教会和政府当局开始明确规定星期日为休息的日子。

"闰秒"是怎么回事？

目前全球有世界时和原子时两个时间系统——基于地球自转的天文测量而得出的世界时（UT1）和以原子振荡周期确定的原子时（TAI）。前者以地球自转周期的天文观测为基准，后者则以稳定的原子振荡周期来确定"秒"的长度。由于地球自转速度不匀，天长日久，两者之间会出现细微差距，一般来说 1—2 年会差 1 秒。

相对于以地球自转为基础的世界时来说，原子时是均匀的计量系统，这对于测量时间间隔非常重要，但世界时反映了地球在空间的位置，这也是需要的。为兼顾这两种需要，引入了协调世界时（UTC）系统。

协调世界时（UTC）在本质上还是一种原子时，因为规定它的秒长要和原子时的秒长相等，只是通过人工干预，在时刻上尽量靠近世界时。

当协调世界时和世界时之差即将超过 ±0.9 秒时，就会对协调世界时做一整秒的调整，使协调世界时和世界时的时刻之差保持在 ±0.9 秒以内。这一技术措施就被称为"闰秒"。增加 1 秒称为正闰秒，去掉 1 秒称为负闰秒。是否闰秒，由国际地球自转服务组织（IERS）决定。

差了这 1 秒钟，会对日常生活产生什么样的影响呢？据介绍，如果某个国家单独拒绝"闰秒"，那么一些高精度的系统就无法和世界其他实施闰秒的国家相衔接，在航天、电子通信、电力、金融以及交通等行业也都可能出现"卡壳"的现象。1 秒钟也和人们的生活密切相关。比如，汇率变动的时间单位介于秒和毫秒之间；而在进行证券交易时，1 秒钟的误差也会影响到交易的正常进行。

邮票为什么会有齿孔？

现在的邮票四周都有齿孔，既便于撕开又很美观。1840 年，在英国诞生了世界上第一枚邮票。当时，邮票的四周并没有齿孔。此后 10 多年间，英国各地都是一大整张邮票，在贴前或出售时，必须用剪刀一枚枚剪开，非常麻烦。邮票齿孔是怎样发明的呢？

1848 年冬季的一天，英国伦敦下着大雪，一位记者一边吃饭一边把当天的新闻写成稿件，然后他把稿件分装在几个大信封里，准备寄往外地的几家报馆。可当他取出刚刚从邮局买来的一大整张邮票，准备剪开贴在信封上时，却怎么也找不到剪刀。怎么办？焦急之中他灵机一动，取下别在西装领带上的一根别针，用针尖在邮票空隙间刺了一连串均匀的小孔，然后轻轻一撕就拉开了。

这位记者的举动被一旁的亚瑟·亨利看到了。亨利是一名铁路工作人员，在日常工作中，他常见到车票票根上的齿孔，因此他就想，如果能制作一台打孔机，把一大整版邮票的空隙处打上齿孔，就能轻易地用手撕开了。这个想法让他十分兴奋，回到家里，他连夜奋战，设计出一台邮票打孔机。

1854年，经过几次改进后，亚瑟·亨利的邮票打孔机被英国邮局正式采用。同年，英国邮局发行了世界上第一枚带齿孔的邮票。随后瑞典也开始使用有齿孔的邮票，接着挪威、美国、加拿大相继采用邮票打孔机，使用有齿孔的邮票。此后，有齿孔的邮票便推广到全世界各个角落。

斑马线从何而来？

当你在城市的街道上漫步时，你会看到在拐弯、T字路口、十字路口的路面上，画着一道一道的白线，这就是人行横道线。因为它洁白、醒目，像斑马身上的白斑线，因而又被称为斑马线。这是为了维护交通安全、保障人身安全和人们的家庭幸福而画的交通标志。

斑马线最初的名字叫跳石。古罗马庞培城的一些街道上，车马与行人交叉行驶，经常使市内交通堵塞，还不断发生事故。为了解决这个问题，人们便将人行道与马车道分开，并把人行道加高，还在靠近马路口的地方砌起一块块凸出路面的石头——跳石，作为指示行人过街的标志。行人可以踩着这种跳石，慢慢穿过马路。马车运行时，跳石刚好在马车的两个轮子中间，马车也可以通过，不过必须减缓速度，才能寻找到最佳通行线路。如果加速前进的话，就有可能直接轧在跳石上，导致翻车。后来，许多城市都使用这种方法。

19世纪末期，随着汽车的发明，城市里的车辆越来越多，加之人们在街道上随意横穿，从前的跳石已经无法达到避免交通事故的目的了，反而使交通越来越拥挤。20世纪50年代初期，英国人在街道上设计出了一种横格状的人行横道线，并规定行人横过街道时，只能走人行横道，车过横道线遇见有人时必须停止。随后，伦敦的很多街道都采用了这一做法。于是，一道道醒目的斑马线也由此为全世界所采用。

交通灯为什么要选择红、黄、绿这三种颜色？

最早的交通灯出现于1868年的英国伦敦。那时的交通灯只有红、绿两色，而且只是一盏煤气信号灯，得由一名手持长杆的警察牵动皮带才能转换灯的颜色。后来，人们在信号灯的中心装上煤气灯罩，前面放红、绿两块玻璃交替遮挡。不过，这种煤气交通灯很不安全，有时会突然爆炸自灭。一次，一名正在执勤的警察还因此送了性命，交通灯也由此被取缔。直到1914年，美国出现了"电气信号灯"。后来经过改良，再增加一盏黄色的灯，这才组成一个完整的信号系统。红灯表示停止，黄灯表示准备，绿灯则表示通行。

为什么要选择红、黄、绿作为交通灯的颜色呢？这其实与人的视觉机能结构和心理反应有关。

人的视网膜含有杆状和3种锥状感光细胞，杆状细胞对黄色的光特别敏感，3种锥状细胞则分别对红光、绿光及蓝光最敏感。由于这种视觉结构，人最容易分辨红色与绿色。虽然黄色与蓝色也容易分辨，但因为眼球对蓝光敏感的感光细胞较少，所以分辨颜色，还是以红、绿色为佳。

同时，要以颜色表达热或剧烈的话，最强是红色，其次是黄色。绿色则有较冷及平静的含义。因此，人们常以红色代表危险，黄色代表警觉，绿色代表安全。

另外，由于红光的穿透力最强，在雾天里即使空气的能见度比较低，也容易被看见，不会发生事故。

圣马力诺共和国为什么没有红绿灯也不堵车？

圣马力诺共和国是欧洲最古老的袖珍国家之一。它是一个"国中之国"，四周被意大利包围。地形以中部的帝塔利诺山为主体，丘陵由北向西南延展，东北部是平原。该国风景秀丽，每逢旅行旺季，街市人头攒动、车流不息。圣马力诺一半以上的国民收入来自旅游业，旅游业是该国的支柱产业。

圣马力诺只有2万多人口，却拥有各种汽车5万辆，而且圣马力诺的国土面积十分小，它是欧洲的第三小国。这样看来，该国交通状况应该是十分拥挤的。但事实上，这里的道路十分顺畅，极少有堵车现象，偶尔塞车也不必担心，很快就会恢复通畅。同时，圣马力诺还有一个很特别的地方，那就是各种大小交叉路口都看不到一个红绿信号灯。

没有红绿灯，交通却井然有序，这肯定会让你感到困惑。人们很自然地会想，这是因为该国国民素质很高，每个人都很自觉地遵守交通规则，才会不堵车。这当然是一个原因，但真正的原因不在于此。如果开着车在圣马力诺兜几圈，就会发现这里的道路几乎全部是单行线和环行线，一直开到底，就会不知不觉地又原路返回了。在没有信号的交叉路口，驾驶人员都会自觉遵守"小路让大路、支线让主线"的规则；而且各路口都标有醒目的"停"字，凡经此汇入主干道的汽车都会停车观望等候，确认干线无车时才能驶入。

可见，科学的公路设计和交通管理才是圣马力诺没有红绿灯也不堵车的真正原因。

世界上最宽的马路在哪里？

世界上最宽的马路位于阿根廷的布宜诺斯艾利斯。这条让人不可能忽略的最宽大道名称叫"七九大道"，七九大道宽148米，双向共18条行车道。

"七九大道"全称是"七月九日大道（AV.9 DE JULIO）"，是为纪念阿根廷1816年7月9日独立而命名的。在七九大道的两条宽大的隔离带上，栽种着棕榈和木棉，树下是龙舌兰等各种灌木和花草。也许是七九大道太过宽阔，在路上的隔离带两边和花草树木的中间都设有人行道，人们横过马路的时候甚至可以在这里小憩，也可以在这里散步休闲。

七九大道除了宽阔之外，它吸引人的另一方面是因为这条大道的两边几乎汇集了布宜诺斯艾利斯所有的标志性建筑，这些建筑记载了阿根廷沧桑的岁月。

七九大道呈南北走向，北部与东西走向的考林特斯大道交叉形成一个广场，广场上矗立着一个高大的白色大理石方尖碑——独立纪念碑，高79米，标志着国家独立日七月九日。

理发店为什么要以三色柱为标志？

大多数理发店的门口都有一个旋转的红、白、蓝三色柱，这几乎成了理发店的一个标志了。这是为什么呢？据法国人梅亚那克1540年设计的国际通用标识，红色代表动脉、蓝色代表静脉，白色代表绷带，理发店为什么要用代表动脉、静脉和绷带的颜色做标志呢？

在中世纪的西欧，有一种流行的观点认为，人之所以生病，主要是因为体内各元素不平衡，只要引出多余的元素，就会恢复健康。欧洲人普遍认为"放血是康复之始"，因为血液被他们认为是最容易引出的一种"元素"。但遇到有人需要放血时，医师却不肯动手，他们认为这是下等人做的事。怎么办呢？后来他们就委托理发师来做，于是理发师就成了业余外科医师。1540年，英格兰国王批准了理发师拥有外科医师行医资格。因此，理发师选用红、蓝、白这三种颜色的柱子作为他们行医的标志，并挂在理发店门前。1745年，英王乔治二世敕令成立皇家外科医学会，外科医师从此与理发师分家，但理发店门前的三色柱却一直沿用下来。

关于用三色柱作为理发店标志，还有其他一些说法。一种说法是，在法国大革命期间，有一家理发店是革命党人的活动据点。一次，在理发师的掩护下，一位革命党主要领导人在追捕中得以脱险。革命胜利后，为表彰这名理发师的功绩，特许他以国旗的颜色——红、白、蓝作为标志。另一种说法是，在法国大革命期间，地下工作者为了便于联络，商定以理发店的三色花柱为标志，规定哪间理发店的花柱旋转了，就意味着革命者将在这里活动。后来花柱就成了革命的象征。世界各国理发店纷纷效仿，三色柱于是就流传开来，成为理发店的标志。

现在，很多理发店为了招徕顾客，采用了很多其他的标志或装饰，也不一定全都以三色柱为标志了。